目　次

入試出題形式別問題集の使い方〔理科〕

1．はじめに
- この問題集は，新潟県公立高校入試を目指す皆さんが，自宅で効率よく学習を進められるように，「新潟県統一模試」で出題された問題を分野・単元別にまとめたものです。
- この問題集のポイントは，分野・単元別に問題構成されている点にあります。「不得意な分野・単元の克服」「得意な分野・単元のさらなる得点力ＵＰ」のためには，同種類の問題を集中的に練習することが効果的です。

2．問題集の構成
①「解法の要点」　　分野および単元別に重要なポイントを，必要な図も加えながら解説しています。
②「問題」　　　　　４分野（物理，化学，生物，地学）・１２単元（中３～１各３単元）で問題が構成されています。
③「解答・解説」　　考え方や解き方が詳しく解説されています。

3．具体的な使用方法
使用方法として，２つの具体例を記載します。他にも様々な使い方がありますので，工夫して使用してください。

≪不得意な分野・単元を克服したい場合≫
①不得意な分野・単元を洗い出そう！
　各分野・単元の問題を確認しながら，「重要な公式や用語を思い出せない」「計算方法がよくわからない」など，自力で解くのは難しいと思われるものにチェックを入れます。
②チェックがついた問題の考え方や解き方を確認しよう！
　問題を見ながら，解答解説と照らし合わせて，考え方や解き方，頻出用語を習得します。その際，解答解説の内容を目で追うだけではなく，具体的に書き出してみることが大切です。このとき，書いている内容が十分理解できないときもあります。その場合は，周りの人や先生に質問しましょう。
③理解を定着させよう！
　しばらく経ってからもう一度解いてみると，理解できたはずの考え方や解き方，頻出用語を忘れてしまっていることが珍しくありません。自力で解けるようになるまで，粘り強く習得することが大切です。くり返しやって理解が定着すると，同種類の問題への対応力がアップします。

≪得意な分野・単元の得点力をさらにＵＰしたい場合≫
①問題演習のときは制限時間を決めよう！
　制限時間があると緊張感が高まり，わかっているはずの解き方や用語を思い出せなかったり，普段しないような計算ミスなどが起こりがちです。プレッシャーがかかる試験本番を想定し，時間を決めて問題演習することが入試本番への試験対策になります。
②"解き方"へのこだわり
　解答の〇×だけで判断するのではなく，解説に書かれている解き方やそれを導くための考え方などを確認します。自分の解き方との違いをチェックすることで，理解がさらに深まります。

4．問題の使用時期
問題が解くことが可能な時期について，巻末の一覧表にまとめています。ただし，学習進度の違いもありますので，その場合は使用時期を調整してください。

身のまわりの現象

身のまわりの現象

《解法の要点》

1 光の性質

(1) 光の直進と反射

① 光の直進　光は，空気中や水の中，ガラスの中など透明な物質中を直進する。

② 光の反射　光は，鏡やよくみがいた金属の表面ではね返る。この現象を反射という。

・入射光と反射光　反射する前の光を入射光，反射したあとの光を反射光という。

・入射角と反射角　鏡の面に垂直な線と入射光がつくる角を入射角，鏡の面に垂直な線と反射光がつくる角を反射角という。

・反射の法則　入射角と反射角は等しい。

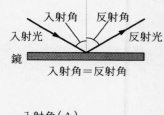

(2) 光の屈折と全反射

① 光の屈折　光は，ある物質中から違う種類の物質中に進むとき，境界面で光の進む向きが変わる。この現象を光の屈折という。

・屈折光と屈折角　屈折した光を屈折光といい，物体に垂直な線と屈折光がつくる角を屈折角という。

・光の屈折のしかた

　空気中からガラス（水）の中に進むとき　入射角（A）＞屈折角（A）

　ガラス（水）の中から空気中に進むとき　入射角（B）＜屈折角（B）

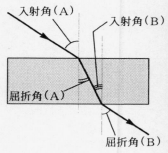

② 全反射　光が，水やガラスの中から空気中に進むとき，入射角がある角度をこえると，光はすべて反射してしまう。これを全反射という。

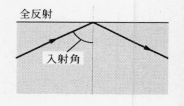

2 凸レンズによる像

(1) 凸レンズを通る光の進み方

① 焦点と焦点距離　凸レンズの軸に平行な光をいくつも凸レンズにあてると，凸レンズを通った光は１点に集まる。その点を焦点という。また，レンズの中心から焦点までの距離を焦点距離という。

② 凸レンズの中心を通る光は，屈折せずに直進する。

③ 凸レンズの焦点を通る光は，凸レンズで屈折し，凸レンズの軸に平行に進む。

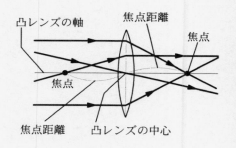

(2) 凸レンズでできる像

① 実像　物体が，凸レンズの焦点の外側にあるとき，凸レンズの反対側にあるスクリーンに物体をうつすことができる。このように，物体からの光が集まってできる像を実像という。実像は，上下と左右がもとの像と反対になる。

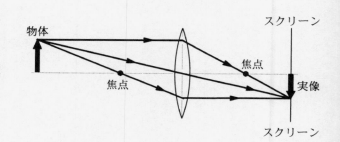

② 虚像　物体が，凸レンズの焦点の内側にあるとき，凸レンズの反対側
にあるスクリーンに像をうつすことができない。この物体を，凸レンズ
の反対側からのぞくと，拡大した像が見える。この像は，物体から出た
光が集まってできたものでないので，虚像という。

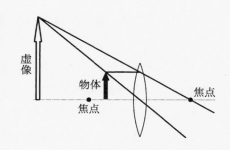

3　音の性質

(1)　音の伝わり方

① 　振動と音源　物体がふるえることを振動といい，物体が振動すると音が出る。音を出す物体を音源という。

② 　空気中を伝わる音　音源の振動はまわりの空気に次々に伝わっていく。この現象を波といい，音は波として空
気中を伝わっていく。

(2)　音の大きさ

① 　振幅　音源の振動の幅を振幅という。弦の場合は右の図のように
なる。

② 　音の大小　振幅が大きいほど，大きい音が出る。

(3)　音の高さ

① 　振動数　1秒間に音源が振動する回数を振動数といい，単位は
Ｈｚ（ヘルツ）である。

② 　音の高低　振動数が多いほど，高い音になる。

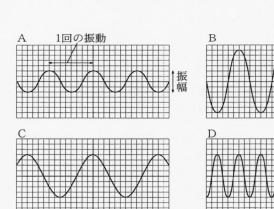

(4)　コンピュータやオシロスコープを使った音の観察

右の図で，横軸は時間を表す。

・ＡとＢの比較　振幅はＢの方が大きいので，
音もＢの方が大きい。一方，1回の振動の時
間は同じ（振動数が同じ）なので，音の高さは
同じである。

・ＣとＤの比較　振幅が同じなので，音の大き
さは同じ。一方，振動数はＤの方が多いので，
音の高さはＤの方が高い。

4　力と圧力

(1)　力の表し方

① 　力の単位　力の単位にはＮ（ニュートン）を用いる。100ｇの物体が
受ける重力は約1Ｎである。

② 　力の表し方　力は，矢印を用いて次のように表す。

・力がはたらく点（作用点）を始点とする。

・力のはたらく向きに矢印を向ける。

・矢印の長さを力の大きさに比例させる。

③　重力の表し方　物体にはたらく重力を表すときは，始点は物体の中心にする。

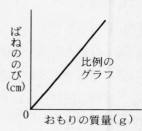

重力の表し方

重力は，物体の中心にはたらくと考える

(2)　重さと質量

①　重さ　物体にはたらく重力の大きさを重さという。重さは重力の大きいところでは重くなり，重力の小さいところでは軽くなる。

②　質量　物体そのものの量を質量という。質量は，重力の大きさに関係なく一定である。

・地球上では，重さと質量はほぼ同じ値をとる。

(3)　フックの法則　ばねののびは，ばねにはたらく力の大きさに比例する。この関係をフックの法則という。

(4)　圧力

①　圧力　一定の面積（$1m^2$や$1cm^2$）を垂直に押す力の大きさを圧力という。

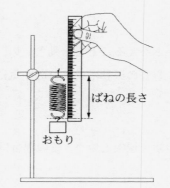

ばねの長さ

おもり

ばねののび（cm）

比例のグラフ

0　おもりの質量（g）

②　圧力の単位と求め方　圧力の単位には$N／m^2$（ニュートン毎平方メートル）やPa（パスカル）が用いられる。$1m^2$の面に$1N$の力がはたらくときの圧力を$1Pa$とする。

$$圧力（N／m^2）＝\frac{面を垂直に押す力（N）}{力がはたらく面積（m^2）}　　　　1Pa＝1N／m^2$$

(5)　水圧と浮力

①　水圧　水の中の物体には，水の重さによって圧力がはたらく。この圧力を水圧という。

・水圧は，深さが深いほど大きくなる。

②　浮力　物体を水の中に入れると，物体に浮き上がろうとする上向きの力がはたらく。この力を浮力という。

・水圧は，深いほど大きいから，物体を水の中に入れたとき，物体を下向きに押す力より上向きに押す力の方が大きくなるので，浮力が生じる。

・右の図では，上向きに押す矢印の長さと下向きに押す矢印の長さの差が浮力になる。

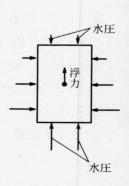

水圧

浮力

水圧

〔1〕光の進み方について調べるために，次の実験と調査を行った。このことに関して，下の(1)～(4)の問いに答えなさい。

実験　次の Ⅰ～Ⅳ の手順で行った。
　　Ⅰ　記録用紙に点Pを中心とした円をかき，点Pを通る直線を30°ごとに引いて円との交点をA～Lとした。図1は，この記録用紙に半円形レンズを置いたようすを模式的に表したものである。ただし，直線AGとDJは垂直に交わっている。
　　Ⅱ　図1で，Aの位置から光源装置で点Pへ向けて光を当てたときの光の道すじを調べた。
　　Ⅲ　Bの位置から光源装置で点Pへ向けて光を当てたところ，図2のように，反射光と屈折光が観察できた。
　　Ⅳ　Fの位置から光源装置で点Pへ向けて光を当てたところ，屈折光は見られたが，図3のように，F～Eの位置へ光源装置をゆっくり動かすと，平面部の境界面から出ていく屈折光は見られなくなり，Eの位置ではすべての光がIの位置へ進んだ。

図1
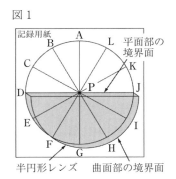

図2
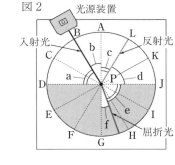

図3
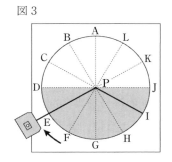

調査　実験の Ⅳ の下線部で見られた現象について調べた太郎さんは，金魚の入った水そうを横から見たとき，水面に金魚の像がうつって見える現象と同じであることがわかった。図4は，このようすを真横から見て模式的に表したもので，点Xは金魚の位置を示している。点Xからの光は，水面で反射したあと，水そうの内側の点Yを通って太郎さんの目に達している。

図4
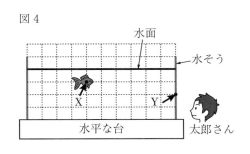

(1)　Ⅱで，Aの位置から光を当てたとき，光は点Pを通ったあとどの位置へ進んだか。最も適当なものを，次のア～オから一つ選び，その符号を書きなさい。
　　ア　E　　イ　F　　ウ　G　　エ　H　　オ　I

(2)　図2で，入射角，反射角，屈折角はどれか。最も適当なものを，それぞれ図2のa～fから一つずつ選び，その符号を書きなさい。

(3)　Ⅳ の下線部の現象を何というか。その用語を書きなさい。

(4)　調査で，点Xから出た光が点Yを通り，太郎さんの目に達したとき，点Xから点Yまでの光の道すじを，図にかきなさい。

〔2〕光の性質を調べるため，次の実験1，2を行った。この実験に関して，下の(1)～(4)の問いに答えなさい。

実験1　レーザー光源，直方体のガラスを用意し，図1のように，方眼紙の上に置いた。

図2は，図1の装置を真上から見た状態を示している。

点Aから直方体のガラスにレーザー光をあてたところ，光は矢印のように進み，点Sに達した。

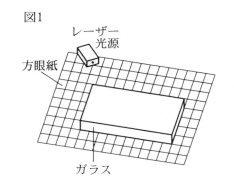

図1

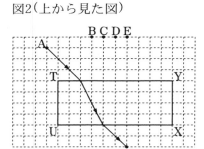

図2（上から見た図）

実験2　図1のレーザー光源を動かして，図3の点Pから直方体のガラスにレーザー光をあてたところ，光は矢印のように進み，ガラス面UXの点Qに達した後，ガラス面XYから出てきた。

このとき，<u>UX面から空気中に出てくる光はなかった。</u>

図3（上から見た図）

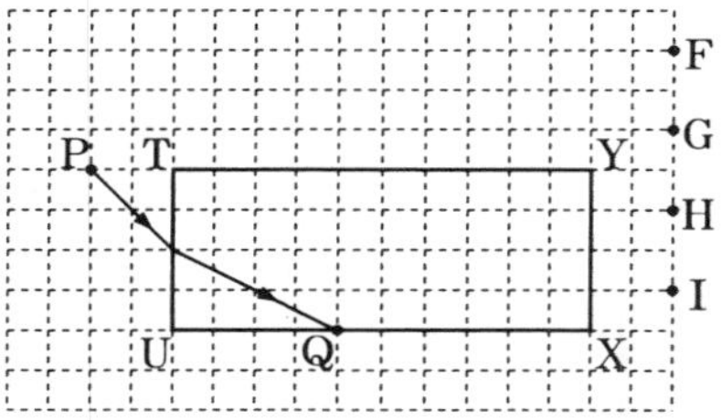

(1) 実験1で，点Aからレーザー光をガラス面TYにあてたとき，面TYで反射する光は，図2のB～Eのどの点に達するか。最も適当なものを一つ選び，その符号を書きなさい。

(2) 実験1のように，光が空気中からガラスに斜めに入るときや，ガラスから空気中に斜めに出るとき，入射角と屈折角の大きさにはどのような関係があるか。最も適当なものを，次のア～エから一つ選び，その符号を書きなさい。

ア　光が空気中からガラスに入るときは，入射角より屈折角のほうが小さく，光がガラスから空気中に出るときは，入射角より屈折角のほうが大きい。

イ　光が空気中からガラスに入るときは，入射角より屈折角のほうが大きく，光がガラスから空気中に出るときは，入射角より屈折角のほうが小さい。

ウ　光が空気中からガラスに入るとき，光がガラスから空気中に出るとき，いずれの場合も入射角より屈折角のほうが小さい。

エ　光が空気中からガラスに入るとき，光がガラスから空気中に出るとき，いずれの場合も入射角より屈折角のほうが大きい。

(3) 次の文は，実験2の下線部分の現象について述べたものである。文中の □□□□ に入る最も適当な用語を書きなさい。

光が □□□□ したので，ガラスから空気中へ屈折して進む光が観察できなかった。

(4) 実験2で，ガラス面XYから出た光は，図3のF～Iのどの点に達するか。最も適当なものを一つ選び，その符号を書きなさい。

〔3〕 凸レンズによる像のでき方を調べるため，次の Ⅰ～Ⅳ の手順で実験を行った。この実験に関して，下の(1)～(4)の問いに答えなさい。

図

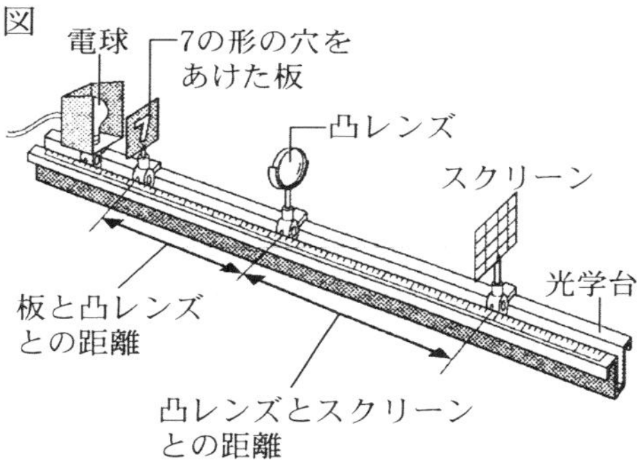

電球　7の形の穴を
あけた板
凸レンズ
スクリーン
板と凸レンズ
との距離
凸レンズとスクリーン
との距離
光学台

Ⅰ　右の図のように，光学台の上に，電球，7の形の穴をあけた板，凸レンズ，スクリーンを並べ，凸レンズを固定した。

Ⅱ　板と凸レンズの距離を40cmにした。

Ⅲ　スクリーンを動かし，スクリーン上に像がはっきりできるときの，凸レンズとスクリーンとの距離を調べた。

Ⅳ　板と凸レンズの距離を24cm，16cm，12cm，10cm，5cmにして，Ⅲと同様の実験を行った。

右の表は，このときの結果をまとめたものである。

表

板と凸レンズの距離(cm)	40	24	16	12	10	5
凸レンズとスクリーンの距離(cm)	10	12	16	24	40	像はできない

(1)　スクリーンにできた像を，電球のほうから見ると，どのように見えるか。最も適当なものを，次のア～エから一つ選び，その符号を書きなさい。

ア　イ 　ウ 　エ

(2)　板と凸レンズの距離を短くしていくと，スクリーンにできる像の大きさはどのように変化するか。簡潔に書きなさい。

(3)　この凸レンズの焦点距離は何cmか，求めなさい。

(4)　板と凸レンズの距離が5cmでは，スクリーン上に像はできなかった。このとき，スクリーンのほうから凸レンズをのぞくと，拡大した像が見えた。この像は一般に何とよばれるか，その用語を書きなさい。

〔4〕凸レンズのはたらきについて調べるために，次の実験1，2を行った。この実験に関して，下の(1)〜(4)の問いに答えなさい。

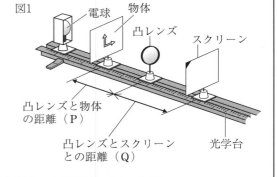

実験1　図1のような装置をつくり，凸レンズと矢印の形の穴をあけた物体の距離（P）を変え，そのつどスクリーンの位置を調整し，スクリーン上にはっきりとした矢印の形の像がうつるときの凸レンズとスクリーンの距離（Q）を調べた。このとき，Pが12cm，6cmのときは，スクリーンをどの位置に動かしても，スクリーン上にはっきりとした像はうつらなかった。
　　　表は，その結果をまとめたものである。

表	P〔cm〕	36	24	21	12	6
	Q〔cm〕	18	24	28	スクリーン上にはっきりした像はうつらなかった。	

実験2　実験1と同じ装置を用いてPが21cmとなるように物体の位置を変えた。このとき，スクリーンの位置を調整し，スクリーン上にはっきりとした像がうつるようにした。スクリーン側の凸レンズから25cm離れたところに鏡を置いたあと，凸レンズと鏡の間に光を通す半透明のシートを置いた。半透明のシートをある位置に動かしたところ，シート上には鏡で反射した像がはっきりとうつった。

(1)　表の結果から，実験に用いた凸レンズの焦点距離は何cmか。求めなさい。

(2)　実験1について，Pを21cmから36cmまで少しずつ大きくしていくと，スクリーン上にうつる像の大きさはどのようになるか。書きなさい。

(3)　実験1で，Pを24cmとし，図2のように凸レンズの上半分を黒い紙でおおった。スクリーン上にうつる像について述べた文として，最も適当なものを，次のア〜エから一つ選び，その符号を書きなさい。
　　ア　物体の矢印の形の下半分がうつり，像は暗くなる。
　　イ　物体の矢印の形の下半分がうつり，像は明るくなる。
　　ウ　物体の矢印の形の全体がうつり，像は暗くなる。
　　エ　物体の矢印の形の全体がうつり，像は明るくなる。

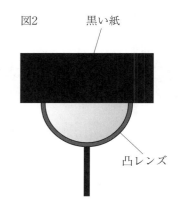

(4)　実験2について，シート上にはっきりとした像がうつったときの，鏡とシートの距離は何cmか。求めなさい。

〔5〕3台のおんさA，B，Cがあり，おんさAは1秒間に330回振動する。

右の図1のようにマイクをコンピュータにつないで，3台のおんさA，B，Cが出す音のようすを調べた。マイクとおんさの距離を一定にして，それぞれのおんさをたたくと，おんさAでは下の図2，おんさBでは図3，おんさCでは図4のような音の振動のようすがコンピュータの画面に表示された。

これに関して，下の(1)～(4)の問いに答えなさい。なお，図2～4の横方向の目盛りは時間を，縦方向の目盛りは音の振動の幅を表している。また，図2～4の目盛りの幅は同じものとする。

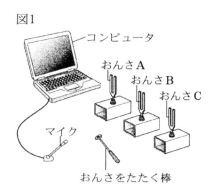

図1

図2
おんさAの出した音の振動のようす

1回の振動

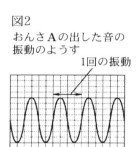

図3
おんさBの出した音の振動のようす

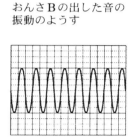

図4
おんさCの出した音の振動のようす

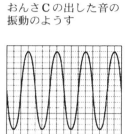

(1) おんさが1秒間に振動する回数を何というか。その用語を書きなさい。

(2) 次の文は，実験の結果について述べたものである。①，②の{　}の中から適当なものをそれぞれ選び，その符号を書きなさい。

おんさAが出した音の高さは，①{ア　おんさB　　イ　おんさC}が出した音の高さと同じであり，おんさAが出した音の大きさは，②{ア　おんさB　　イ　おんさC}が出した音の大きさと同じである。

(3) おんさBは1秒間に何回振動するか，求めなさい。

(4) 次の文は，おんさが出す音が耳に伝わってくるしくみについて述べたものである。　X　，　Y　に最もよく当てはまる用語をそれぞれ書きなさい。

おんさが振動すると，まわりの　X　が振動し，次々に伝わっていく。このように振動が伝わっていく現象を　Y　という。

〔6〕 図1のように，モノコードの弦をはじき，マイクを
通してコンピュータの画面に表示された音のようす
を調べた。図2は，このときの画面のようすを表し
ている。ただし，図2の横軸は時間を表している。

これについて，次の(1)～(3)の問いに答えなさい。

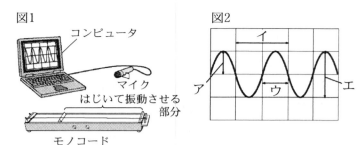

図1

コンピュータ

マイク

はじいて振動させる
部分

モノコード

図2

(1) 振幅を表している部分はどこか。最も適当なも
のを，図2のア～エから一つ選び，その符号を書
きなさい。

(2) 弦の長さやはじく強さをいろいろかえて，音のようすを調べた。次の図3のA～Dはこのときの結果を表し
たものである。これについて，下の①，②の問いに答えなさい。ただし，弦を張る強さは変えないものとする。

図3

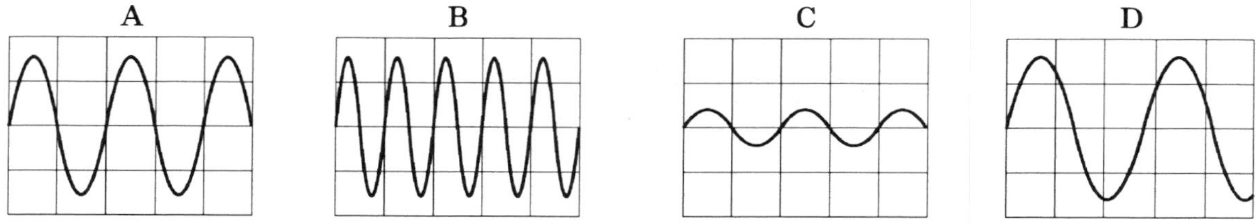

A   B   C   D

① AとBを比較して，振動数と音の高さについて，正しく述べているものを，次のア～エの中から一つ選び，
その符号を書きなさい。

ア Aの方がBより，振動数が多く，音が高い。

イ Aの方がBより，振動数が多く，音が低い。

ウ Aの方がBより，振動数が少なく，音が高い。

エ Aの方がBより，振動数が少なく，音が低い。

② Dの波形が見られたときは，Cの波形が見られたときに比べ，はじく弦の長さと，弦をはじく強さを，そ
れぞれどのように変えたのか。簡潔に書きなさい。

(3) この実験装置を利用して，音の伝わる速さを測定した。その結果，音が7m伝わるのに0.02秒かかることが
わかった。このとき，音が空気中を伝わる速さは秒速何mか，求めなさい。

〔7〕力の大きさとばねののびとの関係について調べるため，次の実験を行った。この実験に関して，下の(1)～(3)の問いに答えなさい。ただし，質量100gの物体にはたらく重力を1Nとし，ばねに取り付けた指針とセロハンテープの重さは考えないものとする。

実験　図1のように，スタンドにばねとものさしを取り付け，ばねの下端にセロハンテープで固定した指針を，ものさしの0cmの位置に合わせた。次に，図2のように，このばねにつり下げる質量30gのおもりを1個，2個，…と増やしていき，ばねののびを調べた。下の表はその結果をまとめたものである。

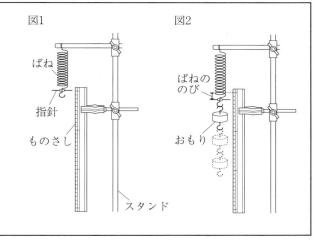

表
おもりの個数〔個〕	0	1	2	3
ばねを引く力の大きさ〔N〕	0	0.3	0.6	0.9
ばねののび〔cm〕	0	1.5	3.0	4.5

(1) 実験において，ばねに加わる力の大きさとばねののびには，ある関係が見られることがわかった。このことに関して，次の①，②の問いに答えなさい。

① 下線部のある関係とは何か。書きなさい。

② この関係を表す法則を何というか。その用語を書きなさい。

(2) ばねののびを10.5cmにするには，おもりは何個必要か。求めなさい。

(3) ばねののびが9.0cmになるときのおもりを月面上で上皿てんびんにのせると，何gの分銅とつり合うか，求めなさい。ただし，月面上で物体にはたらく重力は，地球上の重力の6分の1になるものとする。

〔8〕 右の図1のように，3辺がそれぞれ20cm，10cm，5cmである質量400gの直方体Aと，直方体Aより重い直方体Bを準備した。はじめに，下の図2のように，直方体AのR面を下にしてスポンジにのせ，スポンジのへこみを測定した。

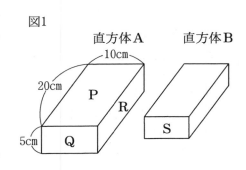

図1

直方体A　　直方体B

次に，図3のように，直方体AのQ面を下にしてスポンジにのせ，スポンジのへこみを測定した。さらに，図4のように，直方体AのP面を下にしてスポンジにのせ，その上に直方体Bを重ねてスポンジのへこみを測定したところ図3のときと同じになった。これに関して，下の(1)～(4)の問いに答えなさい。

図2
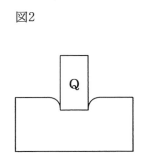

図3
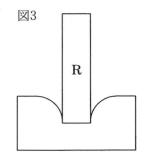

図4
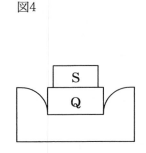

(1) 直方体Aの密度は何g/cm³か，求めなさい。

(2) 図2のとき，直方体Aがスポンジに加える圧力は何Paか，求めなさい。ただし，質量100gの物体にはたらく重力は1Nとする。

(3) 図3で，直方体Aがスポンジを押す力をX，図4で直方体Bを重ねた直方体Aがスポンジを押す力をYとする。このとき，XとYについて述べた文として，最も適当なものを，次のア～オから一つ選び，その符号を書きなさい。

　ア　スポンジのへこみが同じなので，XとYは等しい。

　イ　直方体Aとスポンジのふれる面は，図3の方が小さいので，XはYより大きい。

　ウ　直方体Aとスポンジのふれる面は，図3の方が大きいので，YはXより大きい。

　エ　直方体Aだけより，直方体Aに直方体Bを重ねた方が全体の質量が大きいので，YはXより小さい。

　オ　直方体Aだけより，直方体Aに直方体Bを重ねた方が全体の質量が大きいので，YはXより大きい。

(4) 直方体Bの質量を求めなさい。

〔9〕力と圧力について調べるため，次の実験1〜3を行った。この実験に関して，あとの(1)〜(3)の問いに答えなさい。ただし，100gの物体にはたらく重力の大きさは1Nとする。

実験1　下の図1のように，空気抜きパイプのついた透明な円筒の両側に，ゴム膜をはった水圧実験装置をつくり，図2のように，透明な円筒を水平になるようにして水の入った水槽の中にゆっくり沈めた。
　　　　次に，図3のように，透明な円筒の両側のゴム膜が上下になるようにして，水の入った水槽の中にゆっくり沈めた。

実験2　質量が800gの直方体の物体がある。これを図4のようにスポンジの上にのせてへこみの大きさを調べた。ただし，物体のどの面を下にしたときも物体がスポンジからはみ出ることはなかった。

実験3　実験2の物体の面Rに軽い糸をつけ，もう一方の端をニュートンはかりにつなげた。そして，図5のように水の入った水槽の中に，A，B，Cの順に少しずつ沈めていった。このとき，Bの位置では，面Rが水面と一致し，ニュートンはかりの目盛りは6Nを示した。

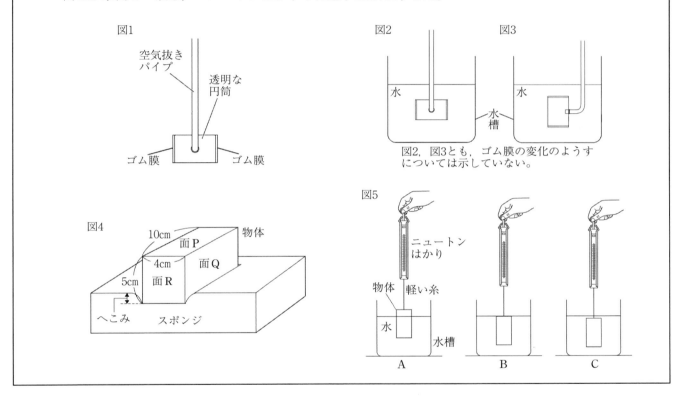

(1)　実験1について，次の①，②の問いに答えなさい。
①　図2のように沈めたとき，ゴム膜はどのようになるか。その模式図として，最も適当なものを，次のア〜エから一つ選び，その符号を書きなさい。

②　図3のように沈めたとき，ゴム膜はどのようになるか。その模式図として，最も適当なものを，次のア〜エから一つ選び，その符号を書きなさい。

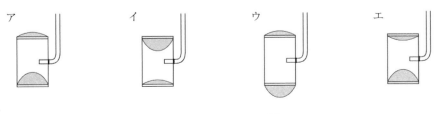

(2) 実験2において，スポンジのへこみが最も小さいのはP～Rのどの面を下にしたときか。一つ選び，その符号を書きなさい。また，そのときのスポンジが物体から受ける圧力は何Paか，求めなさい。

(3) 実験3について，次の①，②の問いに答えなさい。ただし，糸の重さや体積は考えないものとする。

① Bの状態のとき，物体にはたらく浮力の大きさは何Nか，求めなさい。

② Cの状態のとき，ニュートンはかりの目盛りは何Nを示すか，求めなさい。

〔10〕 おもりをつるしたときのばねののびや，おもりが水から受ける浮力の大きさを調べるため，次の実験1，2を行った。この実験に関して，下の(1)～(4)の問いに答えなさい。

実験1 あるばねに，いろいろな質量のおもりをつるし，おもりの質量とばねの長さとの関係を調べた。右の表1は，実験の結果をまとめたものである。

表1

おもりの質量（g）	0	30	60	90	120
ばねの長さ（cm）	15.0	16.5	18.0	19.5	21.0

実験2 実験1で用いたばねに，質量が100gで，高さが6cmの円柱形のおもりをつるした。右の図のように，おもりを水の中にゆっくり沈めながら，水面からおもりの底面までの距離とばねののびとの関係を調べた。

下の表2は，その結果をまとめたものである。

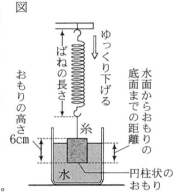

図

表2

水面からおもりの底面までの距離（cm）	0	2.0	4.0	6.0	8.0
ばねののび（cm）	5.0	X	3.0	2.0	Y

(1) 表1をもとに，おもりの質量とばねののびとの関係を表すグラフをかきなさい。

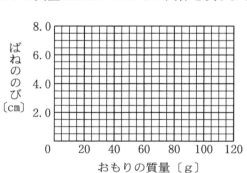

(2) 実験1で，このばねに質量70gのおもりをつるしたとき，ばねののびは何cmか，求めなさい。

(3) 表2のX，Yに当てはまる数値をそれぞれ求めなさい。

(4) 実験2で，水面からおもりの底面までの距離が4.0cmのときの浮力の大きさは何Nか，求めなさい。ただし，質量100gの物体にはたらく重力は1Nとする。

電流とそのはたらき

電流とそのはたらき

《解法の要点》

1 電流回路

(1) 回路 電源の＋極から－極まで電流が流れる道すじを回路（電流回路）という。

① 回路図 下の図のような電気用図記号を用いて，回路を表した図を回路図という。

回路

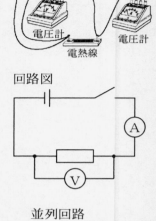

電気用図記号

電池（電源）	スイッチ	電球	抵抗器，電熱線
—|⊢—	—／—	⊗	—▭—
電流計	電圧計	\multicolumn{2}{c}{導線の交わり}
Ⓐ	Ⓥ	接続していないとき ─┼─	接続しているとき ─┿─

回路図

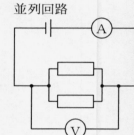

② 直列回路 電流の流れる道すじが途中で枝分かれしていない回路を直列回路という。

③ 並列回路 電流の流れる道すじが途中で枝分かれしている回路を並列回路という。

(2) 電流計と電流計のつなぎ方

① 電流計 回路に直列につなぎ，電流の大きさが予想できないときは，最大の－端子（5 A）につなぐ。

② 電圧計 回路に並列につなぎ，電圧の大きさが予想できないときは，最大の－端子（300 V）につなぐ。

直列回路　　　　　　　　　並列回路

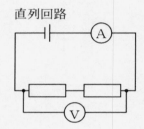

2 電流と電圧の関係

(1) 抵抗 電流の流れにくさを抵抗といい，単位にはΩ（オーム）を使う。

(2) オームの法則 電圧，電流，抵抗には次の関係が成り立ち，この関係をオームの法則という。

電圧をE（V），電流をI（A），抵抗をR（Ω）とすると，

$$抵抗 R（Ω）＝\frac{電圧 E（V）}{電流 I（A）} \qquad 電流 I（A）＝\frac{電圧 E（V）}{抵抗 R（Ω）} \qquad 電圧 E（V）＝抵抗 R（Ω）×電流 I（A）$$

(3) 直列回路，並列回路の電圧，電流，抵抗

① 直列回路 右の図の直列回路で，

$$E＝E_1＋E_2 \qquad I＝I_1＝I_2 \qquad R＝R_1＋R_2$$

② 並列回路 右の図の並列回路で，

$$E＝E_1＝E_2 \qquad I＝I_1＋I_2 \qquad \frac{1}{R}＝\frac{1}{R_1}＋\frac{1}{R_2}$$

直列回路　　　　　　　　　並列回路

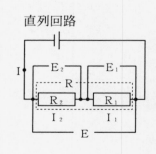

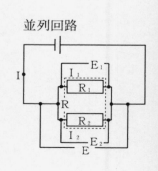

3 電力と電力量

(1) **電力** 1秒当たりに消費される電気のエネルギーを電力という。電力の単位にはW（ワット）を使う。

・電力は，電圧と電流の積に等しい。

電力P（W）＝電圧E（V）×電流I（A）

(2) **電流による発熱** 電熱線などから発生する熱の量を熱量という。熱量の単位にはJ（ジュール）を使う。

・ジュールの法則 電熱線などか発生する熱量は，電力と電流を流した時間（単位は秒）の積に等しい。この関係をジュールの法則という。

熱量Q（J）＝電力P（W）×時間t（s）←秒の単位にはsecondの頭文字である「s」を使う。

・熱量の単位には，cal（カロリー）もある。1gの水を1℃上昇させる熱量が1calである。

また，1J＝0.24calで，1calは約4.2Jである。

(3) **電力量** 電気器具をある時間使ったときに消費される電気のエネルギーの総量を電力量という。電力量の単位には，Jの他にWs（ワット秒），Wh（ワット時），kWh（キロワット時）が使われる。

└ 時間の単位にはhourの頭文字である「h」を使う。

・1Ws＝1J　1kWh＝1000Wh

・電力量は，電力と電流を流した時間（一般に単位は時）の積に等しい。

電力量（Wh）＝電力P（W）×時間t（h）

4 静電気と電流

(1) **静電気** 種類の異なる物質をこすり合わせたとき，それぞれの物質がおびる電気を静電気という。

・電気には「＋」と「－」があり，同じ種類の電気を近づけるとしりぞけ合い，異なる種類の電気を近づけるとひき合う。

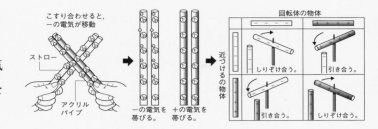

(2) **放電と電子**

① **放電** 電気が空間（空気中や真空中）を流れる現象を放電という。

② **真空放電** 放電管の中の空気をぬいて，電圧をかけると，電極間で放電が起こり，電流が流れる。この現象を真空放電という。

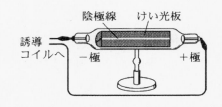

③ **陰極線（電子線）** けい光板の入った放電管（クルックス管）で真空放電が起こると，けい光板が光る。けい光板が光るのは，放電管の－極（陰極）から飛び出したものがけい光板にあたるからである。この飛び出したものを陰極線という。

・陰極線は－極から出ている。

・陰極線の上下の電極板に電圧をかけると，陰極線は＋極側に曲がる。

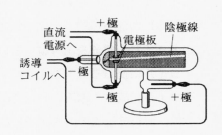

④ **電子** 陰極線は小さな粒子の流れであり，その粒子は－の電気を持っている。この粒子を電子という。

5 電流と磁界

(1) 磁界と磁力線

① 磁力と磁界　磁石による力を磁力といい，磁力のはたらく空間を磁界という。

② 磁界の向きと磁力線　磁針のN極がさす向きを磁界の向きといい，磁界の向きにそってひいた線を磁力線という。

棒磁石のまわりの磁界
磁力線

(2) 電流のまわりの磁界

① まっすぐな導線のまわりの磁界　導線を中心として同心円状に磁界ができる

・右ねじの法則　磁界の向きは電流の向きによって決まり，右ねじを使って調べることができる。電流の向きに，右ねじが進む向きを合わせると，磁界の向きは右ねじを回す向きになる。

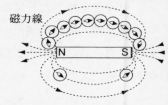
電流の向きと磁界の向き

② コイルのまわりの磁界　導線を何回も巻いたコイルの電流を流すと，棒磁石のまわりの磁界に似た磁界ができる。

・右手の親指以外の4本の指で，電流の向きに合わせてコイルをにぎるようにすると，立てた親指の向きが磁界の向きである。

コイルのまわりの磁界

6 電流が磁界から受ける力

(1) 磁界の中を電流が流れると，磁界から力を受ける。

・フレミングの左手の法則　電流の向きと磁界の向きと力の向きは，右の図のように，左手の3本の指を使って調べることができる。この関係をフレミングの左手の法則という。

・コイル（導線）を流れる電流が受ける力を大きくする方法

① 磁石の磁力を強くする。

② コイル（導線）に流れる電流を大きくする。

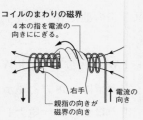
磁界で受ける力

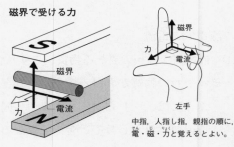
左手
中指，人指し指，親指の順に，電・磁・力と覚えるとよい。

(2) モーターのしくみ　磁界の中を流れる電流が磁界から力を受けることを利用したものにモーターがある。

・整流子とブラシによって，コイルに流れる電流の向きを切りかえて，コイルがつねに同じ向きに力を受けるようにすると，コイルは同じ方向に回転を続ける。

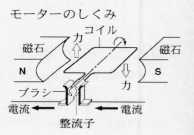
モーターのしくみ

7 電磁誘導と誘導電流

コイルまたは磁石を動かして，コイルの中の磁界を変化させると，変化している間だけコイルに電流を流そうとする電圧が生じ，電流が流れる。この現象を電磁誘導といい，このとき流れる電流を誘導電流という。

・コイルに流れる電流を大きくする方法　棒磁石を動かす速さを速くする。

・コイルに流れる電流の向きを逆にする方法　N極を近づけるときと遠ざけるときでは，流れる電流の向きが逆になる。N極を近づけるときとS極を遠ざけるときは同じ向きに電流が流れ，N極を遠ざけるときとS極を近づけるときも同じ向きに電流が流れる。

検流計

〔1〕電熱線に流れる電流について調べるため，次の Ⅰ ～ Ⅴ の手順で実験を行った。この実験に関して，下の(1)～(5)の問いに答えなさい。

Ⅰ　図1のように，電源装置，電流計，電圧計，スイッチ，電熱線 a，導線を用いて回路をつくった。

Ⅱ　スイッチを入れ，電圧計が0.5Vを示すように電源装置を調整した。このときの電流計が示す値を記録し，スイッチを切った。

Ⅲ　電源装置を調整して電圧計が示す値を1.0V，1.5V，2.0Vに変え，それぞれの場合について，Ⅱと同じ操作を行った。

Ⅳ　次に，図2のように，電熱線 a と電熱線 b を並列に接続して回路をつくり，Ⅱ・Ⅲと同じ操作を行った。

Ⅴ　さらに，図3のように，電熱線 a と電熱線 c を並列に接続して回路をつくり，Ⅲ・Ⅲと同じ操作を行った。

Ⅲ～Ⅴで得られた結果を図4にまとめた。ただし，図1から図3までのX，Yは電流計，電圧計のいずれかであり，測定ごとに適切な端子を選んだものとする。

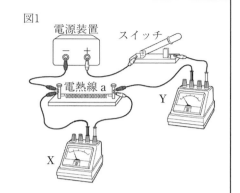

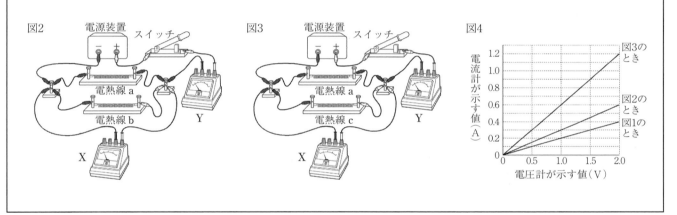

(1)　図1の回路を，次の電気用図記号を用いて回路図で表しなさい。

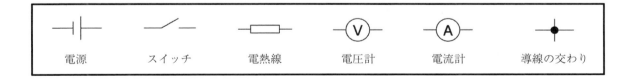

| 電源 | スイッチ | 電熱線 | 電圧計 | 電流計 | 導線の交わり |

(2)　電熱線 a の抵抗の大きさは何Ωか，求めなさい。

(3)　図2の回路で，電圧計の示す値が1.0Vのとき，電熱線 b を流れる電流の大きさは何Aか，求めなさい。

(4)　図3の回路で，電圧計の示す値を3.0Vになるようにしたとき，電流計が示す値は何Aか，求めなさい。

(5)　図5のように，電熱線 b と電熱線 c を並列にして回路をつくり，電圧計の示す値が1.0Vになるようにしたとき，電流計が示す値は何Aか，求めなさい。

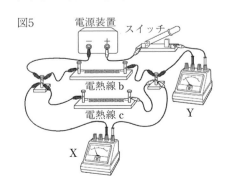

〔2〕電気抵抗の大きさの異なる電熱線P，電熱線Qを使って，次の実験1，2を行った。この実験に関して，下の(1)
　～(5)の問いに答えなさい。

実験1　図1のように，電源装置，電熱線P，電流計，電圧計を使って回路を組み立てた。電源装置のつま
　　　みを調節し，電熱線Pに加える電圧の大きさを変えて，電熱線Pに流れる電流の大きさを測定した。
　　　次に，電熱線Pを電熱線Qにかえて同様の実験を行った。図2は，その結果をグラフに表したもので
　　　ある。

実験2　図3のように，電源装置，電熱線P，電熱線Qを使って回路を組み立てた。電源装置のつまみを調
　　　節し，電熱線Pと電熱線Qから発生する熱量の違いを調べた。その結果，発生する熱量は，電熱線
　　　Pの方が電熱線Qよりも大きかった。

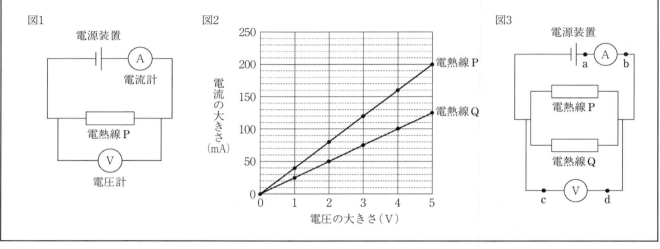

(1)　電熱線Pの電気抵抗の大きさは何Ωか，求めなさい。

(2)　実験1で，電熱線Qに7Vの電圧を加えたとすると，電流計は何mAを示すか，求めなさい。

(3)　実験2の図3で，電流計の＋端子と電圧計の＋端子は，それぞれa～dのどれにつなげばよいか。最も適当
　な組合せを，次のア～エから一つ選んで，その符号を書きなさい。
　　ア〔電流計　a，電圧計　c〕　　　　イ〔電流計　a，電圧計　d〕
　　ウ〔電流計　b，電圧計　c〕　　　　エ〔電流計　b，電圧計　d〕

(4)　実験2の図3の回路で，電源装置の電圧を一定にしたとき，電熱線Pに流れる電流の大きさをxmA，電熱
　線Qに流れる電流の大きさをymAとするとき，$x：y$を最も簡単な整数の比で表しなさい。

(5)　実験2で，電熱線Pの方が電熱線Qより，発生する熱量が大きかったのはなぜか。その理由を，「電圧」と「電
　流」の二つの語句を用いて説明しなさい。

〔3〕 電熱線P，Qを用いて回路をつくり，電圧と電流の関係について，次の実験1～4を行った。この実験に関して，下の(1)～(4)の問いに答えなさい。

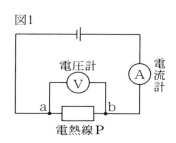
図1

実験1 図1のようにａｂ間に電熱線Pをつなぎ，ａｂ間に加わる電圧と，流れる電流を測定した。図2の①のグラフはその結果を表したものである。

実験2 図1で，ａｂ間の電熱線Pをはずし，電熱線Qにつなぎかえて，実験1と同様の実験を行った。図2の②のグラフは，その結果を表したものである。

実験3 図1で，ａｂ間の電熱線Pをはずし，電熱線Pと電熱線Qを並列につないだものにつなぎかえて，実験1と同様の実験を行った。

実験4 図1で，ａｂ間の電熱線Pをはずし，電熱線Pと電熱線Qを直列につないだものにつなぎかえて，実験1と同様の実験を行った。

図2

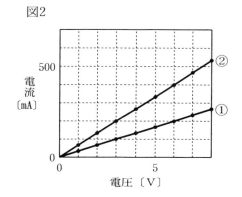

(1) 実験1で，電熱線Pの電気抵抗は何Ωか，求めなさい。

(2) 実験2で，電熱線Qに3Vの電圧をかけ，電流を10秒間流したとき，電熱線Qから発生する熱量は何Jか，求めなさい。

(3) 実験3で，電圧と電流の関係を表すグラフをかきなさい。

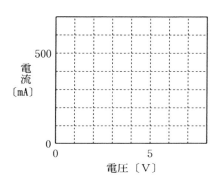

(4) 実験4で，電熱線Pの両端の電圧が3.0Vであるとき，ａｂ間につないである電圧計の値は何Vか，求めなさい。

〔4〕電熱線の発熱を調べるため，次の実験1，2を行った。この実験に関して，下の(1)～(4)の問いに答えなさい。

実験1　図1のような装置を用いて，電熱線 a に電流を流したときの，水の上昇温度を調べる実験をした。まず，発泡ポリスチレンのカップの中に，70gの水を入れ，室温と同じになるまで放置しておいた。次に，スイッチを閉じて，電熱線 a に2.0Vの電圧を加え，水をときどきかき混ぜながら，電流を5分間流し，電流の大きさと水温を測定した。電熱線 a に加える電圧を4.0V，6.0Vに変え，同じように実験をした。表1はその結果をまとめたものである。

実験2　図1の装置で電熱線 a を電熱線 b に取りかえて，実験1と同じように実験をした。表2はその結果をまとめたものである。

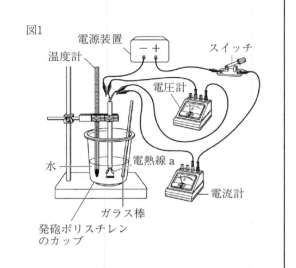

図1

表1

電熱線 a に加える電圧（V）	2.0	4.0	6.0
電熱線 a に流れる電流の大きさ（A）	0.25	0.50	0.75
水の上昇温度（℃）	0.5	2.0	4.5

表2

電熱線 b に加える電圧（V）	2.0	4.0	6.0
電熱線 b に流れる電流の大きさ（A）	0.50	1.00	1.50
水の上昇温度（℃）	1.0	4.0	9.0

(1)　実験1で，カップに入れた水の温度が室温と同じになるまで放置しておかないと，電熱線の発熱による水の上昇温度が正確に測定できない。その理由を説明しなさい。

(2)　電熱線 a の抵抗は何Ωか，求めなさい。

(3)　電熱線 b に4.0Vの電圧を加えて電流を5分間流したとき，発生した熱量は何Jか，求めなさい。

(4)　図2のように，実験1，2で使った電熱線 a，b をつなぎ，水の上昇温度を調べた。水を70g入れ，室温と同じになるまで放置しておいた。次に，スイッチを閉じて，水をときどきかき混ぜながら，5分間電流を流した。このとき，電圧計は6.0Vを示していた。実験1，2の結果から考えて，スイッチを閉じてから5分後の水の上昇温度は何℃と考えられるか，求めなさい。

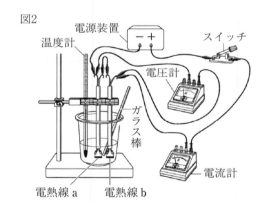

図2

〔5〕 電気に関して，次の(1)，(2)の問いに答えなさい。

(1) 2種類の物体をこすり合わせると，物体が電気をおびることがある。

このことに関して，次の①，②の問いに答えなさい。

① 2種類の物体をこすり合わせたとき，物体がおびる電気を何というか。その用語を書きなさい。

② 電気をおびた3本のストローA，B，Cを用意し，右の図1のように，ストローAに虫ピンをさして消しゴムに取り付けた。そして，ストローBを近づけたところ，ストローAはストローBに近づいた。また，ストローBのかわりにストローCを近づけたところ，ストローAはストローCから遠ざかった。

このとき，同じ種類の電気をおびているストローはどれか。最も適当なものを，次のア～エから一つ選び，その符号を書きなさい。

ア AとB　　　イ AとC　　　ウ BとC　　　エ AとBとC

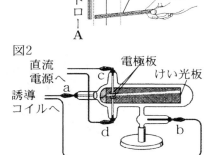

図1

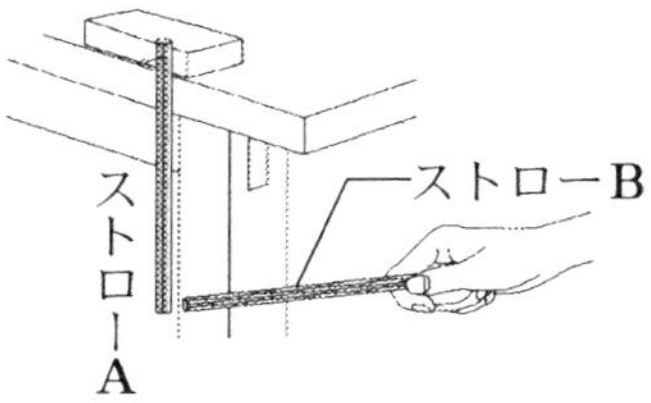

図2

直流電源へ　電極板　けい光板

誘導コイルへ

けい光板に見える明るい線が，電極cの側に曲がるのが見える。

(2) 右の図2のようにけい光板を入れたクルックス管を誘導コイルに接続すると，けい光板に光った線（陰極線）が見えた。

このことに関して，次の①，②の問いに答えなさい。

① けい光板が光るのは，クルックス管のaの極から，ある粒子が飛び出しているからである。この粒子は何か。その用語を書きなさい。

② 図2の光った線（陰極線）は，電圧をかけた電極板によって曲げられている。a，b，c，dの電極は＋極か，－極か。正しい組み合わせを，次のア～エから一つ選び，その符号を書きなさい。

ア ＋極がbとd，－極がaとc　　　イ ＋極がaとc，－極がbとd

ウ ＋極がbとc，－極がaとd　　　エ ＋極がaとd，－極がbとc

〔**6**〕 電流と磁界について調べるため，次の実験1, 2を行った。この実験に関して，下の(1)～(4)の問いに答えなさい。

実験1　図1のように，厚紙にエナメル線を垂直に通してコイルをつくり，コイルをさしこんだ厚紙の上に鉄粉を一様にまいた。次に，コイルに電流を流し，厚紙を指で軽くたたくと，図2のような鉄粉のもようができた。

実験2　抵抗の大きさが10Ωの電熱線を用いて，下の図3のような装置をつくり，コイルに電流を流したところ，コイルは矢印の向きに少し動き静止した。

図1

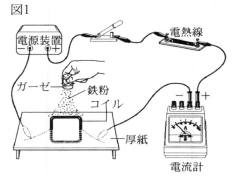

図2

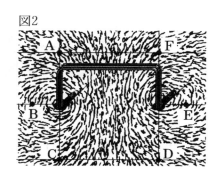

図3

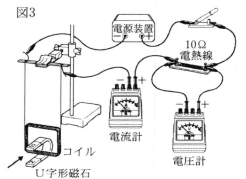

(1) 実験1の図2において，点A～Fに方位磁針をおいて磁界の向きを調べたとき，磁界の向きが点Aと同じになる点を，B～Fから一つ選び，その符号を書きなさい。

(2) 磁力線を用いた磁界の表し方を述べた文として，最も適当なものを，次のア～エから一つ選び，その符号を書きなさい。

ア　磁界の向きに沿って，磁石のN極から出てS極に入るように矢印をつけ，磁力の強いところでは，磁力線の間隔をせまくする。

イ　磁界の向きに沿って，磁石のN極から出てS極に入るように矢印をつけ，磁力の強いところでは，磁力線の太さを太くする。

ウ　磁界の向きに沿って，磁石のS極から出てN極に入るように矢印をつけ，磁力の強いところでは，磁力線の間隔をせまくする。

エ　磁界の向きに沿って，磁石のS極から出てN極に入るように矢印をつけ，磁力の強いところでは，磁力線の太さを細くする。

(3) 実験2で，コイルに電流を流したとき，電流計は0.80Aを示していた。このとき，電圧計は何Vを示しているか，求めなさい。

(4) 実験2で，U字形磁石を変えずに，電源装置の電圧を一定に保ったまま，電熱線を次のア～エのように変えたら，コイルのふれ方に違いが見られた。コイルのふれ方が大きいものから順に，符号で書きなさい。

ア　5Ωの電熱線

イ　15Ωの電熱線

ウ　5Ωと15Ωの電熱線を並列につないだもの

エ　5Ωと15Ωの電熱線を直列につないだもの

〔7〕 コイル，U字形磁石，電熱線，電流計，電圧計などを用いて，図1のような装置を作った。

スイッチを入れて電流を流したところ，コイルは少し動いて静止した。図2はスイッチを入れて電流を流したときのU字形磁石とコイルのまわりを拡大した模式図である。このとき，ＡＢ間の電圧と回路を流れる電流の強さを測定したら，8V，0.5Aであった。

この実験に関して，次の(1)～(4)の問いに答えなさい。

図1

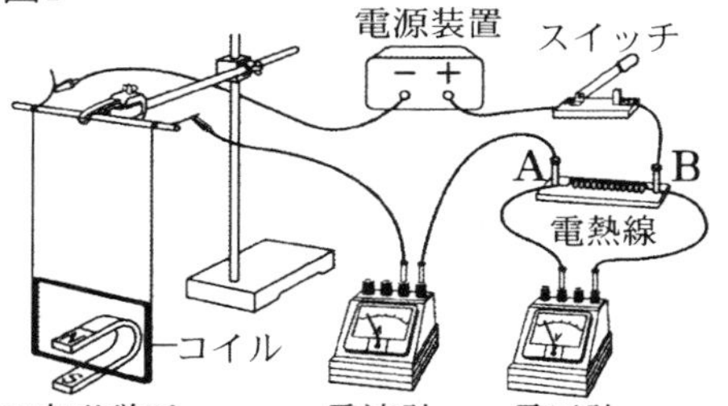

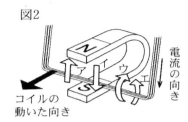

(1) 図1の電熱線の抵抗は何Ωか，求めなさい。

(2) 図2で，U字形磁石による磁界の向きと，電流のまわりの磁界の向きを，ア～エから一つずつ選び，その符号を書きなさい。

図2

(3) 図1の装置で，電源装置の電圧は変えないで，電熱線の抵抗の値を小さいものに変え，スイッチを入れて電流を流すと，コイルの振れ幅は電熱線を変える前の実験に比べてどのようになるか。理由も含めて書きなさい。

(4) 図1の装置で，U字形磁石をN極とS極が逆になるように置き換え，さらに電流の流れる向きも逆になるようにしてから，電流を流したとき，コイルの動きはどのようになるか。最も適当なものを，次のア～エから一つ選び，その符号を書きなさい。

ア 黒い矢印の向きに動く。　　　イ 黒い矢印と反対の向きに動く。

ウ 動かない。　　　エ 振り子の運動を続ける。

〔8〕電流と磁界の関係を調べるために，次の実験1, 2を行った。この実験に関して，下の(1)～(4)の問いに答えなさい。

実験1　図1のようにコイルAに棒磁石のN極を向けて，図の矢印の向きに，この棒磁石をコイルAに近づけると，検流計の指針は右に振れた。

実験2　図2のように，実験1で用いたコイルAと，コイルBを並べ，コイルBには乾電池とスイッチをつないだ。スイッチを入れた瞬間，検流計の指針が振れた。

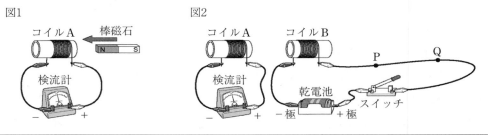

(1) 実験1で，検流計の指針が振れたことから，コイルAに電流が流れたことがわかる。この電流を何というか。その用語を書きなさい。

(2) 実験1で，コイルAに電流が流れる理由を，「コイルA」,「棒磁石」,「磁界」の三つの語句を用いて書きなさい。

(3) 実験2で，スイッチを入れたとき，導線のP－Qの間を流れる電流によって生じる磁界のようすを表す図はどれか。最も適当なものを，次のア～エから一つ選び，その符号を書きなさい。

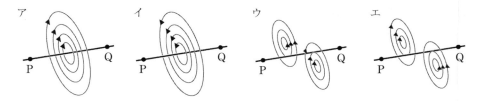

(4) 実験2で，スイッチを入れてから，5秒後にスイッチを切った。次の文は，このときの検流計の指針の振れ方について述べたものである。文中の　X　，　Y　に最もよく当てはまる内容を，下のア～ウからそれぞれ一つずつ選び，その符号を書きなさい。

スイッチを入れてから3秒後は，検流計の指針は　X　。また，スイッチを切った瞬間は　Y　。

ア　左に振れる　　　イ　右に振れる　　　ウ　左右のどちらにも振れない

運動とエネルギー

運動とエネルギー

《解法の要点》

1　力のつり合い

(1)　2力のつり合い　1つの物体に2力がはたらいていて，物体が動かないとき，その2力はつり合っているという。

　　①　2力がつり合う条件　2力が次の3つの条件をすべて満たしているとき，2力はつり合っている。

　　　・2力の大きさが等しい　・2力は一直線上にある　・2力の向きが反対である

　　②　いろいろなつり合う力

垂直抗力と重力のつり合い

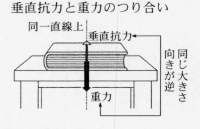

　　　・重力と垂直抗力　物体を水平な板の上に置いたとき，板が物体を上向きに押す力を垂直抗力という。物体が動かないとき，垂直抗力と重力はつり合っている。

　　　・重力と浮力　物体が水に浮いて動かないとき，重力と浮力はつり合っている。

摩擦力と加えた力のつり合い

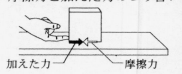

　　　・物体に加える力と摩擦力　なめらかでない水平な板の上に物体を置き，物体に力を加えても動かないときがある。これは，加えた力と反対向きに板の面からの力がはたらくからである。この力を摩擦力という。物体が動かないとき，物体に加えた力と摩擦力はつり合っている。

(2)　力の合成　1つの物体に2力がはたらいているとき，この2力は同じはたらきをする1つの力におきかえることができる。これを力の合成といい，合成された1つの力を合力という。

　　①　一直線上にある2力の合成

2力が同じ向きにはたらいているとき

F_1とF_2の合力$F = F_1 + F_2$

　　例　$F_1 = 3$N，$F_2 = 4$Nのとき，
　　　　$F = 3 + 4 = 7$（N）

2力が反対の向きにはたらいているとき

F_1とF_2の合力$F = F_2 - F_1$

　　例　$F_1 = 3$N，$F_2 = 4$Nのとき，
　　　　$F = 4 - 3 = 1$（N）

　　②　一直線上にない2力の合成　2力の矢印をとなり合う2辺とする平行四辺形の対角線を作図する。

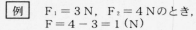

(3)　力の分解

　　①　2力の分解　力の合成の反対に，1つの力をそれと同じはたらきをする2力に分けることを力の分解といい，分解されたそれぞれの力を分力という。

　　　・上の(2)②の図で，1つの力Fは2つの力F_1，F_2に分けることができる。F_1，F_2はFの分力である。

　　②　斜面上の物体にはたらく重力の分力
　　　斜面上の物体には重力がはたらく。この重力は斜面に沿った方向の分力と，斜面に垂直な方向の分力に分けることができる。

斜面上の物体にはたらく重力の分力

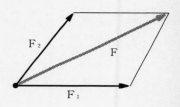

3力のつり合い

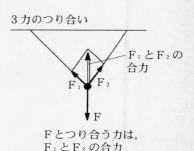

Fとつり合う力は，
F_1とF_2の合力

　　③　3力のつり合い　物体に3力がはたらいているとき，力の合成，分解を使うと力のつり合いを調べることができる。

(4) 作用と反作用　物体Aが物体Bに力を加えると，物体Aは物体Bか
ら逆向きの力を受ける。このとき，物体Aが物体Bに加えた力を作用，
物体Aが物体Bから受ける逆向きの力を反作用という。

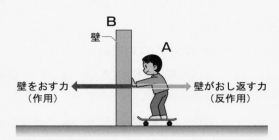

・作用・反作用の法則　作用と反作用の大きさは等しく，同一直線上
にあり，向きは逆である。この関係を作用・反作用の法則という。

・力のつり合いと作用・反作用のちがい　力のつり合いは<u>１つの物体</u>
にはたらく力の関係である。作用・反作用は，<u>２つの物体</u>の間にお
ける力の関係である。

2　物体の運動

(1) 速さ　一定の時間（１秒間，１分間，１時間）に移動した距離を速さという。

$$速さ＝\frac{移動した距離}{移動にかかった時間}$$　速さの単位には，cm／s（センチメートル毎秒）や km／h（キロメートル毎時）な

どが使われる。

① 平均の速さ　速さが変化しながら移動したとき，速さの変化を無視し，移動した距離を移動した時間で割った
値を平均の速さという。

② 瞬間の速さ　ごく短い時間に移動した距離をその時間で割った値を瞬間の速さという。

(2) 力がはたらく運動

① だんだん速くなる運動　運動する向きに力がはたらき続けると，速さはだんだん速くなる。

・斜面を下る台車の速さ　斜面上に台車を置くと，斜面に沿った方
向に力（重力の分力）がはたらき続けるので，速さはだんだん速く
なる。

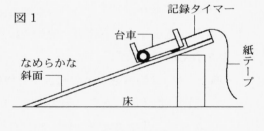

図１

　例　右の図１のように，斜面を下る台車の速さは，紙テープを
使って調べることができる。図２の①〜⑤は，0.1秒ごとに
台車が進んだ距離を示している。それぞれの部分の紙テープ
の長さをはかると，台車の速さがわかる。また，それぞれの
部分の紙テープの長さがだんだん長くなっているので，台車
の速さもだんだん速くなっている。

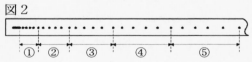

図２

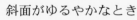

（打点と時間）　１秒間に50打点するとき，１打点の間隔は$\frac{1}{50}$秒，５打点の間隔は，$\frac{1}{50}×5＝\frac{1}{10}＝0.1$（秒）

・斜面の角度と物体の速さ　斜面の角度を大き
くすると，斜面に沿った方向の力が大きくな
るので，速さの変化のしかたも大きくなる。

② だんだん遅くなる運動　運動する向きと逆の
方向に力がはたらき続けると，速さはだんだん
遅くなる。

・斜面を上る物体の速さ　斜面を上る物体には，
斜面に沿った方向に，進む向きとは逆向きの
力（重力の分力）がはたらくので，速さはだん
だん遅くなる。

斜面がゆるやかなとき

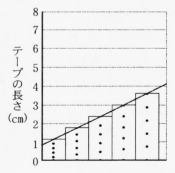

斜面が急なとき

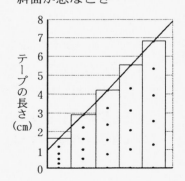

・摩擦力があるときの物体の速さ　摩擦力は，物体の運動する向きとは逆向きにはたらくので，速さはだんだん遅くなる。

(3)　力がはたらかない運動

①　等速直線運動　速さが一定で，一直線上を進む運動を等速直線運動という。

②　慣性の法則

・慣性　物体が静止しているときは，いつまでも静止し続け，運動しているときは，いつまでも等速直線運動をし続けようとする。物体のこの性質を慣性という。

・慣性の法則　物体に力がはたらいていないときや，力がはたらいていてもつり合っているとき，物体は静止や等速直線運動の状態を続ける。これを慣性の法則という。

> 例　右の図のように，車につるしたおもりがある。
>
> 車が発進するとき，おもりは静止し続けようとするので，b側にふれる。
>
> 車が停止するとき，おもりは等速直線運動をし続けようとするので，a側にふれる。

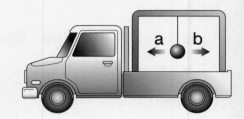

3　仕事

(1)　仕事　物体に力を加えてその向きに移動させたとき，力は物体に仕事をしたという。

①　仕事の大きさ　仕事の大きさは，物体に加えた力の大きさ（単位はN）とその向きに移動させた距離（単位はm）の積で表される。また，仕事の単位はJ（ジュール）である。

仕事（J）＝力の大きさ（N）×移動させた距離（m）

②　重力に逆らってする仕事　物体を持ち上げるには，物体にはたらく重力と同じ大きさで，重力と反対の向きに力を加えればよい。

> 例　2kgの物体を3mの高さまで持ち上げるときの仕事の大きさの求め方
>
> 2kgの物体にはたらく重力は，2kg＝2000gだから，2000÷100＝20（N）←100gの物体にはたらく重量は約1N
> よって，仕事の大きさは，20（N）×3（m）＝60（J）

③　摩擦力に逆らってする仕事　仕事（J）＝摩擦力（N）×移動させた距離（m）

④　仕事率　1秒間にする仕事の大きさを仕事率という。単位はW（ワット）を使う。

$$仕事率（W）＝\frac{仕事の大きさ（J）}{仕事をした時間（s）}$$

(2)　仕事の原理　道具を使っても仕事の大きさは変わらない。このことを仕事の原理という。

①　動滑車を利用したときの仕事　物体を動滑車を使って持ち上げる（引き上げる）とき，ひもを引く力の大きさは半分になるが，ひもを引く長さ（距離）は2倍になるので，仕事の大きさは，直接持ち上げるときの同じである。

②　斜面を利用したときの仕事　物体を斜面を使って持ち上げる（引き上げる）とき，物体を引く力は小さくなるが，引く長さ（距離）が長くなるので，仕事の大きさは直接持ち上げるときと同じである。

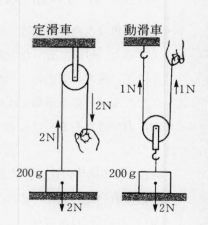

4 エネルギー

(1) エネルギー　他の物体に対して，仕事（動かす，変形させるなど）をする能力のことをエネルギーといい，他の物体に対して仕事ができる状態にある物体は，エネルギーをもっているという。単位はJ（ジュール）である。

① 位置エネルギー　高いところにある物体がもっているエネルギーを位置エネルギーという。

位置エネルギーの大きさは高さに比例し，また質量にも比例する。

② 運動エネルギー　運動している物体がもっているエネルギーを運動エネルギーという。

運動エネルギーの大きさは物体の速さの2乗に比例し，また質量に比例する。

(2) 力学的エネルギー　位置エネルギーと運動エネルギーの和を力学的エネルギーという。

① 力学的エネルギーの移り変わり　位置エネルギーと運動エネルギーはたがいに移り変わることができる。

・斜面を下る運動　物体が斜面を下る（高さが低くなる）と位置エネルギーは減少するが，速さが速くなるので，運動エネルギーが増加する。これは，位置エネルギーが運動エネルギーに移り変わったからである。

・振り子の運動　振り子でも位置エネルギーと運動エネルギーがたがいに移り変わる。

② 力学的エネルギーの保存　位置エネルギーと運動エネルギーがたがいに移り変わってもその和は一定に保たれる。これを力学的エネルギーの保存という。

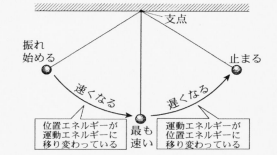

(3) いろいろのエネルギーとその移り変わり

① いろいろなエネルギー

・弾性エネルギー　伸ばしたり縮めたもの（ゴムやばねなど）はもとにもどろうとする力（弾性力）を持っており，この力は仕事をすることができる。変形したものがもっているエネルギーを弾性エネルギーという。

・化学エネルギー　石油や石炭などが燃焼すると仕事をすることができる。このように，物質が内部にたくわえているエネルギーを化学エネルギーという。

② エネルギーの移り変わり　エネルギーには光や音，熱，電気などのエネルギーもあり，たがいに移り変わることができる。

・エネルギー保存の法則　いろいろなエネルギーがたがいに移り変わってもエネルギーの総量は一定に保たれる。これをエネルギー保存の法則という。

〔1〕 力のつりあいや仕事について調べるために，次の実験1〜3を行った。この実験に関して，下の(1)〜(3)の問いに答えなさい。ただし，実験に用いた糸は伸び縮みしないものとし，ばねと糸の質量や，糸と滑車の間の摩擦は考えないものとする。

実験1　図1のようにばねの一端を固定し，もう一端についている糸を，滑車を通しておもりとつないだ。糸に1個の質量が100gのおもりを1個から7個まで順につるしていき，おもりの数とばねの長さとの関係を調べたところ，表のような結果になった。おもりをすべて取り去ると，ばねはもとの長さにもどった。

図1
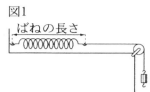

実験2　図2のように，水平に置かれた板の上に方眼紙をはり，実験1で用いたばねの左端を固定して，右端に2本の糸を結びつけた。それぞれの糸に，ばねばかりA，Bを結び，水平にそれぞれちがった向きに引いた。

このとき，ばねの右端の位置を方眼紙上で点Oとし，ばねばかりAが引く力をF_1，ばねばかりBが引く力をF_2として，力を矢印で表したものが図3である。なお，方眼の1目盛りは1Nを示している。

表

おもりの数〔個〕	1	2	3	4	5	6	7
ばねの長さ〔cm〕	17.5	20.0	P	25.0	27.5	30.0	32.5

図2　　　　　　　　図3
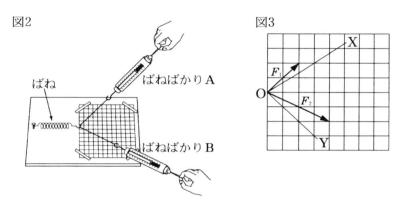

次に，ばねの右端が，点Oの位置から変わらないように（ばねののびと方向を変えないように）2つのばねばかりが引く力を調節しながら，ばねばかりAを図3に示す直線OX上に，ばねばかりBを図3に示す直線OY上に移した。

実験3　適当な大きさの木片を水平な机の上に置き，実験1で用いたばねを図4のように取り付け，一直線上を一定の速さでゆっくりと50.0cm引いて動かした。この間，ばねの長さは常に一定で20.0cmであった。

図4
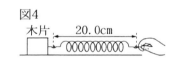

(1)　実験1で，表中のPに当てはまる値を求めなさい。

(2)　実験2について，次の①，②の問いに答えなさい。

　①　下線部のF_1とF_2の合力の大きさを求めなさい。

　②　ばねばかりAを直線OX上に，ばねばかりBを直線OY上に移したときのそれぞれのばねばかりが引く力の大きさは，移す前の力F_1，F_2の大きさに比べてどのようになるか。最も適当なものを，次のア〜エから一つ選び，その符号を書きなさい。

　　ア　ばねばかりが引く力の大きさは，Aでは大きくなるが，Bでは小さくなる。

　　イ　ばねばかりが引く力の大きさは，Aでは小さくなるが，Bでは大きくなる。

　　ウ　ばねばかりが引く力の大きさは，AでもBでも大きくなる。

　　エ　ばねばかりが引く力の大きさは，AでもBでも小さくなる。

(3)　実験3において，摩擦力にさからってする仕事はいくらか。最も適当なものを，次のア〜エから一つ選び，その符号を書きなさい。

　　ア　0.1J　　　　　イ　1J　　　　ウ　10J　　　　エ　100J

〔2〕力のつり合いについて調べるために，次の実験1，2を行った。この実験に関して，下の(1)～(3)の問いに答えなさい。

実験1　図1のように，ばねXの一方の端を板に固定し，もう一方の端に糸をつけて2つのばねばかりA，Bをとりつけた。この2つのばねばかりを，ばねXと一直線上になるように矢印（➡）の方向に引いたところ，ばねばかりAは3N，ばねばかりBは5Nを示していた。

実験2　図2のように，ばねばかりA，Bと基準線との角度a，bを変えて引き，ばねXの長さが実験1と同じ長さになったときのばねばかりA，Bの示す値を調べた。ただし，ばねばかりは，水平に置いたときに針が0を指すように調整してあり，糸の質量と伸び縮みは考えないものとする。

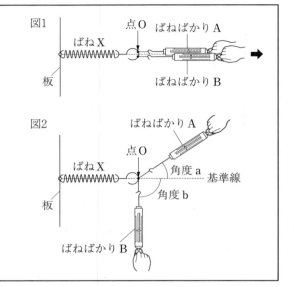

(1) 実験1について，ばねXが糸を引く力の大きさは何Nか。求めなさい。

(2) 実験2について，次の①，②の問いに答えなさい。

① ばねばかりA，Bが糸を引く力の合力は何Nか。求めなさい。

② 角度aと角度bの大きさをそれぞれ60°にしたとき，ばねばかりA，Bがそれぞれを引く力の大きさF_A，F_Bと，ばねばかりA，Bの糸を引く力の合力の大きさFの関係として，最も適当なものを，次のア～エから一つ選び，その符号を書きなさい。

ア　$F_A = F_B > F$　　　イ　$F_A > F_B = F$　　　ウ　$F_A = F_B = F$　　　エ　$F_A = F_B < F$

(3) 1つの物体にはたらく2力がつり合うためには，2力が3つの条件を満たす必要がある。この条件について，「向き」，「直線」，「大きさ」という語句を用いて，書きなさい。

〔**3**〕図1のように，1秒間に50打点する記録タイマーを斜
　面に固定し，紙テープをつけた台車を斜面上に置き，
　静かに手をはなした。台車は斜面上を下り，水平面
　上を動き続けた。図2は，このときの記録した紙テー
　プを5打点ごとに区切ったものである。これについて，
　下の(1)～(4)の問いに答えなさい。

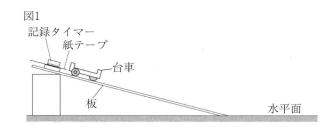

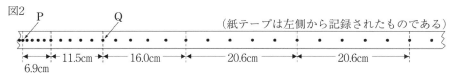

(1) 打点Pから打点Qの間の，台車の平均の速さは毎秒何cmか，
　求めなさい。

(2) 右の図3は，台車が斜面上にあるとき，台車にはたらく重
　力を示したものである。このとき，台車にはたらく垂直抗力
　を，図の作用点から矢印でかき入れなさい。

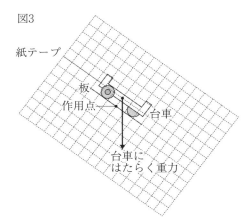

(3) 台車が斜面を運動するときと，水平面を運動するときに，
　台車の進行方向にはたらく力について述べた文として，最も
　適当なものを，次のア～エから一つ選び，その符号を書きな
　さい。
　ア　斜面を運動するときも水平面を運動するときも，常に一
　　定の力がはたらいている。
　イ　斜面を運動するときは常に一定の力がはたらいているが，水平面を運動するときは力ははたらいていな
　　い。
　ウ　斜面を運動するときは，しだいに大きくなる力がはたらいていて，水平面を運動するときは，常に一定
　　の力がはたらいている。
　エ　斜面を運動するときは，しだいに大きくなる力がはたらいているが，水平面を運動するときは力ははた
　　らいていない。

(4) 次の文は，台車の水平面上での運動について述べたものである。　X　，　Y　に最もよく当ては
　まる用語を，それぞれ書きなさい。

　　　水平面上で，台車の運動を妨げる力がはたらかなければ台車は　X　運動をする。物体に力がは
　　たらかなければ，あるいは，力がはたらいていてもそれがつり合っていれば，静止している物体はいつ
　　までも静止し，運動している物体はいつまでも　X　運動を続けようとする。これを　Y　の
　　法則という。

〔4〕台車にはたらく力と運動の関係を調べるために，次の Ⅰ～Ⅲ の手順で実験を行った。この実験に関して，下の(1)～(4)の問いに答えなさい。ただし，空気の抵抗，台車にはたらく摩擦力，記録タイマーと紙テープの間の摩擦は考えないものとする。

Ⅰ　質量200gの台車と質量40gのおもりを用意した。

Ⅱ　右の図1のように，水平な机の上に台車を置き，台車とおもりを糸で結び，糸を滑車にかけてから紙テープを手でおさえて全体を静止させた。

Ⅲ　静かに手をはなすと台車とおもりは運動をはじめた。やがて，おもりは床について静止したが，台車はその後も運動を続けた。

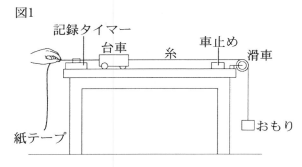

図1

図2は，この運動のようすを1秒間に50打点を打つ記録タイマーで紙テープに記録したものであり，AからGは，5打点ごとの区間を表している。

図2

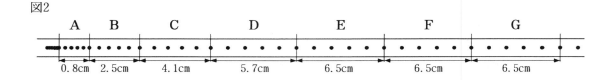

(1)　Ⅲで，台車が静止しているとき，手が紙テープを引く力の大きさは何Nか，求めなさい。ただし，100gの物体にはたらく重力を1Nとする。

(2)　図2の区間Bでの台車の平均の速さは何cm/sか，求めなさい。

(3)　おもりが床に達したあとに，台車が等速直線運動をしたのは，台車がある性質をもつからである。この性質を何というか。その用語を書きなさい。

(4)　実験で，区間Aから区間Gまでが記録されている間の，糸が台車を引く力はどのようになるか。最も適当なものを，次のア～エから一つ選び，その符号を書きなさい。

ア　力はしだいに大きくなっていき，途中から一定の大きさになった。

イ　力はしだいに小さくなっていき，途中からおもりにはたらく重力と同じ大きさになった。

ウ　力は常に一定の大きさで，おもりにはたらく重力と同じ大きさであった。

エ　力ははじめのうち一定の大きさで，途中から0になった。

〔5〕物体を動かすときの仕事を調べるため，ば
ねはかりと動滑車を使って，次の Ⅰ～Ⅲ の
手順で実験を行った。この実験に関して，下
の(1)～(4)の問いに答えなさい。ただし，質量
100 g の物体にはたらく重力は1Nとし，滑車
の摩擦とひもの質量はないものとする。

図1 　　図2 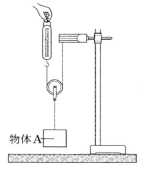　　図3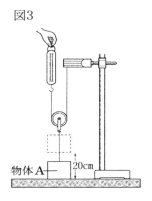

Ⅰ　図1のように，質量200 g の物体を床から
20cmの高さまでゆっくりと引き上げた。

Ⅱ　図2のように，質量30 g の動滑車を使って，物体Aをつり下げたらばねはかりの目もりは165 g を示していた。

Ⅲ　図3のように，Ⅱの物体Aを，床から20cmの高さまで10秒かけて引き上げた。

(1)　Ⅰで，ばねはかりの目もりが1Nのときは，物体はまだ床の上にのっている。そのときの，床が物体におよ
ぼす垂直抗力についての説明として，最も適当なものを，次のア～エから一つ選び，その符号を書きなさい。
　ア　垂直抗力と重力がつり合っているので，垂直抗力は重力と同じ大きさである。
　イ　ばねが引く力と重力がつり合っているので，垂直抗力は0Nである。
　ウ　ばねが引く力に対して垂直抗力が生まれるので，垂直抗力はばねが引く力と同じ大きさである。
　エ　ばねが引く力と垂直抗力の和が重力とつり合っているので，垂直抗力は重力とばねが引く力の差である。

(2)　Ⅰで，おもりがされた仕事の量は何Jか，求めなさい。

(3)　Ⅰの後，糸を切っておもりを落下させた。このときのおもりが床につく直前までについて，20cmの高さから
の落下距離と運動エネルギーとの関係を表すグラフとして，最も適当なものを，次のア～エから一つ選び，そ
の符号を書きなさい。

ア 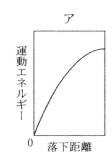　　イ 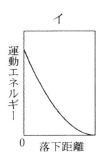　　ウ 　　エ

(4)　Ⅱ，Ⅲで，物体Aの質量は何gか。また，物体Aが20cmの高さまで引き上げられるときにされた仕事の
仕事率は何Wか。それぞれ求めなさい。

〔6〕 力と仕事について調べるため，次の実験1～3を行った。この実験に関して，下の(1)，(2)の問いに答えなさい。ただし，100gの物体にはたらく重力の大きさを1Nとし，ばねと糸の重さ，滑車と糸の摩擦，糸ののびは考えないものとする。

実験1　図1のように，ばねにおもりをつり下げて，おもりの質量とばねののびの関係を調べ，結果を表にまとめた。

表

おもりの質量(g)	0	20	40	60	80	100	120	140	160	180	200
ばねののび(cm)	0	1.0	2.0	3.0	4.0	5.0	6.0	7.0	8.0	9.0	10.0

実験2　実験1で用いたばねを使い，図2のように，質量が120gで，底面が1辺10cmの正方形の直方体の物体Aとばね，糸をつないで，定滑車を使ってモーターに結びつけ，糸がピンと張るようにした。

　電源装置のスイッチを入れて，モーターに電流を流すと，モーターは糸を静かに巻きとりはじめた。

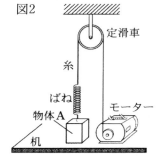

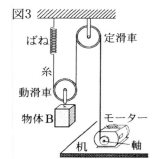

実験3　実験1で用いたばねを使い，図3のように，質量が60gの動滑車と質量が100gの物体Bを，定滑車と糸を使ってつり下げ，糸をモーターに結びつけた。このとき，モーターの軸が回転しないように，手で固定した。

　電源装置のスイッチを入れて，モーターに電流を流し，モーターの軸から手をはなすと，モーターは糸を静かに巻きとりはじめ，動滑車と物体Bが引き上げられた。

---

(1) 実験2について，次の①，②の問いに答えなさい。

　① ばねののびが0cmのとき，物体Aが机におよぼす圧力は何Paか，求めなさい。

　② モーターが糸を巻きとりはじめてから10cm巻きとるまでの間の，巻きとった糸の長さとばねののびの関係を表すグラフをかきなさい。

(2) 実験3について，次の①，②の問いに答えなさい。

　① 動滑車と物体Bをつり下げたときのばねののびの大きさは何cmか，求めなさい。

　② 動滑車と物体Bを20cm引き上げるときのモーターの仕事率が0.08Wであった。モーターが巻きとった糸の長さは何cmか。また，何秒かかったか。それぞれ求めなさい。

〔7〕右の図1のように，なめらかな斜面OP，なめらかな曲面PQ，なめらかな水平面QR，なめらかな曲面RS，あらい斜面STがある。物体Aを点Oに静止させたあと，静かに手を離したところ，物体Aは斜面を下り始めた。その後，物体Aは点P，点Q，点R，点Sを通過して，点Tから飛び出した。

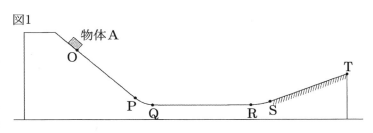

図1

これに関して，次の(1)〜(4)の問いに答えなさい。ただし，空気抵抗は無視できるものとし，摩擦によって生じるエネルギーは，すべて熱エネルギーに変わるものとする。

(1) 物体Aの速さは時間とともにどのようになるか。最も適当なものを，次のア〜エから一つ選び，その符号を書きなさい。

　ア　OP間では速くなり，QR間では一定，ST間では遅くなる。

　イ　OP間とQR間では速くなり，ST間では遅くなる。

　ウ　OP間では一定で，QR間とST間では遅くなる。

　エ　OP間とST間では速くなり，QR間では遅くなる。

(2) 物体AがQR間にあるとき，物体にはたらく力を，矢印を使って正しく表しているのはどれか。最も適当なものを，次のア〜エから一つ選び，その符号を書きなさい。

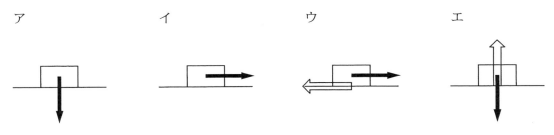

(3) 右の図2は，物体AがOP間を移動しているときの，物体Aの位置エネルギーの変化を破線（点線）で表したものである。このときの物体Aの運動エネルギーの変化のようすを実線でかき入れなさい。

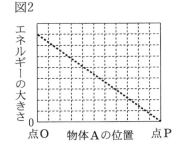

図2

(4) 物体Aが点Rを通過するときにもっている力学的エネルギーE₁，点Tを通過するときにもっている力学的エネルギーE₂，ST間で生じる熱エネルギーJの間に成り立つ関係式として，最も適当なものを，次のア〜カから一つ選び，その符号を書きなさい。

　ア　$E_1 = E_2 + J$　　　イ　$E_1 = E_2 - J$　　　ウ　$E_1 = J - E_2$

　エ　$E_1 > E_2 + J$　　　オ　$E_1 < E_2 - J$　　　カ　$E_1 > J - E_2$

〔8〕右の図1のように，質量40gのおもりに糸をつけ，天井の点Oからつるしたところ，おもりは静止した。地球がおもりを引く力をA，おもりが糸を引く力をB，糸がおもりを引く力をC，糸が天井を引く力をDとする。

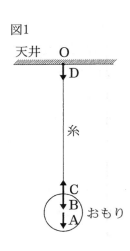

図1

この糸とおもりを用いて，次の実験1，2を行った。この実験に関して，下の(1)〜(4)の問いに答えなさい。

実験1　静止しているときのおもりの最下端を通る水平面を基準面とし，糸がたるまないようにおもりの最下端を基準面から高さ20cmの位置まで手で引き上げたのち，静かに放しておもりを振らせた。

下の図2は，このとき，おもりが引き上げられた点aから点eまで運動するようすを0.1秒ごとに記録したものである。点aと点eはどちらも基準面から20cmの高さにあった。

実験2　おもりを基準面から高さ40cmの点fの位置まで引き上げたのち，静かに放しておもりを振らせた。図3は，このとき，おもりが点fから点gまで運動するようすを0.1秒ごとに記録したものである。点fと点gはどちらも基準の面から40cmの高さにあった。

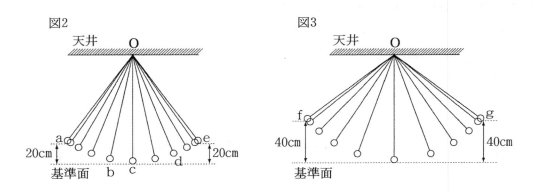

(1)　図1で，つりあっている2つの力はどれとどれか。最も適当なものを，次のア〜エから一つ選び，その符号を書きなさい。

　ア　AとB　　　イ　AとC　　　ウ　BとC　　　エ　CとD

(2)　実験1で，おもりを基準面から高さ20cmの点aの位置まで手で引き上げたとき，手がおもりにした仕事は何Jか，求めなさい。ただし，質量100gの物体にはたらく重力は1Nとする。

(3)　図2で，おもりが点b，点c，点dを通過するときの速さをそれぞれu，v，wとする。それらを比較し，大きいものから順に並べたものとして，最も適当なものを，次のア〜エから一つ選び，その符号を書きなさい。

　ア　u，v，w　　　イ　w，v，u　　　ウ　v，w，u　　　エ　v，u，w

(4)　図2と図3を比較したとき，おもりが点aから点eまで運動したときの時間と，おもりが点fから点gまで運動したときの時間についてわかることは何か。「おもりをはなす高さ」に続けて書きなさい。

身のまわりの物質

身のまわりの物質

《解法の要点》

1 物質の性質

(1) いろいろな物質

① 物体と物質

・物体　使う目的や形などで「もの」を区別したとき，その「もの」を物体という。コップやびん，牛乳パックなどは物体である。

・物質　物体をつくっている材料で「もの」を区別したとき，その「もの」を物質という。ガラスや紙，食塩などは物質である。

② 金属と非金属　次の性質をもつ物質を金属，金属以外の物質を非金属という。鉄や銅，アルミニウムなどは金属で，ガラスや紙，砂糖などは非金属である。

・電気を通しやすく，熱を伝えやすい。

・みがくと特有のかがやき（金属光沢）がある。

・力を加えると細くのびたり，うすく広がる。

③ 有機物と無機物　炭素を含む物質を有機物といい，有機物以外の物質（炭素を含まない物質）を無機物という。有機物を加熱すると黒くこげて炭になったり，二酸化炭素が発生する。

・ただし，一酸化炭素や二酸化炭素は炭素を含むが，無機物として扱う。

④ プラスチック　おもに石油（有機物）を原料として合成した物質をプラスチックまたは合成樹脂という。プラスチックは有機物である。

(2) 物質の密度　物質1cm³当たりの質量を密度という。単位は，g/cm³（グラム毎立方センチメートル）である。

$$密度（g/cm³）= \frac{物質の質量（g）}{物質の体積（cm³）}$$

(3) 状態変化

① 物質の状態　物質の状態には固体，液体，気体がある。

・固体　物質をつくっている粒子が規則正しく並んでいて，ほとんど動かない。

・液体　物質をつくっている粒子が動き回っている。

・気体　物質をつくっている粒子が自由に飛び回っている。

② 状態変化　物質がそのすがたを　固体 ⇔ 液体 ⇔ 気体　と変えることを状態変化という。

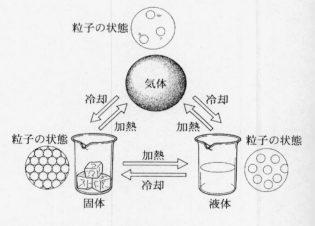

(4) 状態変化と温度

① 純粋な物質と混合物

・純粋な物質　1種類の物質からできているものを純粋な物質という。酸素や水は純粋な物質である。

・混合物　2種類以上の物質が混ざり合ったものを混合物という。石油や空気は混合物である。

② 融点と沸点

・融点　物質が固体から液体に変化するときの温度を融点という。純粋な物質が固体から液体に変化（融解）している間は，温度は一定になる。

・沸点　物質が液体から気体に変化するときの温度を沸点という。純粋な物質が液体から気体に変化（沸とう）している間は，温度は一定である。

・融点と沸点は，物質の量に関係なく，物質によって決まっている。

③ 蒸留　液体を沸とうさせて，蒸発してくる気体を集めて冷やし，ふたたび液体として取り出す操作を蒸留という。

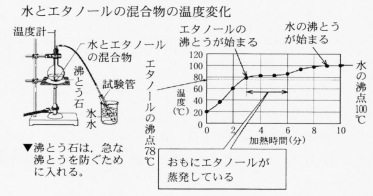
水とエタノールの混合物の温度変化

▼沸とう石は，急な沸とうを防ぐために入れる。

2　気体の性質

(1)　気体の集め方　気体の集め方には，次の3通りがある。

・下方置換法　水に溶け，空気より重い（空気より密度が大きい）気体を集める。

・水上置換法　水に溶けにくい気体を集める。

・上方置換法　水に溶け，空気より軽い（空気より密度が小さい）気体を集める。

(2)　気体の性質

① おもな気体の発生方法と性質

気体名	発生方法	集め方	おもな性質
酸素	二酸化マンガンに過酸化水素水（オキシドール）を加える	水上置換法	・ものを燃やすはたらきがある ・水に溶けにくい ・空気より少し重い
二酸化炭素	石灰石（炭酸カルシウム）にうすい塩酸を加える	水上置換法または下方置換法	・石灰水を白くにごらせる ・水に少し溶ける ・空気より重い
水素	亜鉛，鉄，マグネシウム，ナトリウムなどにうすい塩酸（硫酸）を加える	水上置換法	・火をつけると燃える ・水に溶けにくい ・空気より軽い
アンモニア	塩化アンモニウムと水酸化カルシウムの混合物を加熱する	上方置換法	・特有の刺激臭があり，有毒である ・水によく溶け，アルカリ性を示す ・空気より軽い

② その他の気体

・窒素　空気中に最も多く含まれている。空気より重く，水に溶けにくい。

・塩素　漂白作用や殺菌作用があり，洗剤などに利用される。水に溶け，酸性を示す。刺激臭があり有毒である。

3　水溶液の性質

(1)　溶質と溶媒

- ・溶解と溶液　物質が液体に溶けることを溶解といい，物資が溶けた液体を溶液という。
- ・溶質と溶媒　液体の物資が溶けているとき，溶けている物質を溶質，溶かしている液体を溶媒という。
- ・水溶液　水に食塩が溶けているとき，食塩が溶質，水が溶媒である。溶媒が水である溶液を水溶液という。
- ・溶液の性質　溶液中では，溶質は小さい粒子になって，均一に広がっている。

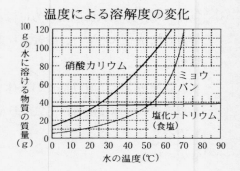

水に溶ける溶質

溶質は，小さい粒子になって均一に広がっている

水

(2)　質量パーセント濃度

溶液の質量に対して，溶質の質量が何％になるかを表したものを質量パーセント濃度という。

$$質量パーセント濃度(\%) = \frac{溶質の質量(g)}{溶液の質量(g)} \times 100 \qquad 溶液の質量(g) = 溶媒の質量(g) + 溶質の質量(g)$$

(3)　溶解度

温度による溶解度の変化

① 飽和と飽和水溶液　溶質が溶媒にそれ以上溶けきれなくなった状態を飽和といい，飽和の状態になった水溶液を飽和水溶液という。

② 溶解度　水100gに物質を溶かして，飽和水溶液にしたとき，溶けた物質の質量を溶解度という。溶解度は温度によって変化する。

③ 結晶と再結晶

- ・溶液から溶媒を蒸発させると，溶けきれなくなった溶質は特有の規則正しい固体になって現れる。このような固体を結晶という。
- ・再結晶　物質を水に溶かしたあと，水溶液を加熱したり，冷やしたりして，溶けていた物質をふたたび結晶の形で取り出すことを再結晶という。

いろいろな結晶

塩化ナトリウム
（食塩）

硝酸カリウム

ミョウバン

ミョウバンの大きな結晶

4　ガスバーナーの使い方とろ過のしかた

(1)　ガスバーナーの使い方

① 上下のねじがしまっていることを確かめ，元栓を開く。

② マッチに火をつけ，ガス調節ねじを少しずつ開けて，点火する。

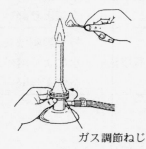

ガス調節ねじ

③ ガス調節ねじをおさえて，空気調節ねじをゆるめて，炎を青色にする。

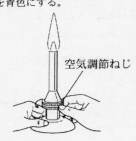

空気調節ねじ

(2)　ろ過のしかた

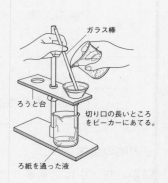

ガラス棒

ろうと台

切り口の長いところをビーカーにあてる。

ろ紙を通った液

〔1〕 固体のロウを使って，次の Ⅰ～Ⅲ の手順で実験を行った。この実験に関して，下の(1)～(4)の問いに答えなさい。

Ⅰ　質量が18gの固体のロウを，質量が34gのビーカーに入れて加熱し，ロウの温度を測定した。図1は，このロウがとけ始めてから完全にとけるまでのロウの温度変化のようすを表したものである。

また，液体のロウが入ったビーカーの質量をはかると52gであった。

図1

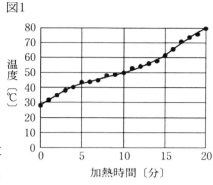

Ⅱ　Ⅰ の液体のロウをビーカーに入れたまま冷やしたところ，図2のように周辺の高さは変わらないが，中央部がくぼんだ状態となって完全に固まった。

図2

Ⅲ　Ⅱ の固体のロウが入ったビーカーに，図3のように，水を50cm³の目盛りまで加えた。この水を，メスシリンダーにすべて移したところ，水の体積は30cm³であった。さらに，この固体のロウが入ったビーカーをゆっくりと加熱してロウを完全にとかし，再び液体にしたところ，液面の位置は，Ⅰ の完全に液体にしたときの液面の位置と変わらなかった。ただし，ビーカーの目盛りは正確な値を示すものとする。

図3

(1)　Ⅰ から，このロウは純粋な物質ではなく混合物であることがわかる。その理由を「一定」という言葉を用い，次の書き出しに続けて簡単に書きなさい。

　このロウが固体から液体に状態変化しているとき，

(2)　実験から，固体のロウの質量と密度は，液体のロウに比べてそれぞれどうなっているか書きなさい。

(3)　Ⅲ において，下線部のときの液面を示している図として，最も適当なものを，次のア～エから一つ選び，その符号を書きなさい。

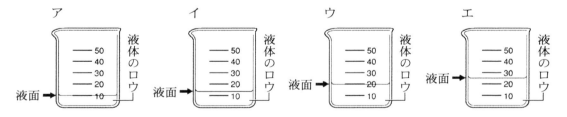

(4)　物質は小さい粒子が集まってできている。物質が固体から液体に変わると，物質をつくっている粒子と粒子の間隔は一般にどのようになるか，書きなさい。

〔2〕水とエタノールの混合物を加熱して出てくる物質を調べるために，次のⅠ～Ⅳの手順で実験を行った。この実験に関して，あとの(1)～(5)の問いに答えなさい。

Ⅰ　体積3cm³のところに目印となる線を入れた試験管A～Cを準備した。

Ⅱ　水20cm³とエタノール5cm³の混合物を，丸底フラスコに入れた。

Ⅲ　図1のような装置を組み立て，混合物を加熱し，試験管Aに液体が3cm³集まったとき，試験管Aを試験管Bに交換した。以後，同様にして，試験管B，Cにそれぞれ3cm³ずつ液体を集めた。

Ⅳ　試験管A～Cの液体をそれぞれ蒸発皿に移し，マッチの炎を近づけたところ，試験管Aから移した液体はよく燃えたが，試験管Bから移した液体は少ししか燃えず，試験管Cから移した液体は燃えなかった。

図1
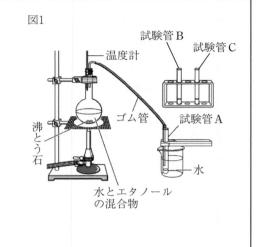

(1)　図2は，ガスバーナーに点火し，炎の大きさを調節したあとのようすで，黄色い炎をしていた。ガスバーナーの炎を青色の安定した状態にするには，次にどのような操作が必要か。最も適当なものを，次のア～エから一つ選び，その符号を書きなさい。

ア　ねじPを固定し，ねじQを閉めて空気の量を減らす。
イ　ねじPを固定し，ねじQをゆるめて空気の量を増やす。
ウ　ねじQを固定し，ねじPを閉めて空気の量を減らす。
エ　ねじQを固定し，ねじPをゆるめて空気の量を増やす。

図2

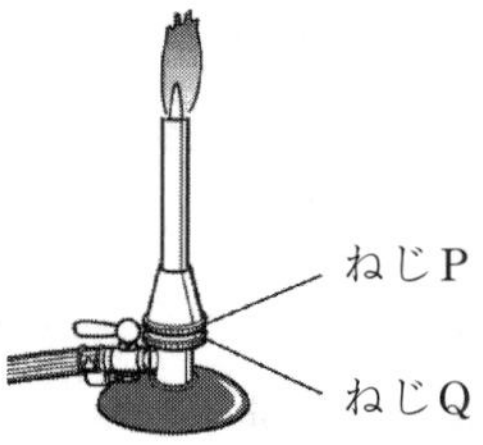

ねじP
ねじQ

(2)　この実験で，水とエタノールの混合物の中に沸とう石を入れるのはなぜか。その理由を書きなさい。

(3)　次の文は，実験の結果について述べたものである。文中の　X　，　Y　に当てはまる語句の組合せとして，最も適当なものを，下のア～エから一つ選び，その符号を書きなさい。

試験管A内の液体がよく燃えたことから，試験管A内の液体は，試験管B，C内の液体よりも　X　を多く含むと考えられる。これは，水とエタノールの　Y　にちがいがあるためと考えられる。

ア〔X　水，　　　　　　Y　沸点〕　　イ〔X　水，　　　　　　Y　融点〕
ウ〔X　エタノール，　Y　沸点〕　　エ〔X　エタノール，　Y　融点〕

(4)　図1のような装置を用いて，混合物から純粋な物質を取り出す方法を何というか。その用語を書きなさい。

(5)　水20cm³とエタノール5cm³の混合物の温度を測定すると20℃で，質量を測定すると23.95gであった。20℃におけるエタノールの密度は何g/cm³と考えられるか。ただし，20℃における水の密度は1.00g/cm³とする。

〔3〕酸素，アンモニア，水素，二酸化炭素のいずれかであることがわかっている4つの気体A，B，C，Dがある。これらの気体を使って，次の実験1〜3を行った。この実験に関して，下の(1)〜(4)の問いに答えなさい。

実験1　4つの気体A〜Dのにおいを調べた。

実験2　4つの気体A〜Dを別々の試験管にとった後，火のついた線香を試験管に近づけたり，試験管の中に入れたりしたときのようすを観察した。

実験3　水にBTB溶液を加えて緑色にした水溶液が入っている4本の試験管に，4つの気体A〜Dを別々に吹き込んで，色の変化を調べた。

表

	気体A	気体B	気体C	気体D
実験1	においはなかった。	刺激臭があった。	においはなかった。	においはなかった。
実験2	試験管の中に入れると，線香が炎をあげて燃えた。	試験管の中に入れると，線香の火は消えた。	試験管の中に入れると，線香の火は消えた。	線香を近づけると，気体Dが燃え，試験管の中に入れると，線香の火は消えた。
実験3	変化しなかった。	溶液の色が　X　になった。	溶液の色が黄色になった。	変化しなかった。

(1) 気体Aを集めるときに用いられる方法として最も適当なものを，次のア〜ウから一つ選び，その符号を書きなさい。また，このような方法が用いられる理由を，この気体の性質から簡潔に書きなさい。

(2) 実験3で，気体Bを吹き込んだときの結果を述べた文の　X　に当てはまる色として，最も適当なものを，次のア〜エから一つ選び，その符号を書きなさい。
ア　赤色　　　イ　青色　　　ウ　黄色　　　エ　無色

(3) 気体Dを発生させる方法として，最も適当なものを，次のア〜エから一つ選び，その符号を書きなさい。
ア　亜鉛にうすい塩酸を加える。　　　イ　炭酸水素ナトリウムを加熱する。
ウ　石灰石にうすい塩酸を加える。　　エ　二酸化マンガンにうすい過酸化水素水(オキシドール)を加える。

(4) 4つの気体A〜Dのうち，最も密度の小さいものはどれか。A〜Dの符号で答えなさい。

〔4〕 アンモニアを発生させて丸底フラスコに集め，それを用いた実験を，次のⅠ～Ⅳの手順で行った。これに関して，下の(1)～(4)の問いに答えなさい。

Ⅰ　図1のように，塩化アンモニウムと水酸化カルシウムの混合物を試験管に入れてガスバーナーで加熱し，発生するアンモニアをかわいた丸底フラスコに集めた。

Ⅱ　水でぬらした試験紙Aを丸底フラスコの口に近づけてアンモニアが十分にたまったことを色の変化により確かめた。

Ⅲ　アンモニアが十分にたまったら，図2のように装置を組み立て，水そうにフェノールフタレイン溶液を加えた水を入れた。

Ⅳ　スポイトを押して丸底フラスコ内に水を少し入れた。しばらくすると水そうの水が吸い上げられ，丸底フラスコ内に水が噴き出した。

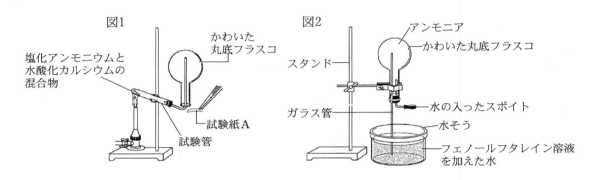

(1)　図1のようにして気体を集める方法を何置換（法）というか。その用語を書きなさい。

(2)　Ⅱで用いた試験紙Aとして最も適当なものを，次のア～ウから一つ選び，その符号を書きなさい。

　　ア　赤色リトマス紙　　　　イ　青色リトマス紙　　　　ウ　塩化コバルト紙

(3)　図2で噴水が起こる前の水そうの水の色と，ガラス管から丸底フラスコ内に噴き出した水の色はそれぞれ何色か。正しい組み合わせを，次の表のア～エから一つ選び，その符号を書きなさい。

表

	水そうの水の色	噴き出した水の色
ア	赤色	無色
イ	無色	赤色
ウ	緑色	青色
エ	無色	白色

(4)　Ⅳの下線部の現象が起こった理由を，「アンモニアが」の書き出しに続けて書きなさい。

〔5〕 硫酸銅，食塩の水に対する溶け方を調べるため，次の実験1，2を行った。この実験に関して，下の(1)〜(4)の問いに答えなさい。

実験1　右の図1のように，水の入った容器に少量の硫酸銅の粒を入れ，ふたをして数日間置いていたところ，粒はすべてなくなり，下の方の色が濃い液になった。

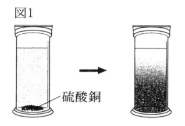

図1

硫酸銅

実験2　食塩を用いて，次の国〜Ⅳの手順で実験を行った。

Ⅰ　右の図2のように，100gの水が入ったビーカーA，Bと，50gの水が入ったビーカーCを用意し，それぞれ異なる質量の食塩を加えてガラス棒でよくかき混ぜたら，すべて溶けた。

Ⅱ　ビーカーA〜Cの水溶液にさらに食塩を20gずつ加えて，ガラス棒でよくかき混ぜた。

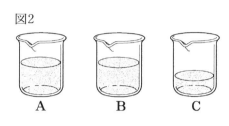

図2

A　　B　　C

Ⅲ　ⅡではビーカーB，Cは溶け残りがあったので，溶け残った食塩をろ過して取り除いた。このとき，溶け残った食塩の質量はBが6gで，Cが12gであった。

Ⅳ　ビーカーA〜Cの水を蒸発させて，溶けていた食塩の結晶を取り出したところ，Aからは32g，Bからは36g，Cからは18gの食塩が得られた。

(1)　実験1の後，図1の容器をさらに長い間置いておくと，液の色の濃さはどのようになるか。最も適当なものを，次のア〜エから一つ選び，その符号を書きなさい。

ア　下の方がさらに濃くなり，それ以上変化しない。

イ　いったん液全体が同じ濃さになり，その後，下の方が濃くなる。

ウ　液全体が同じ濃さになり，それ以上変化しない。

エ　下の方が濃いまま変化しない。

(2)　次の文は，実験2のⅢで，溶け残った食塩をろ過して取り除いたあとの，ビーカーA〜Cの食塩水の濃さや溶けている食塩の質量について述べたものである。文中の　X　，　Y　に最もよく当てはまる符号を，それぞれ書きなさい。

最もうすい食塩水が入っているのはビーカー　X　であり，溶けている食塩の質量が最も大きいのはビーカー　Y　である。

(3)　実験2の国で，ビーカーBに加えた食塩の質量は何gか，求めなさい。

また，同じ実験2の国で，ビーカーA〜Cに入っている食塩水を濃い順に並べ，その符号を書きなさい。

(4)　実験2のⅣのように，水を蒸発させることで，水に溶けている物質を結晶として取り出すことができるのはどれか。最も適当なものを，次のア〜オから一つ選び，その符号を書きなさい。

ア　エタノール水溶液　　イ　塩酸　　ウ　ミョウバン水溶液

エ　アンモニア水　　オ　炭酸水

〔**6**〕 水溶液の性質を調べるために，次の I，Ⅲ の手順で実験を行った。この実験に関して，下の(1)～(4)の問いに答えなさい。

図1

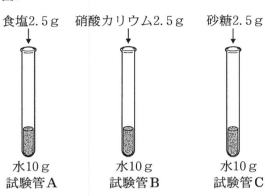

食塩2.5g　硝酸カリウム2.5g　砂糖2.5g

水10g　　　水10g　　　水10g
試験管A　　試験管B　　試験管C

I　右の図1のように，3本の試験管A，B，Cにそれぞれ水を10gずつとり，試験管Aには食塩2.5g，試験管Bには硝酸カリウム2.5g，試験管Cには砂糖2.5gをそれぞれ入れて，よくふり混ぜながら，水の温度を60℃に上げた。そのとき，食塩，硝酸カリウム，砂糖はすべてとけていた。

Ⅲ　3つの水溶液をそれぞれ，温度を20℃に下げて，水溶液のようすを観察した。右の図2は，水の温度と100gの水にとける食塩と硝酸カリウムの最大の質量との関係を示したものである。

(1) 試験管Aの水溶液の濃度は何％か，求めなさい。また，試験管Aの水溶液と同じ濃度の水溶液をつくるとき，水100gに加える食塩は何gか，求めなさい。

図2

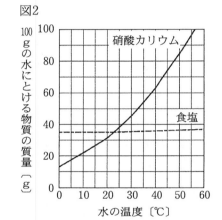

(2) Ⅲにおいて，水溶液の温度が20℃のとき，砂糖をとかした水溶液から結晶は出ていなかった。水溶液の温度が20℃のときの砂糖以外の2つの物質をとかした水溶液のようすを述べた文として，最も適当なものを，次のア～エから一つ選び，その符号を書きなさい。

ア　食塩の水溶液からも硝酸カリウムの水溶液からも結晶が出ていた。

イ　食塩の水溶液からは結晶が出ていたが，硝酸カリウムの水溶液からは結晶が出ていなかった。

ウ　食塩の水溶液からは結晶が出ていなかったが，硝酸カリウムの水溶液からは結晶が出ていた。

エ　食塩の水溶液からも硝酸カリウムの水溶液からも結晶が出ていなかった。

(3) 食塩や硝酸カリウムの水溶液からとけている物質を結晶としてとり出す場合，水溶液の温度を下げてとり出す方法とは別の方法で結晶をとり出すことができる。その方法を簡潔に書きなさい。ただし，水溶液に他の物質を加えたりはしないものとする。

(4) 砂糖は有機物であり，食塩や硝酸カリウムは無機物である。次のア～オのうち，砂糖と同じように有機物である物質はどれか。すべて選び，その符号を書きなさい。

ア　石油　　　イ　ロウ　　　ウ　アルミニウム　　　エ　プラスチック　　　オ　スチールウール(鉄)

化学変化と原子・分子

化学変化と原子・分子

《解法の要点》

1　原子と分子

(1)　原子　物質をつくっている小さな粒子で，それ以上分割できない。この粒子を原子という。すべての物質は，約110種類の原子からできている。

①　原子の性質

・それ以上分割できない。

・なくなったり，新しくできたり，ほかの原子に変わったりしない。

・それぞれの原子ごとに質量と大きさが決まっている。

②　原子の記号　原子にはそれぞれ原子の記号が決められていて，アルファベットで表される。原子を記号で書くときは，アルファベットの大文字と小文字を区別する。

・原子の記号の例

原子の種類	非金属						金属								
	水素	炭素	窒素	酸素	硫黄	塩素	ナトリウム	マグネシウム	アルミニウム	カリウム	カルシウム	鉄	銅	亜鉛	銀
原子の記号	H	C	N	O	S	Cl	Na	Mg	Al	K	Ca	Fe	Cu	Zn	Ag

(2)　分子　いくつかの原子が結びついてできている粒子を分子という。物質には，原子が単独で存在するものと，分子を1つの単位として存在するものがある。酸素や水素は，分子をつくって存在している。

(3)　単体と化合物　1種類の原子からできている物質を単体，2種類以上の原子が結びついてできている物質を化合物という。

(4)　化学式　物質を原子の記号を使って表した式を化学式という。

(5)　分子をつくる物質とつくらない物質

①　分子をつくる物質　水素や水などは分子がたくさん集まってできている。

物質	単体		化合物	
	水素	酸素	水	二酸化炭素
化学式	H_2	O_2	H_2O	CO_2
分子のモデル				

②　分子をつくらない物質　銅や塩化ナトリウムなどは原子がたくさん集まってできている。

物質	単体		化合物	
	銅	銀	塩化ナトリウム	酸化銅
化学式	Cu	Ag	NaCl	CuO
モデル				

2　物質の分解と化合

(1)　化学変化　もとの物質とは別の物質ができる変化を化学変化という。

(2)　化学反応式　化学変化のようすを化学式で表した式を化学反応式という。

(3)　分解　1種類の物質が2種類以上の物質に分かれる化学変化を分解という。

①　水の電気分解　水に電気を流すと水が分解して，＋極に酸素が－極に水素が発生する。

・化学反応式　$2H_2O \rightarrow 2H_2 + O_2$

・水は電気を流しにくいので，実験では水酸化ナトリウムを溶かした水を使う。

②　塩化銅水溶液の電気分解　塩化銅水溶液に電気を流すと，塩化銅が分解して，＋極に塩素が発生し，－極に銅が付着する。

・化学反応式　$CuCl_2 \rightarrow Cu + Cl_2$

③　炭酸水素ナトリウムの分解　炭酸水素ナトリウムを加熱すると，炭酸ナトリウム，水，二酸化炭素に分解する。

・化学反応式　$2NaHCO_3 \rightarrow Na_2CO_3 + H_2O + CO_2$

・炭酸水素ナトリウム（$2NaHCO_3$）の性質　水に少し溶け，水溶液は弱いアルカリ性を示す。

・炭酸ナトリウム（Na_2CO_3）の性質　炭酸水素ナトリウムに比べて，水に溶けやすく，水溶液は強いアルカリ性を示す。

④　酸化銀の分解　黒色の酸化銀を加熱すると，銀と酸素に分解する。

・化学反応式　$2Ag_2O \rightarrow 4Ag + O_2$

(4)　化合　2種類以上の物質が結びついて別の物質ができる化学変化を化合という。

・鉄と硫黄の化合　鉄と硫黄の混合物を加熱すると，鉄と硫黄が化合して硫化鉄ができる。

化学反応式　$Fe + S \rightarrow FeS$

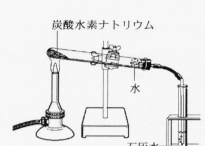

塩化銅の電気分解

電源装置

発泡ポリスチレンの板

炭素棒
マイナス
（－極）

炭素棒
プラス
（＋極）

塩化銅水溶液

炭酸水素ナトリウム

水

石灰水

▼二酸化炭素が発生するので，石灰水が白くにごる。
▼水の検出には青色の塩化コバルト紙を使う。水につけると赤色になる。
▼できた液体が試験管の底に流れないように，試験管の口もとを少し下げて加熱する。
▼ガラス管の先を水に入れたまま火を消すと，加熱していた試験管に水が逆流してしまうので，加熱をやめる前に水から出しておく。

3　いろいろな化学変化

(1)　酸化と酸化物　物質が酸素と化合することを酸化といい，酸化でできた物質を酸化物という。

・燃焼　激しく光や熱を出しながら酸化することを，特に燃焼という。

(2)　いろいろな酸化

①　銅が酸化すると酸化銅になる。

・化学反応式　$2Cu + O_2 \rightarrow 2CuO$

②　マグネシウムが酸化すると酸化マグネシウムになる。

・化学反応式　$2Mg + O_2 \rightarrow 2MgO$

③　木炭（炭素）が燃焼すると二酸化炭素になる。

・化学反応式　$C + O_2 \rightarrow CO_2$

④　スチールウール（鉄）が燃焼すると酸化鉄になる。

・化学反応式　$3Fe + 2O_2 \rightarrow Fe_3O_4$

(3)　還元　酸化物から酸素がうばわれる化学変化を還元という。

(4) 酸化銅の還元

  ① 酸化銅の粉末と炭素の粉末の混合物を加熱すると，酸化銅は還元されて銅になり，炭素は酸化されて二酸化炭素になる。

    ・化学反応式 $2CuO + C \rightarrow 2Cu + CO_2$

  ② 酸化銅の粉末に水素を送りながら加熱すると，酸化銅は還元されて銅になり，水素は酸化されて水になる。

    ・化学反応式 $CuO + H_2 \rightarrow Cu + H_2O$

4 発熱反応と吸熱反応

(1) 発熱反応 化学変化のさいに熱の発生する化学変化を発熱反応という。

  ・鉄粉と活性炭の混合物に食塩水をたらすと，鉄と酸素が化合して酸化鉄ができる。このとき，熱が発生する。

  ・うすい塩酸にマグネシウムを加えると水素が発生し，うすい塩酸の温度が上がる。

(2) 吸熱反応 化学変化のさいにまわりから熱をうばう化学変化を吸熱反応という。

  ・クエン酸の水溶液に炭酸水素ナトリウムを加えると二酸化炭素が発生し，クエン酸の水溶液の温度が下がる。

5 化学変化と質量

(1) 質量保存の法則 化学変化の前後において，物質全体の質量は変化しない。このことを質量保存の法則という。

(2) 化合するときの質量の比 物質が化合するときの質量の比はいつも一定である。このことを定比例の法則という。

(3) マグネシウムや銅が酸化するときの質量の変化

  ・マグネシウムの質量の変化

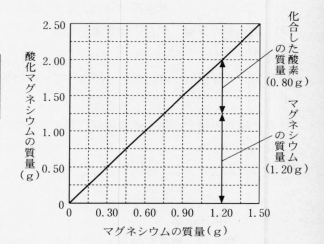

マグネシウムの質量（g）	0.30	0.60	0.90	1.20	1.50
酸化マグネシウムの質量（g）	0.50	1.00	1.50	2.00	2.50
化合した酸素の質量（g）	0.20	0.40	0.60	0.80	1.00

  表より，マグネシウムと酸素が化合するときの質量の比は，

  $0.30 : 0.20 = 3 : 2$

  ・銅の質量の変化

銅の質量（g）	0.20	0.40	0.60	0.80	1.00
酸化銅の質量（g）	0.25	0.50	0.75	1.00	1.25
化合した酸素の質量（g）	0.05	0.10	0.15	0.20	0.25

  表より，銅と酸素が化合するときの質量の比は，$0.20 : 0.05 = 4 : 1$

〔1〕水素と酸素について調べるため，次の実験1，2を行った。この実験に関して，下の(1)～(4)の問いに答えなさい。

実験1　水に少量の水酸化ナトリウムを溶かして，うすい水酸化ナトリウム水溶液をつくり，図1のような
　　　電気分解装置を用いて，水を電気分解した。このとき，電極A側および電極B側で発生したそれぞ
　　　れの気体の体積について調べた。

実験2　図2のように，60cm³の水素と10cm³の酸素をプラスチックの筒に入れて，点火装置を用いて点火
　　　し，冷えてから，プラスチックの筒の中に残った気体の体積を測定した。次に，水素の体積は60cm³
　　　のままにして，酸素の体積を20cm³，30cm³，40cm³，
　　　50cm³，60cm³に変え，それぞれについて同様の実験
　　　を行った。
　　　　表は，その結果をまとめたものである。

表

水素の体積(cm³)	60	60	60	60	60	60
酸素の体積(cm³)	10	20	30	40	50	60
残った気体の体積(cm³)	40	20	0	10	20	30

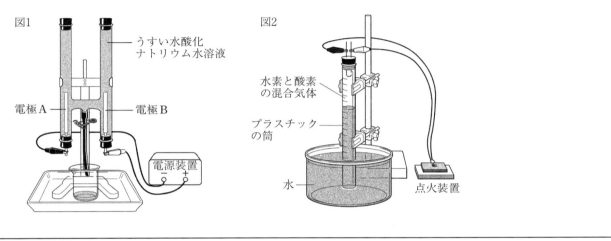

図1　　　　　　　　　　　　　　　　　　図2

うすい水酸化
ナトリウム水溶液

電極A　　　電極B

電源装置

水素と酸素
の混合気体

プラスチック
の筒

水　　　　　点火装置

(1) 水酸化ナトリウム水溶液に赤色リトマス紙をつけると，青色に変わる。このように，赤色リトマス紙を青
　色に変える水溶液を，次のア～エから一つ選び，その符号を書きなさい。
　　ア　砂糖水　　　　イ　食塩水　　　　ウ　アンモニア水　　　　エ　うすい塩酸

(2) 水素と酸素が化合すると水ができる。この化学変化を表す化学反応式を書きなさい。

(3) 実験1において，電極A側で発生した気体の体積と電極B側で発生した気体の体積の関係を表すグラフと
　して，最も適当なものを，次のア～エから一つ選び，その符号を書きなさい。

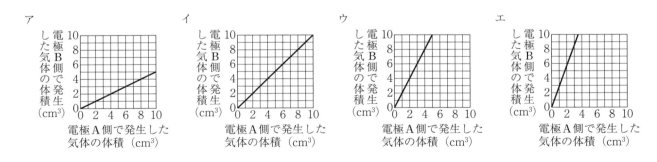

(4) 実験2で，酸素の体積を40cm³にしたときに，水素と酸素が化合してできる水の質量は何gか。水素と酸素の
　100cm³あたりの質量を，それぞれ0.008g，0.13gであるとして，四捨五入して小数第3位まで求めなさい。

〔2〕炭酸水素ナトリウムの性質を調べるため，次の Ⅰ～Ⅳ の手順で実験を行った。この実験に関して，下の(1)～(4)の問いに答えなさい。

Ⅰ　右の図のように，炭酸水素ナトリウムをガスバーナーで十分に加熱したところ，加熱した試験管中に白い物質Aが生じた。また，加熱中，気体が発生し，その気体を石灰水に通したら，白くにごった。

Ⅱ　物質Aが生じた試験管の口には液体ができていた。この液体に塩化コバルト紙をつけて色の変化を調べたら，液体は水であることがわかった。

Ⅲ　炭酸水素ナトリウム，物質Aをそれぞれ水の入った試験管に同量入れ，溶けるようすを観察したら，炭酸水素ナトリウムは一部溶けずに残り，物質Aはすべて溶けた。

図

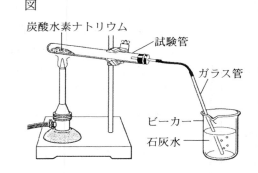

Ⅳ　Ⅲでつくった炭酸水素ナトリウム，物質Aそれぞれの水溶液の上ずみをとり，それぞれにフェノールフタレイン溶液を数滴ずつ入れたら，どちらも赤色になったが，こい赤色になったのは，物質Aのほうだった。

(1)　Ⅰでビーカーの石灰水を白くにごらせた気体と同じ気体が発生する実験はどれか。最も適当なものを，次のア～エから一つ選び，その符号を書きなさい。

ア　うすいアンモニア水を加熱する。

イ　亜鉛にうすい塩酸を加える。

ウ　二酸化マンガンにオキシドールを加える。

エ　酸化銅に炭素の粉末を加えて加熱する。

(2)　Ⅲで，塩化コバルト紙は何色から何色に変化したか。最も適当なものを，次のア～カから一つ選び，その符号を書きなさい。

ア　黄色から青色　　　イ　黄色から赤色　　　ウ　赤色から青色

エ　赤色から黄色　　　オ　青色から黄色　　　カ　青色から赤色

(3)　物質Aは何か。その名称を書きなさい。

(4)　炭酸水素ナトリウムを加熱すると，炭酸水素ナトリウムが化学変化を起こし，気体や液体が発生する。このように，1種類の物質が2種類以上の別の物質に分かれる化学変化を何というか。その用語を書きなさい。

また，次のア～エのうち，1種類の物質が2種類以上の別の物質に分かれる化学変化によって生じた現象はどれか。最も適当なものを一つ選び，その符号を書きなさい。

ア　水を加熱すると，水蒸気が得られる。

イ　鉄に硫黄を加えて加熱すると，硫化鉄が得られる。

ウ　酸化銀を加熱すると，銀が得られる。

エ　銅を加熱すると，酸化銅が得られる。

〔3〕炭酸水素ナトリウムの性質を調べるため，次の実験1，2を行った。

この実験に関して，下の(1)～(4)の問いに答えなさい。

実験1　図1のように，炭酸水素ナトリウムの白い粉末を乾いた試験管Aに入れ，試験管Aの口を少し下げて，弱い火で加熱し，発生する気体を試験管Bに入れた石灰水に通したところ，石灰水は白くにごった。また，<u>試験管Aの口付近の内側には液体がついているのが観察された</u>。<u>気体の発生が止まったところで，ガラス管を石灰水から取り出し</u>，その後，ガスバーナーの火を消した。試験管A内には，白い固体の物質が残っていた。
① ②

実験2　次に，質量45.3gの蒸発皿に炭酸水素ナトリウム2.2gを入れ，図2のように弱火で十分に加熱した。蒸発皿が冷えた後，全体の質量をはかったら46.7gであった。

図1

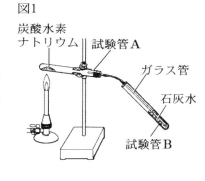

炭酸水素ナトリウム　試験管A　ガラス管　石灰水　試験管B

図2

蒸発皿　セラミックつき金あみ

(1)　炭酸水素ナトリウムの化学式は，$NaHCO_3$である。炭酸水素ナトリウムにふくまれる原子の種類を原子の記号を用いてすべて書きなさい。

(2)　実験1で，下線部①の液体は水ではないかと予想できる。水であることを確かめるために用いるのものとして，最も適当なものを，次のア～エから一つ選び，その符号を書きなさい。

ア　塩化コバルト紙　　　　イ　リトマス紙　　　　ウ　フェノールフタレイン溶液　　　　エ　BTB溶液

(3)　実験1で，ガスバーナーの火を消す前に，下線部②のような操作を行わなければならない理由を簡潔に書きなさい。

(4)　質量47.9gの蒸発皿に炭酸水素ナトリウム4.4gを入れ，実験2と同様に弱火で十分に加熱すると，全体の質量は何gになるか，求めなさい。

〔**4**〕 黒っぽい酸化銀の粉末2.90 gを試験管に入れた。次に，右の図のような装置で試験管を一定時間加熱したのち，試験管内の物質の質量を測定する操作をくり返し行った。下の表は，加熱の回数と加熱後の試験管内の物質の質量をまとめたものである。なお，5回目以降は，加熱をくり返しても質量の変化はなかった。また，試験管内には白っぽい物質が残った。

これに関して，次の(1)～(4)の問いに答えなさい。

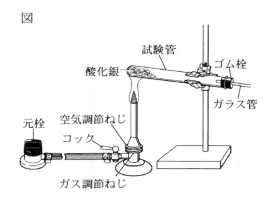

図

表

加熱の回数	加熱前	1回	2回	3回	4回	5回
加熱後の物質の質量〔g〕	2.90	2.81	2.75	2.72	2.70	2.70

(1) 図中のガスバーナーで酸化銀を加熱するためにa～eの操作を行った。a～eを操作の順に並べ，その符号を書きなさい。

a　マッチに火をつけ，ガス調節ねじを少しずつ開き，点火する。

b　ガスの元栓を開き，次にコックを開く。

c　ガス調節ねじを回して，炎の大きさを調節する。

d　ガス調節ねじと空気調節ねじが閉まっていることを確認する。

e　ガス調節ねじをおさえて，空気調節ねじだけを少しずつ開き，青い炎にする。

(2) 黒っぽい酸化銀が白っぽい物質に変わるように，1つの物質が2種類以上の別の物質に変わるような化学変化を何というか。最も適当なものを，次のア～エから一つ選び，その符号を書きなさい。

ア　酸化　　　　イ　中和　　　　ウ　燃焼　　　　エ　分解

(3) 試験管内に残った白っぽい物質をとり出し，試験管の底でこするとぴかぴか光ったので，この物質は金属であると考えられる。この物質が金属であることを確かめるにはどのようにすればよいか。最も適当なものを，次のア～エから一つ選び，その符号を書きなさい。

ア　電気を流して流れるかどうかを調べる。

イ　磁石にひきつけられるかどうかを調べる。

ウ　うすい塩酸に入れ，気体が発生するかどうかを調べる。

エ　燃焼さじにとり，ガスバーナーの炎で燃えるかどうかを調べる。

(4) 酸化銀の粉末の質量を4.64 gにして，同様の実験を，加熱をくり返しても質量が変化しなくなるまで行うと，加熱後の質量は何gになるか，求めなさい。

〔5〕鉄と硫黄の反応を調べるために，次の Ⅰ ～Ⅲの手順で実験を行った。この実験に関して，下の(1)～(5)の問いに答えなさい。

Ⅰ 2本の試験管A，Bそれぞれに鉄粉と硫黄の粉末を混ぜ合わせて入れた。

Ⅱ 図1のように，試験管Aの混合物を加熱した。反応が始まったところで加熱をやめたが，反応はそのまま進み，鉄と硫黄は完全に反応した。反応が終わった後，試験管Aの中には黒い物質ができていた。

試験管Bは加熱せず，そのままにした。

Ⅲ Ⅱの試験管Aが冷えてから，試験管A，Bにうすい塩酸を入れると，両方の試験管で気体が発生し，一方には特有の刺激臭があった。

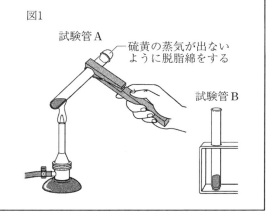

図1

(1) Ⅱで，加熱するのをやめても反応がそのまま進んだのはなぜか。その理由を簡潔に書きなさい。

(2) Ⅱで，反応が終わった後，試験管Aの中にできていた黒い物質は何か。その名称を書きなさい。

(3) Ⅲで，試験管A，Bから発生した気体はそれぞれ何か。その名称を書きなさい。

(4) 鉄と硫黄が反応して黒い物質ができるときの化学変化を，化学反応式で書きなさい。

(5) 図2は，鉄と硫黄がすべて反応して黒い物質ができるときの，鉄と硫黄の質量の関係を表すグラフである。この反応で，黒い物質を55gつくるためには，硫黄の粉末が何g必要か，求めなさい。

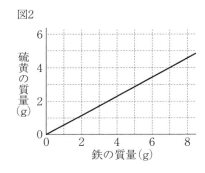

図2

〔**6**〕 マグネシウムの質量と，マグネシウムと化合する酸素の質量との関係を調べるために，次の Ⅰ～Ⅳ の手順で実験を行った。この実験に関して，下の(1)～(4)の問いに答えなさい。

> Ⅰ 0.3 g のマグネシウムの粉末をステンレス皿にうすく広げ，図1のように，ガスバーナーで加熱した。
>
> Ⅱ 一定時間加熱し，よく冷ましてから，皿全体の質量を測定し，皿の中の物質の質量を調べた。
>
> Ⅲ Ⅱの操作を，皿全体の質量が変わらなくなるまでくり返した。
>
> Ⅳ マグネシウムの粉末の質量を変えて，Ⅱ，Ⅲと同様の操作を行った。表は，マグネシウムの質量と加熱後の物質の質量との関係をまとめたものである。
>
> 表
>
> | マグネシウムの質量(g) | 0.3 | 0.6 | 0.9 | 1.2 | 1.5 |
> |---|---|---|---|---|---|
> | 加熱後の物質の質量(g) | 0.5 | 1.0 | 1.5 | 2.0 | 2.5 |

図1

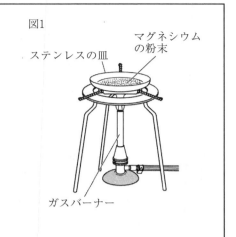

ステンレスの皿　マグネシウムの粉末　ガスバーナー

(1) マグネシウムと酸素が化合するときの化学変化を，化学反応式で書きなさい。

(2) マグネシウムを加熱したときの化学変化のようすは，銅を加熱したときの化学変化のようすなどとは異なる特徴がある。その特徴を簡潔に書きなさい。

(3) マグネシウムの質量と，マグネシウムと化合した酸素の質量との関係を表すグラフをかきなさい。

(4) マグネシウム粉末4.8 gをステンレス皿に入れ加熱したが，一部のマグネシウムが酸化されず，加熱後の物質の質量は7.0 gだった。酸化されたマグネシウムは，加熱前のマグネシウムの質量の何％か。小数第1位を四捨五入して，整数で書きなさい。

〔**7**〕 黒色の酸化銅と炭素の粉末を用いて，次の Ⅰ～Ⅲ の手順で実験を行った。この実験に関して，下の(1)～(4)の問いに答えなさい。

Ⅰ 酸化銅と炭素の粉末をよく混ぜ合わせ，試験管Ａに入れ，図1のように熱した。すると，ガラス管からは気体が出た。また，試験管Ａには赤色の物質が残った。

Ⅱ 反応が終わったら，ガラス管を水の中から出したあとに火を消し，試験管Ａでできた物質を調べた。試験管Ａの赤色の物質は，電気をよく通したり，強くこすると金属光沢があらわれたりした。また，発生した気体は石灰水を白くにごらせた。

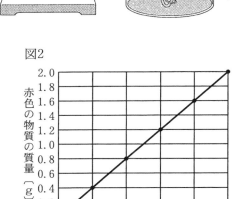

図1
酸化銅と炭素の粉末
試験管Ａ
ガラス管
気体
水

Ⅲ 酸化銅を0.5g，1.0g，1.5g，2.0g，2.5gと質量をかえてはかりとり，それぞれに炭素の粉末0.5gをよく混ぜ合わせ，Ⅰと同じ実験を繰り返した。実験後，どの試験管Ａにも，赤色の物質ができた。この赤色の物質の質量をはかり，もとの酸化銅の質量と，できた赤色の物質の質量の関係を，図2のグラフに表した。

図2

赤色の物質の質量〔g〕 / 酸化銅の質量〔g〕のグラフ（縦軸 0～2.0，横軸 0～2.5）

(1) Ⅲで発生した気体は何か。その名称を書きなさい。

(2) 次の文は，この実験の化学変化について述べたものである。 X ， Y に最もよく当てはまる用語をそれぞれ書きなさい。また，この化学変化を化学反応式で書きなさい。

この実験では，酸化銅は X されて銅になり，炭素は Y されて気体になった。

(3) Ⅲで，もとの酸化銅の質量と，酸化銅からうばわれた酸素の質量の関係を，下のグラフに表しなさい。

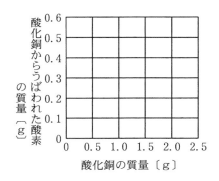

酸化銅からうばわれた酸素の質量〔g〕 / 酸化銅の質量〔g〕のグラフ（縦軸 0～0.6，横軸 0～2.5）

(4) 酸化銅からうばわれた酸素の質量が0.7gになるのは，もとの酸化銅の質量が何gのときか求めなさい。ただし，もとの酸化銅は，すべて銅になるものとする。

〔8〕石灰石とうすい塩酸の反応について、次の実験1,2を行った。この実験に関して、下の(1)～(5)の問いに答えなさい。

実験1 5つのビーカーA～Eを用意し、それぞれにうすい塩酸40.0g
を入れた。そして、図1のように、薬包紙にのせた石灰石の粉
末1.0gとビーカーAを電子てんびんにのせ、反応前の全体の質
量を測定した。次に、薬包紙にのせた石灰石の粉末をビーカー
Aに入れた。気体の発生が見られなくなってから、薬包紙と
ビーカーAを電子てんびんにのせ、反応後の全体の質量を測
定し、発生した気体の質量を求めた。その後、ビーカーB～
Eに入れる石灰石の粉末の質量を変えて、同様の実験を行っ
た。次の表は、この結果をまとめたものである。

表

試験管	A	B	C	D	E
加えた石灰石の粉末の質量(g)	1.0	2.0	3.0	4.0	5.0
発生した気体の質量(g)	0.4	0.8	1.2	1.6	1.6

実験2 図2のように、うすい塩酸と石灰石の粉末を気体発生用の密
閉容器内に別々に入れ、容器のふたで密閉してから、反応前の
容器全体の質量を測定した。その後、容器をかたむけて、う
すい塩酸と石灰石の粉末をよく混ぜて気体を発生させ、反応
後の容器全体の質量を測定した。このとき、反応前と反応後で、
容器全体の質量に変化は見られなかった。

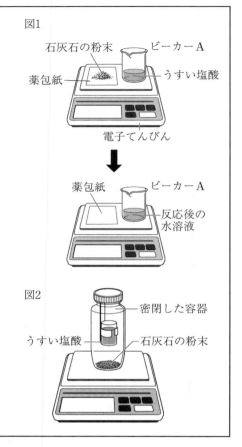

図1

石灰石の粉末　ビーカーA
薬包紙　うすい塩酸
電子てんびん

薬包紙　ビーカーA
反応後の水溶液

図2

密閉した容器
うすい塩酸　石灰石の粉末

(1) 実験1で発生した気体は何か。化学式で書きなさい。

(2) 実験1について、加えた石灰石の粉末の質量と発生した気体の質量の関係を表すグラフをかきなさい。

(3) 実験1で、反応後のビーカーEには、反応していない石灰石の粉末が残っていた。反応後のビーカーEに残っ
ていた石灰石の粉末をすべて反応させるには、実験1で用いたうすい塩酸を少なくとも何g以上加えればよい
か、求めなさい。

(4) 実験1で用いたうすい塩酸を、さらに水でうすめて質量パーセント濃度を半分にした。このうすめた塩酸
をビーカーに20.0gだけ入れ、その中に石灰石の粉末を2.0g加えると何gの気体が発生するか、求めなさい。

(5) 実験2の下線部のように、化学変化において、もとの物質が別の物質に変化するにもかかわらず、反応前
と反応後で質量が一定に保たれるのはなぜか。その理由を、「原子の種類」、「原子の数」、「原子の組合せ」の
三つの点に着目して書きなさい。

化学変化とイオン

化学変化とイオン

《解法の要点》

1 水溶液と電流

(1) 電流が流れる水溶液　水溶液には，水酸化ナトリウム水溶液のように電流が流れるものと，砂糖水のように電流が流れないものがある

・電流が流れる水溶液　塩酸，硫酸，塩化銅水溶液，塩化ナトリウム水溶液（食塩水）など。

・電流が流れない水溶液　エタノール水溶液，蒸留水など。

(2) 電解質と非電解質　水溶液にしたとき電流が流れる物質を電解質，電流が流れない物質を非電解質という。

2 原子とイオン

(1) 原子の構造　原子は，中心に＋の電気をもつ原子核があり，そのまわりに－の電気をもつ電子が回っている。

・原子核　原子核は，＋の電気をもつ陽子と，電気をもたない中性子が集まってできている。陽子と中性子の個数は原子の種類によって異なり，それぞれの原子で決まっている。

・電子　電子の個数は原子の種類によって異なり，原子によって決まっているが，原子は電子を放出したり，他の原子から電子を受けとることがある。

・原子をつくる陽子（＋の電気）と電子（－の電気）の個数は等しいので，原子は電気的に中性である。

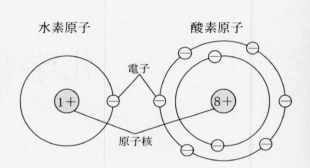

(2) イオンの構造

① イオン　電気をおびた原子をイオンという。

・陽イオン　原子が電子を放出すると，原子は電気的に＋の電気をおびる。＋の電気をおびた原子を陽イオン（＋イオン）という。

・陰イオン　原子が他の原子から電子を受けとると，原子は電気的に－の電気をおびる。－の電気をおびた原子を陰イオン（－イオン）という。

・原子には，電子を放出して陽イオンになるものと，受けとって陰イオンになるものがある。

・放出する電子の個数や受けとる電子の個数は，原子の種類によって決まっている。

② イオン式　原子の記号を使ってイオンを表したものをイオン式という。

	イオンの名称	イオン式		イオンの名称	イオン式
陽イオン	水素イオン	H^+	陰イオン	塩化物イオン	Cl^-
	ナトリウムイオン	Na^+		水酸化物イオン	OH^-
	カリウムイオン	K^+		硫酸イオン	SO_4^{2-}
	銅イオン	Cu^{2+}		硝酸イオン	NO_3^-
	亜鉛イオン	Zn^{2+}		炭酸イオン	CO_3^{2-}
	マグネシウムイオン	Mg^{2+}			

③ 電離　物質が水溶液中で陽イオンと陰イオンに分かれることを電離という。

④ 電離式　物質が電離するようすを化学反応式のように表したものを電離式という。

・塩酸の電離　$HCl→H^++Cl^-$

・塩化銅の電離　$CuCl_2→Cu^{2+}+2Cl^-$

・塩化ナトリウムの電離　$NaCl→Na^++Cl^-$

・水酸化ナトリウムの電離　$NaOH→Na^++OH^-$

3　電気分解とイオン

(1)　塩酸の電気分解　塩酸を電気分解すると，－極から水素が発生し，＋極から塩素が発生する。

・塩酸は，H^+とCl^-に電離しているので，電圧を加えると，＋極では，Cl^-（塩化物イオン）の余分な電子を電極に与え，Cl（塩素原子）になり，2個結びついてCl_2（塩素分子）となって発生する。－極では，＋極から導線を流れてきた電子を，電子を失ったH^+（水素イオン）が受けとり，H（水素原子）になり，2個結びついてH_2（水素分子）となって発生する。

塩酸の電気分解

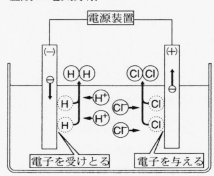

(2)　塩化銅水溶液の電気分解　塩化銅水溶液を電気分解すると，－極に銅が付着し，＋極から塩素が発生する。

・銅は固体なので，電極に付着する。

塩化銅水溶液の電気分解

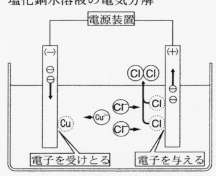

4　酸・アルカリとイオン

(1)　酸　水に溶けると酸性を示す物質を酸といい，酸性を示す原因となるものは水素イオン（H^+）である。電離して水素イオンが生じる物質は酸である。

・酸の電離

塩化水素（水溶液は塩酸）　$HCl→H^++Cl^-$

硫酸　$H_2SO_4→2H^++SO_4^{2-}$

(2)　アルカリ　水に溶けるとアルカリ性を示す物質をアルカリといい，アルカリ性を示す原因になるものは水酸化物イオン（OH^-）である。電離して水酸化物イオンが生じる物質はアルカリである。

・アルカリの電離

水酸化ナトリウム　$NaOH→Na^++OH^-$

水酸化カリウム　$KOH→K^++OH^-$

(3)　pH（ピー・エイチ）　酸性・アルカリ性の強さを表すときにpHを用いる。中性のときのpHは7で，7より小さくなるほど酸性が強くなる。また，7より大きくなるほどアルカリ性が強くなる。

・レモン汁のpHはおよそ2〜3，石けん水のpHはおよそ9〜10である。

(4)　中和と塩

① 中和　酸性の水溶液とアルカリ性の水溶液を混ぜたとき，たがいの性質を打ち消し合うことを中和という。

・中和熱　中和は発熱反応であり，中和によって発生する熱を中和熱という。

② 中和によってできる物質　中和がおこると水と塩ができる。

・水　酸の水素イオンとアルカリの水酸化物イオンが結びついて水になる。

・塩　酸の陰イオンとアルカリの陽イオンが結びついてできる化合物を塩という。

③ いろいろな中和

・塩酸と水酸化ナトリウム水溶液

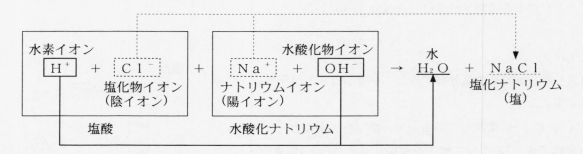

・塩酸と水酸化カリウム　　$H^+ + Cl^- + K^+ + OH^- \rightarrow H_2O + \underline{KCl} \leftarrow$塩化カリウム

・硝酸と水酸化カリウム　　$H^+ + NO_2^- + K^+ + OH^- \rightarrow H_2O + \underline{KNO_3} \leftarrow$硝酸カリウム

・硫酸と水酸化ナトリウム　$2H^+ + SO_4^{2-} + 2Na^+ + 2OH^- \rightarrow 2H_2O + \underline{Na_2SO_4} \leftarrow$硫酸ナトリウム

・硫酸と水酸化バリウム水溶液　$2H^+ + SO_4^{2-} + Ba^{2+} + 2OH^- \rightarrow 2H_2O + \underline{BaSO_4} \leftarrow$硫酸バリウム

5　化学変化と電池

(1)　化学電池　化学変化によって電流を取り出す装置を化学電池という。物質のもつ化学エネルギーを電気エネルギーに変えている。

① ボルタ電池

電解質水溶液として，うすい硫酸(またはうすい塩酸)に亜鉛板と銅板を入れて導線でつなぐと電流が流れる。

＜ポイント＞

・亜鉛板から，亜鉛原子(Zn)が電子を2個放出して，亜鉛イオン(Zn^{2+})になって水溶液中に溶けだす。

・亜鉛原子が手放した電子が導線中を通って銅板に移動する。

・水溶液中の水素イオン(H^+)が，導線中を移動してきた電子を銅板から受け取り，水素原子になり，水素分子となって水素が発生する。

※電子が導線中を移動することで，電流が流れる(電流を取り出す)ことになる。

※電子の流れと+極，－極

・イオン化傾向の大きい方がイオンになりやすい。

　　↓

・亜鉛が水溶液に溶ける(イオンになる)。

　　↓

・亜鉛板が－極(マイナス極)になる。

※ボルタ電池の問題点

・銅板に水素の泡が付着することで，水素イオンが電子を受け取ることができなくなる。

　　↓

・電池の電圧(起電力)が低くなる。(分極作用)

ボルタ電池のモデル

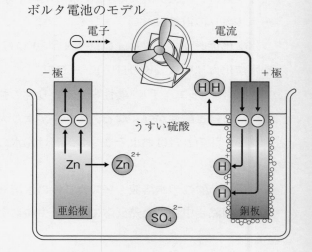

② ダニエル電池

電解質水溶液として，硫酸亜鉛水溶液と硫酸銅水溶液の2種類を，セロハン（素焼きの板の場合もある）で仕切り，亜鉛板と銅板を入れて導線でつなぐと電流が流れる。

＜ポイント＞

・イオン化傾向の大きな亜鉛がイオンとなる。具体的には，亜鉛原子(Zn)が電子2個を放出して，亜鉛イオン(Zn^{2+})となる。式で書くと　$Zn \rightarrow Zn^{2+} + 2e^-$

・亜鉛原子が手放した電子は，導線中を通って銅板に移動する。

・銅はイオン化傾向が小さい金属なので，イオンの状態から原子にもどる。具体的には，銅イオンCu^{2+}が電子を得て，銅原子Cuとなる。

　式で書くと　$Cu^{2+} + 2e^- \rightarrow Cu$

※電子が導線中を移動することで，電流が流れる（電流を取り出す）ことになる。

※電子の流れと+極，−極

・イオン化傾向の大きい方がイオンになりやすい。

↓

・亜鉛が水溶液に溶ける（イオンになる）。

↓

・亜鉛板が−極（マイナス極）になる。

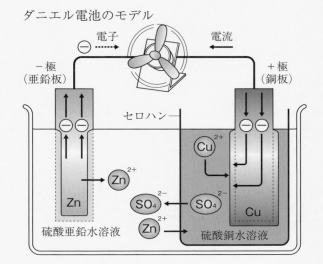

ダニエル電池のモデル

(2) 燃料電池　水素と酸素が反応して水ができる化学変化を利用した電池を燃料電池という。水素と酸素を化合させて，化学エネルギーを電気エネルギーに変えている。しくみは，水の電気分解の逆の化学変化を利用して電流を取り出している装置である。

(3) イオンのなりやすさ

① イオン化傾向

・金属原子や水素原子のイオンへのなりやすさのことをイオン化傾向という。イオンになりやすい順番は，原子の種類によって決まっている。

・中学レベルでは，イオン化傾向として登場する原子はこの6種類の金属を覚えておこう。

　　　$Na>Mg>Al>Zn>Fe>(H)>Cu$

イオンになりやすい　　　　　イオンになりにくい

② イオンのなりやすさとは

どれくらいイオンになりやすいのか，そのなりやすさを表すのがイオン化傾向である。

・イオン化傾向の大きいもの（左側のもの）は，最初の状態が原子ならイオンになろうとする（最初の状態がイオンならイオンのまま）

・イオン化傾向の小さいもの（右側のもの）は，最初の状態が原子なら原子のまま（最初の状態がイオンなら原子になろうとする）

　(例)亜鉛は水素よりイオンになりやすいので，水素イオンが含まれている水溶液の中に亜鉛を入れると，亜鉛は亜鉛イオンになり，水素イオンは水素原子になる。

〔1〕 右の図のように，塩化銅水溶液の入ったビーカーに，電極として炭素棒 図
を2本入れ，電圧を加えたところ，電流が流れた。

しばらくすると，電極Aの表面には赤かっ色の銅が付着した。電極Bの
表面には泡がついたことにより，気体が発生したことがわかった。

これについて，次の(1)～(4)の問いに答えなさい。

(1) 塩化銅のように，2種類以上の原子からできている物質を何というか。
その用語を書きなさい。

(2) 質量パーセント濃度が10％の塩化銅水溶液を200gつくるには，何gの水に何gの塩化銅を加えればよいか，
求めなさい。

(3) この実験で用いた塩化銅は，水に溶けるとイオンを生じる。次の X の中には陽イオンのイオン式を，
 Y の中には陰イオンのイオン式を書き入れて，塩化銅の電離式を完成させなさい。

$$CuCl_2 \rightarrow \boxed{X} + \boxed{Y}$$

(4) 電極Bから発生した気体は何か。その名称を書きなさい。また，その気体はどのような性質をもつか。最も
適当なものを，次のア～エから一つ選び，その符号を書きなさい。

ア 水に少し溶け，石灰水を白くにごらせる。

イ 空気より軽く，水溶液はアルカリ性を示す。

ウ 無色で水によく溶け，水溶液は強い酸性を示す。

エ 黄緑色で特有のにおいがあり，殺菌作用や漂白作用がある。

〔2〕 右の図のような装置で，塩化銅水溶液に電流を流して陽極や陰極での変化を調

べた。このことに関して，次の(1)～(4)の問いに答えなさい。

図

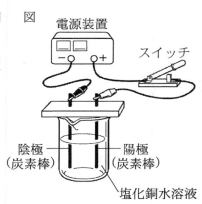

(1) この実験では，濃度8％の塩化銅水溶液150gを用いた。この水溶液には，塩
化銅が何g溶けているか，求めなさい。

(2) 塩化銅のように，水に溶かすと陽イオンと陰イオンに電離し，その水溶液に
電流が流れる物質を何というか。その用語を書きなさい。

(3) 塩化銅が水溶液中で電離するときのようすを，イオン式で表しなさい。

(4) 陰極の表面に付着した物質は銅である。その特徴として最も適当なものを，
次のア～エから一つ選び，その符号を書きなさい。

ア ろ紙の上にとり，においを調べると刺激臭がある。

イ ろ紙の上にとり，磁石を近づけると，磁石につく。

ウ うすい塩酸に入れると，気体が発生する。

エ ろ紙の上にとり，金属製の薬品さじでこすると，表面がかがやく。

〔3〕 うすい塩酸とうすい水酸化ナトリウム水溶液を使って，次の Ⅰ～Ⅳ の手順で実験を行った。この実験に関して，
下の(1)～(3)の問いに答えなさい。

Ⅰ 試験管A～Eを用意し，各試験管にうすい塩酸5cm³と緑色のBTB溶液を2滴入れた。

Ⅱ 各試験管にうすい水酸化ナトリウム水溶液を量を変えて加
え，よくかき混ぜ，溶液の色を調べた。右の表はその結果で
ある。

表

試験管	A	B	C	D	E
塩酸の体積〔cm³〕	5	5	5	5	5
加えた水酸化ナトリウム水溶液の体積〔cm³〕	1	2	3	4	5
溶液の色	黄	黄	緑	青	青

Ⅲ 試験管B，C内の溶液を蒸発皿にとり，ガスバーナーで加
熱したところ白色の固体が残った。

Ⅳ 試験管A，Eの中にマグネシウムリボンを入れて変化を調べたら，試験管Aからは気体が発生したが，試験管
Eからは気体が発生しなかった。

(1) Ⅲで，試験管Cの溶液を加熱したときに残った固体の質量をxgとするとき，試験管Bの溶液を加熱したとき
に残った固体の質量は何gか。xを使って表しなさい。

(2) Ⅳの結果に関して，次の①，②の問いに答えなさい。

① 試験管Aから発生した気体は何か。その気体の化学式を書きなさい。

② 試験管Eから気体が発生しなかった理由を簡潔に書きなさい。なお，塩酸に水酸化ナトリウム水溶液を混ぜ
たときに起きた反応の名称を用いること。

(3) 試験管Bの中の混合液を表すモデルとして，
最も適当なものを，右のア～エから一つ選び，
その符号を書きなさい。

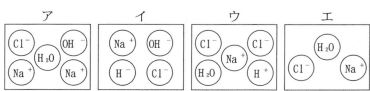

〔**4**〕2％の塩酸と，ある濃度の水酸化ナトリウム水溶液を使って，次の実験1,2を行った。この実験に関して，下の
(1)〜(4)の問いに答えなさい。

実験1　ビーカーに2％の塩酸を10cm³とり，ＢＴＢ溶液を2,3滴加えた後，
　　　　右の図のように，水酸化ナトリウム水溶液をこまごめピペットで少し
　　　　ずつ加えながら，ガラス棒でかき混ぜた。水酸化ナトリウム水溶液を
　　　　5cm³加えたところで，ビーカーの中の水溶液が緑色になり，完全に
　　　　<u>中和した。</u>

実験2　ビーカーに2％の塩酸を5cm³とり，ＢＴＢ溶液を2,3滴加えた。次に，
　　　　水酸化ナトリウム水溶液10cm³を少しずつ加えながらかき混ぜていくと，
　　　　溶液の色はいったん緑色になり，さらに青色に変化した。

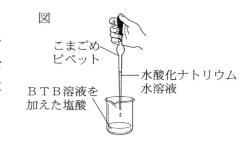

図

こまごめ
ピペット

ＢＴＢ溶液を
加えた塩酸

水酸化ナトリウム
水溶液

(1)　2％の塩酸200ｇにおける水の質量と溶けている塩化水素の質量を，それぞれ求めなさい。

(2)　実験1の下線部の反応を，イオンの記号を使った式で表しなさい。

(3)　下のａ〜ｄのグラフは実験2の結果から考えられるビーカー内の水素イオン，塩化物イオン，ナトリウムイオン，
　　水酸化物イオンのいずれかの数の変化を表したものである。それぞれどのイオンの数の変化を表したものか。最
　　も適当なものを，下のア〜エから一つ選び，その符号を書きなさい。

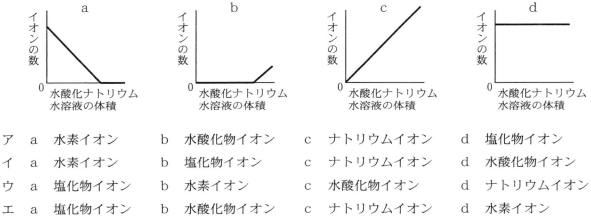

ア	ａ	水素イオン	ｂ	水酸化物イオン	ｃ	ナトリウムイオン	ｄ	塩化物イオン
イ	ａ	水素イオン	ｂ	塩化物イオン	ｃ	ナトリウムイオン	ｄ	水酸化物イオン
ウ	ａ	塩化物イオン	ｂ	水素イオン	ｃ	水酸化物イオン	ｄ	ナトリウムイオン
エ	ａ	塩化物イオン	ｂ	水酸化物イオン	ｃ	ナトリウムイオン	ｄ	水素イオン

(4)　実験2で，青色になった水溶液を緑色にもどすには，2％の塩酸を何cm³加えればよいか，求めなさい。

〔5〕ダニエル電池について調べるために，次の①〜③の手順で実験を行った。この実験に関して，下の(1)〜(4)の問いに答えなさい。

① 図のように，容器をセロハン膜で仕切り，一方には硫酸亜鉛水溶液と亜鉛板，もう一方には硫酸銅水溶液と銅板を入れた。

② プロペラ付きモーターを，亜鉛板と銅板に導線でつないだところ，モーターが回転した。

③ しばらくモーターを回転させたあと，それぞれの水溶液から亜鉛板と銅板をとり出し，表面のようすを観察したところ，亜鉛板が水溶液につかっていた部分は，表面がざらついていた。一方，銅板が水溶液につかっていた部分は，銅が付着していた。

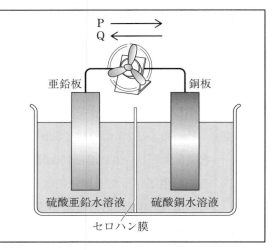

(1) ③で，亜鉛板で起こった変化について述べたものとして，最も適当なものを，次のア〜エから一つ選び，その符号を書きなさい。

ア 亜鉛が電子を放出して陽イオンとなり，水溶液中にとけ出した。

イ 亜鉛が電子を放出して陰イオンとなり，水溶液中にとけ出した。

ウ 亜鉛が電子を受けとって陽イオンとなり，水溶液中にとけ出した。

エ 亜鉛が電子を受けとって陰イオンとなり，水溶液中にとけ出した。

(2) 次の文は，実験について述べたものである。文中の　A　，　B　に当てはまることばの組合せとして，最も適当なものを，下のア〜エから一つ選び，その符号を書きなさい。

　　流れる電流の向きは，電子の移動の向きと　A　なので，電流は図の　B　の向きに流れ，モーターが回転した。

ア 〔A 同じ，　B P〕　　　イ 〔A 同じ，　B Q〕

ウ 〔A 逆，　　B P〕　　　エ 〔A 逆，　　B Q〕

(3) 電池の反応が進むにつれて，硫酸亜鉛水溶液と硫酸銅水溶液は＋か−の電気を帯びてくるため，セロハン膜を通してイオンが移動する。このとき，硫酸銅水溶液から硫酸亜鉛水溶液へ移動するイオンは何か。このイオンを化学式で書きなさい。

(4) 次の文は，実験で，回路の中でエネルギーが変換されていくようすについて述べたものである。文中の　X　，　Y　，　Z　に当てはまることばの組合せとして，最も適当なものを，下のア〜エから一つ選び，その符号を書きなさい。

　　物質がもっている　X　エネルギーが　Y　エネルギーに変換され，さらに　Y　エネルギーがモーターで　Z　エネルギーに変換された。

ア 〔X 化学，　Y 運動，　Z 電気〕　　　イ 〔X 化学，　Y 電気，　Z 運動〕

ウ 〔X 電気，　Y 化学，　Z 運動〕　　　エ 〔X 電気，　Y 運動，　Z 化学〕

〔6〕 金属のイオンへのなりやすさと電池のしくみを調べるために，次の実験1，2を行った。この実験に関して，あとの(1)～(5)の問いに答えなさい。

実験1　3種類の金属のイオンへのなりやすさを調べるために，次の□～Ⅳの手順で，実験を行った。

　　Ⅰ　図1のように，マイクロプレートの穴に合わせて，台紙に表を書き，銅，亜鉛，マグネシウムの3種類の金属片と，硫酸銅水溶液，硫酸亜鉛水溶液，硫酸マグネシウム水溶液の3種類の水溶液を入れる場所を決めて台紙に記入した。

　　Ⅱ　マイクロプレートを，台紙の表の位置に合わせて置いた。

　　Ⅲ　マイクロプレートのそれぞれの穴に，ピンセットを用いて金属片を入れた。

　　Ⅳ　それぞれの穴に，金属片がひたる程度に水溶液を加え，ようすを観察した。

図1

金属のイオンへのなりやすさの比較

	硫酸銅水溶液	硫酸亜鉛水溶液	硫酸マグネシウム水溶液
銅			
亜鉛			
マグネシウム			

台紙　　　マイクロプレート

(1) 実験1の結果をまとめると，表のようになった。表のPに入る文として，最も適当なものを，次のア～エから一つ選び，その符号を書きなさい。
　　ア　変化が起こらなかった。
　　イ　マグネシウム片の表面から泡が出てきた。
　　ウ　マグネシウム片が変化し，灰色の固体が現れた。
　　エ　マグネシウム片が変化し，赤色の固体が現れた。

(2) 表から，銅，亜鉛，マグネシウムのなかで，一番イオンになりやすい金属は何か。書きなさい。

表

	硫酸銅水溶液	硫酸亜鉛水溶液	硫酸マグネシウム水溶液
銅		変化が起こらなかった。	変化が起こらなかった。
亜鉛	亜鉛片が変化し，赤色の固体が現れた。水溶液の青色がうすくなった。		変化が起こらなかった。
マグネシウム	マグネシウム片が変化し，赤色の固体が現れた。水溶液の青色がうすくなった。	P	

実験2　ダニエル電池をつくり，次の□～Ⅲの手順で，実験を行った。

　　Ⅰ　図2のように，ビーカーに硫酸亜鉛水溶液を入れ，亜鉛板を設置した。

　　Ⅱ　ビーカーに硫酸銅水溶液を入れたセロハンの袋を入れ，セロハンの袋の中に銅板を設置した。

　　Ⅲ　プロペラ付きモーターに亜鉛板と銅板を導線でつなぎ，金属板の表面のようすを観察した。

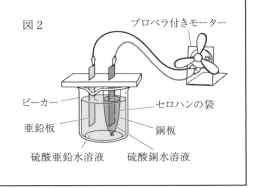

図2

プロペラ付きモーター
ビーカー
セロハンの袋
亜鉛板
銅板
硫酸亜鉛水溶液　硫酸銅水溶液

(3) 実験2では，物質がもつエネルギーを電気エネルギーにかえることで，モーターが回った。物質がもつエネルギーを何エネルギーというか。その用語を書きなさい。

(4) 図2において，電子は　a　の向きに流れ，　b　が＋極になっている。この文中の　a　，　b　に当てはまることばの組合せとして，最も適当なものを，次のア～エから一つ選び，その符号を書きなさい。
　　ア　〔a　亜鉛板からモーター，　b　亜鉛板〕　　イ　〔a　亜鉛板からモーター，　b　銅板〕
　　ウ　〔a　銅板からモーター，　b　亜鉛板〕　　エ　〔a　銅板からモーター，　b　銅板〕

(5) 実験2でセロハンの袋は，水溶液中の陽イオンと陰イオンのかたよりを防ぎ，電気的に安定させることを目的に使われている。セロハンを通して起こっていることについて述べた文として，最も適当なものを，次のア～エから一つ選び，その符号を書きなさい。

ア　亜鉛イオンと硫酸イオンが，硫酸銅水溶液側に移動する。

イ　銅イオンと硫酸イオンが，硫酸亜鉛水溶液側に移動する。

ウ　亜鉛イオンが硫酸銅水溶液側に，硫酸イオンが硫酸亜鉛水溶液側に移動する。

エ　硫酸イオンが硫酸銅水溶液側に，銅イオンが硫酸亜鉛水溶液側に移動する。

〔7〕電池のしくみについて調べるために，次の Ⅰ～Ⅲ の手順で実験を行った。この実験に関して，下の(1)～(4)の問いに答えなさい。

Ⅰ　図のように，プロペラ付きモーターを，亜鉛板と銅板に導線でつないだ。

Ⅱ　うすい塩酸をビーカーに入れ，亜鉛板と銅板をそれぞれが接触しないように入れたところ，モーターが回転した。

Ⅲ　Ⅰ と Ⅱ で用いた亜鉛板と銅板，うすい塩酸の組み合わせの一部を，別の金属板や水溶液にかえて，モーターのようすを観察した。下の表は，この実験の結果をまとめたものである。

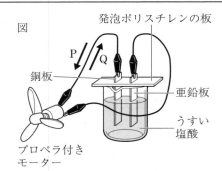

表

金属板	亜鉛板	亜鉛板	亜鉛板	亜鉛板	アルミニウム板
	銅板	銅板	銅板	亜鉛板	銅板
水溶液	うすい塩酸	砂糖水	食塩水	うすい塩酸	うすい塩酸
モーターのようす	回転した。	回転しなかった。	回転した。	回転しなかった。	回転した。

(1) 図の装置を用いた場合，実験の結果から，どのような条件にすれば電池ができるか。「金属板」，「水溶液」という語句を用いて書きなさい。

(2) Ⅱ について，亜鉛板で起こった化学変化について述べたものとして，最も適当なものを，次のア～エから一つ選び，その符号を書きなさい。

ア　亜鉛が電子を受けとって，陽イオンとなり，うすい塩酸中に溶け出した。

イ　亜鉛が電子を受けとって，陰イオンとなり，うすい塩酸中に溶け出した。

ウ　亜鉛が電子を放出して，陽イオンとなり，うすい塩酸中に溶け出した。

エ　亜鉛が電子を放出して，陰イオンとなり，うすい塩酸中に溶け出した。

(3) 次の文は，銅板で起こった反応について述べたものである。最も適当なものを，次のア～エから一つ選び，その符号を書きなさい。

ア　銅板は＋極となり，電流はPの向きに流れる。　　イ　銅板は＋極となり，電流はQの向きに流れる。

ウ　銅板は－極となり，電流はPの向きに流れる。　　エ　銅板は－極となり，電流はQの向きに流れる。

(4) Ⅱ について，亜鉛板の表面で亜鉛原子150個が溶け出したとする。このとき，銅板の表面で同じ数の電子がやりとりされた場合，銅板でできる原子の数は何個か。求めなさい。

植 物 の 世 界

植物の世界

《解法の要点》

1　観察器具の使い方

(1)　顕微鏡　顕微鏡にはステージが上下するもの（ステージ上下式）と鏡筒が上下するもの（鏡筒上下式）がある。

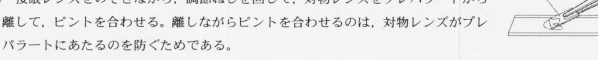

ステージ上下式　　　　鏡筒上下式

接眼レンズ
鏡筒
レボルバー
対物レンズ
ステージ
クリップ
しぼり
反射鏡
鏡台
調節ねじ
調節ねじ

・顕微鏡の使い方

①　鏡筒に中にゴミが入らないように，接眼レンズ，対物レンズの順に取り付ける。

②　直射日光があたらない明るい場所に置き，接眼レンズをのぞきながら反射鏡を調節して，視野を最も明るくする。

③　プレパラートをステージにのせ，横から見ながら調節ねじを回して，対物レンズをプレパラートに近づける。

プレパラート
カバーガラス

④　接眼レンズをのぞきながら，調節ねじを回して，対物レンズをプレパラートから離して，ピントを合わせる。離しながらピントを合わせるのは，対物レンズがプレパラートにあたるのを防ぐためである。

⑤　しぼりで明るさを調節する。

・顕微鏡の倍率　接眼レンズの倍率と対物レンズの倍率の積が顕微鏡の倍率になる。

・顕微鏡の像　顕微鏡で見える像は，上下と左右がそれぞれ逆になる。像を視野の中央に動かすときは，動かしたい向きと反対の向きにプレパラートを動かす。

ルーペ

(2)　ルーペ　ルーペを目に近づけ，観察するものを前後に動かしてピントを合わせる。

(3)　双眼実体顕微鏡　顕微鏡のようにプレパラートをつくる必要がなく，見たいものを立体的に観察できる。ルーペで見るには小さすぎるものを見るのに適している。

双眼実体顕微鏡

鏡筒
接眼レンズ
視度調節リング
粗動ねじ
微動ねじ
（調節ねじ）
対物レンズ
ステージ

・双眼実体顕微鏡の使い方

①　左右の２つの接眼レンズの幅を自分の目の間隔に合わせる。

②　粗動ねじをゆるめて鏡筒を上下させ，両目でおおよそのピントを合わせる。

③　右目だけでのぞきながら，微動ねじを回してピントを合わせる。

④　左目だけでのぞきながら，視度調節リングを回してピントを合わせる。

2　花のつくりとはたらき

(1)　花のつくり

①　めしべ　めしべの先端の部分を柱頭，めしべのもとのふくらんだ部分を子房という。子房の中には胚珠がある。

②　おしべ　おしべの先端の袋状のものをやくという。やくの中には花粉が入っている。

③　受粉と種子　柱頭に花粉がつくことを受粉という。受粉すると子房は果実に，胚珠は種子になる。種子は，発芽に必要の条件（水や温度など）がそろうと発芽して，成長する。

アブラナの花のつくり

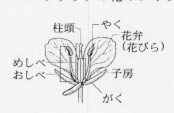

柱頭
やく
花弁
（花びら）
めしべ
おしべ
子房
がく

子房の断面

胚珠

(2) 種子植物　花をさかせ，種子で増える植物を種子植物という。

①　裸子植物　子房がなく，胚珠がむきだしになっている植物を裸子植物という。マツ，スギ，イチョウ，ソテツなどは裸子植物である。

②　被子植物　胚珠が子房に包まれている植物を被子植物という。

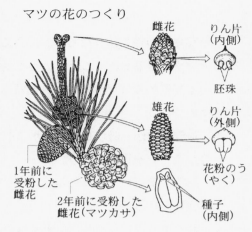

マツの花のつくり

3　植物の分類

(1) 種子をつくる植物　種子植物のうち，被子植物は双子葉類と単子葉類に分けられる。

①　双子葉類　発芽のときの子葉（種子の中で最初につくられる葉）の枚数が2枚であるものを双子葉類という。

・葉脈は網状脈で，根は主根と側根があり，維管束は輪状に並んでいる。

②　合弁花類と離弁花類　双子葉類は，さらに合弁花類と離弁花類に分けられる。

・花弁が1つにくっついている花を合弁花といい，合弁花をもつなかまを合弁花類という。

例　アサガオ，タンポポ，サツキ，ツツジ，ヒマワリ，キク，ナス，ジャガイモなど。

・花弁が1枚1枚離れている花を離弁花といい，離弁花をもつなかまを離弁花類という。

例　アブラナ，サクラ，エンドウ，バラ，スミレ，ホウセンカなど。

③　単子葉類　発芽のときの子葉の枚数が1枚であるものを単子葉類という。

・葉脈は平行脈で，根はひげ根であり，維管束は全体に散らばっている。

例　イネ，ユリ，ツユクサ，トウモロコシ，ササ，ムギなど。

(2) 種子をつくらない植物　植物のなかまには，種子をつくらないで胞子をつくってなかまをふやすものがある。

①　シダ植物　維管束があり，根・茎・葉の区別がある。光合成を行い，水は根から吸収する。葉の裏側には胞子が入っている胞子のうが見られる。

②　コケ植物　維管束がなく，根・茎・葉の区別はない。光合成を行い，水はからだの表面全体から吸収している。仮根と呼ばれる根に似たつくりは，からだを地面に付着させるためのものである。雄株と雌株の区別があり，雌株でつくられる胞子でふえる。

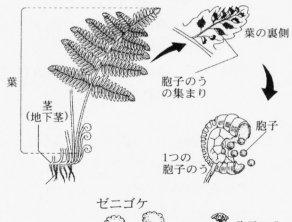

イヌワラビの胞子のうと胞子

4　根と茎のつくりとはたらき

(1) 根のつくりとはたらき

①　主根と側根　アブラナやホウセンカ，タンポポの根は主根（太い根）を中心にそこから側根（細い根）が出ている。

②　ひげ根　トウモロコシやツユクサの根は，主根がなくひげ根（同じ太さの根）がたくさん出ている。

③　根毛　根は枝分かれしながらしてしだいに細くなり，先端付近には
たくさんの毛のようなものがはえている。この毛のようなものを根毛
という。根毛があることによって表面積が広くなり，水や水に溶けて
いる無機的養分（肥料分など）を効率よく吸収している。

(2)　茎のつくり

①　道管　根から吸収した水や水に溶けている無機的養
分が通る管を道管という。

②　師管　葉でつくられた養分（デンプンなど）が通る管
を師管という。

③　維管束　道管と師管が何本も集まった束を維管束と
いう。維管束には，輪状に並んでいるものと全体に散
らばっているものがある。

根のつくり　　　　　　　茎のつくり

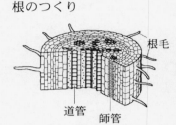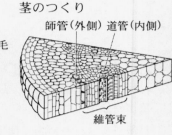

5　葉のつくりとはたらき

(1)　葉のつくり

①　葉脈　茎からの維管束が葉のつけねから枝分かれしたものを葉脈という。

・網状脈　葉脈が網目状になっているものを網状脈という。

・平行脈　葉脈が平行に並んでいるものを平行脈という。

②　細胞　葉の断面を顕微鏡で観察したときに見られるたくさんの小
さい部屋１つひとつを細胞という。

③　気孔　葉の表皮に見られる小さいすき間を気孔といい，気孔を囲
んでいる一対の細胞を孔辺細胞という。

④　葉緑体　葉の細胞の中に見られる緑色の粒を葉緑体という。

(2)　葉のはたらき

①　蒸散　根から吸収された水の大部分は，葉の気孔から水蒸気とな
って出ていく。このことを蒸散という。

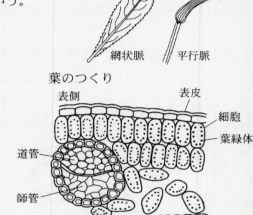

②　光合成　植物が光を利用してデンプンなどの養分をつくるはたらきを光合成という。

・光合成は葉の葉緑体で行っている。

・光合成には水と二酸化炭素が使われる。

・光合成を行うと酸素が発生する。

$$\boxed{水} + \boxed{二酸化炭素} \overset{\boxed{光}}{\Longrightarrow} \boxed{養分（でんぷんなど）} + \boxed{酸素}$$

③　呼吸　植物も動物と同じように呼吸をしていて，酸素を取り入れ二酸化炭素を出している。

・呼吸は昼も夜も行っていて，光合成は光があたっているときだけ行う。

・光合成が盛んなときは，呼吸による酸素の吸収量よりも光合成による酸素の放出量の方が多く，呼吸による二
酸化炭素の放出量よりも光合成による二酸化炭素の吸収量の方が多い。

④　二酸化炭素や酸素は，気孔から出入りしている。

(3)　光合成でできた養分（デンプン）は師管を通って植物のからだ全体に運ばれ，生命を維持するためのエネルギーに
なったり，植物のからだをつくる物質につくり変えられている。また，養分の一部は，種子や果実，イモなどにた
くわえられる。

〔1〕 身近な生物の観察について，次の(1)，(2)の問いに答えなさい。

(1) 校庭に生えていたタンポポの花をルーペを用いて観察し，図1のように
スケッチした。これについて，次の①，②の問いに答えなさい。

① ルーペを用いて，手に持ったタンポポの花を観察する方法として，最
も適当なものを，次のア～エから一つ選び，その符号を書きなさい。

ア ルーペをできるだけ目に近づけて持ち，タンポポの花を前後に動か
して，よく見える位置を探す。

イ ルーペをできるだけ目に近づけて持ち，ルーペをタンポポの花に近づけながら，よく見える位置を探す。

ウ ルーペをできるだけタンポポの花に近づけて持ち，ルーペをタンポポの花から遠ざけながら，よく見
える位置を探す。

エ ルーペをできるだけタンポポの花に近づけて持ち，ルーペとタンポポの花を一緒に前後に動かして，
よく見える位置を探す。

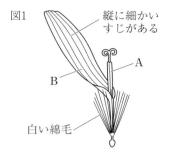

図1

縦に細かい
すじがある

A

B

白い綿毛

② 次の文は，タンポポの花について述べたものである。文中の　X　，　Y　に当てはまる語句の
組合せとして，最も適当なものを，下のア～エから一つ選び，その符号を書きなさい。

図1のAのつくりは　X　，Bのつくりは　Y　である。

ア 〔X めしべ，Y がく〕　　　イ 〔X めしべ，Y 花弁〕
ウ 〔X おしべ，Y がく〕　　　エ 〔X おしべ，Y 花弁〕

(2) 図2の顕微鏡を用いて，ある生物を観察した。これについて，次の①，②の問いに答えなさい。

① 「15×」とかかれた接眼レンズと，「10」とかかれた対物レンズを使用した。このときの顕微鏡を通して見
える生物は実物の何倍の大きさか。求めなさい。

② より詳しく生物を観察するために高倍率の対物レンズに交換してピン
トを合わせた。このときの対物レンズの長さと，対物レンズとプレパラー
トの位置関係を表したものとして，最も適当なものを，図3のア～エか
ら一つ選び，その符号を書きなさい。ただし，図3の一番左は，高倍率
の対物レンズに交換する前の，対物レンズの長さと対物レンズとプレパ
ラートの位置関係を表したものである。

図2

接眼レンズ

調節ねじ

対物レンズ

プレパラート

図3

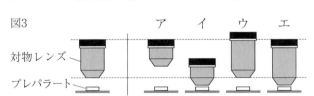

対物レンズ

プレパラート

ア　イ　ウ　エ

〔2〕 図1はマツの若い枝を観察したときのスケッチであり，図2はマツの2種類のりん片を取り出し，ルーペで観察したときのスケッチである。また，図3はアブラナの花の断面図である。これに関して，下の(1)～(4)の問いに答えなさい。

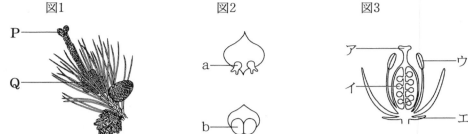

図1　　　　図2　　　　図3

(1) 図1のP，Qの名称をそれぞれ書きなさい。

(2) 図2のa，bの部分は，図3のア～エのどの部分にあたるか。それぞれ最も適当なものを一つずつ選び，その符号を書きなさい。

(3) アブラナなどの被子植物に対して，マツのような植物を何というか。その用語を書きなさい。
　　 また，そのなかまを次のア～クから二つ選び，その符号を書きなさい。
　　 ア　イチョウ　　　イ　ゼニゴケ　　　ウ　ツツジ　　　エ　イネ
　　 オ　ナズナ　　　　カ　スギナ　　　　キ　スギ　　　　ク　タンポポ

(4) アブラナなどの被子植物の特徴を「子房」と「胚珠」の2語を使って簡潔に書きなさい。

〔3〕 タンポポについて，次のⅠ～Ⅲの観察を行った。この観察について，下の(1)～(4)の問いに答えなさい。

Ⅰ　野外で，タンポポをまず上から観察して，図1のようにスケッチした。

Ⅱ　タンポポの花を観察すると，たくさんの小さな花が集まっていることがわかった。図2は，タンポポの1つの花をルーペで観察したときのスケッチである。

Ⅲ　タンポポの根をていねいにほり起こし，根についている土を水で洗い流した後，根のようすを調べた。

図1

(1) タンポポの葉は，図1のように，たがいに重なり合わないように放射状に広がって茎についていた。このことは，タンポポが光合成を行うとき，どのような点でつごうがよいか，簡潔に書きなさい。

図2

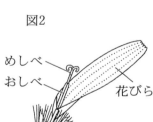

めしべ
おしべ
花びら
がく
A
タンポポの1つの花

(2) タンポポの葉脈と根のようすについて述べた文として，最も適当なものを，次のア～エから一つ選び，その符号を書きなさい。
　　 ア　葉脈は網の目のように広がり，根はひげ根からできている。
　　 イ　葉脈は網の目のように広がり，根は主根と側根からできている。
　　 ウ　葉脈は平行にならび，根はひげ根からできている。
　　 エ　葉脈は平行にならび，根は主根と側根からできている。

(3) 図2のAの部分は何か。最もよく当てはまる用語を書きなさい。

(4) タンポポの1つの花では，図2のように5枚の花びらがくっついて1つになっていた。このように，花びらがくっついて1つになっている花を咲かせる植物のなかまを何というか。その用語を書きなさい。
　　 また，そのなかまにあてはまる植物を，次のア～エから一つ選び，その符号を書きなさい。
　　 ア　サクラ　　　　イ　エンドウ　　　ウ　アサガオ　　　エ　アブラナ

〔4〕右の表は，10種類の植物を，次の①〜④の特徴に当てはまるか当てはまらないかで，A〜Dに分類したものである。これに関して，下の(1)〜(3)の問いに答えなさい。

① 光合成をする。

② 花が咲く。

③ 陸上で生活する。

④ 根，茎，葉の区別がはっきりしている。

表

特徴＼植物	A エンドウ，イチョウ，アブラナ，マツ	B イヌワラビ，ゼンマイ	C スギゴケ，ゼニゴケ	D コンブ，ワカメ
Ⅰ	○	×	×	×
Ⅱ	○	○	×	×
Ⅲ	○	○	○	×
Ⅳ	○	○	○	○

○…当てはまる　　×…当てはまらない

(1) 表のⅠ〜Ⅳのそれぞれに当てはまる特徴として，最も適当なものを，上の①〜④から一つずつ選び，その番号を書きなさい。

(2) 次の文中の　X　，　Y　に最もよく当てはまる用語を書きなさい。

　　Aのなかまのうち，エンドウやアブラナのように，　X　が子房につつまれているものを　Y　植物という。

(3) 次の文中の　X　，　Y　に最もよく当てはまる用語を書きなさい。

　　Cのなかまは　X　植物と呼ばれ，雄株と雌株の区別があり，雌株でつくられる　Y　によってふえる。

〔5〕 イヌワラビとスギゴケを採取し，観察した内容を次の1〜3にまとめた。この観察に関して，下の(1)〜(4)の問いに答えなさい。

観察1　土から掘り起こしたイヌワラビを水で洗い，からだのつくりを図1のようにスケッチした。

観察2　イヌワラビの葉の裏に付いていた茶色い「粒状のもの」を柄つき針ではがし，スライドガラスの上にのせ，顕微鏡で観察したところ，「粒状のもの」の中に「小さな粒子」が多数入っていることがわかった。図2は，このようすをスケッチしたものである。

観察3　スギゴケのからだのつくりを観察したところ，「毛のようなもの」が多数生えていた。また，「細い柄のようなもの」が伸びているものと，伸びていないものがあり，「細い柄のようなもの」の先端は「袋状のもの」がついていた。図3は，このようすをスケッチしたものである。

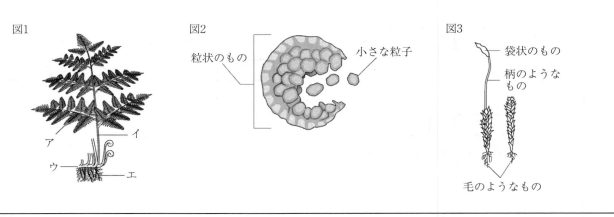

図1　図2　図3

(1)　観察1のスケッチ（図1）で，根，茎，葉の部分はどこか。最も適当なものを，図1のア〜エからそれぞれ一つずつ選び，その符号を書きなさい。

(2)　観察2のスケッチ（図2）で，「粒状のもの」と「小さな粒子」のことを何というか。それぞれの用語を書きなさい。

(3)　観察3のスケッチ（図3）で，「毛のようなもの」のことを何というか。その用語を書きなさい。

(4)　次の文は，シダ植物とコケ植物について述べたものである。文中の □□□ に最もよく当てはまる語句を書きなさい。ただし，二つの □□□ には同じ語句が入るものとする。

　　シダ植物は根，茎，葉の区別があり，水や養分の通路が集まった □□□ がある。コケ植物は根，茎，葉の区別や □□□ がない。

〔6〕ホウセンカとトウモロコシの茎での水の移動を調べるため，次の Ⅰ，Ⅱ の手順で実験を行った。この実験に関して，下の(1)～(4)の問いに答えなさい。

Ⅰ　ホウセンカとトウモロコシの茎の横断面をうすく切り取ってプレパラートをつくり，顕微鏡で観察した。図1はそれぞれの茎の横断面の模式図であり，図2は図1の一部分を拡大した模式図である。

Ⅱ　図3のように，ホウセンカとトウモロコシを食紅で着色した水の入った三角フラスコにさし，水面に油をたらして放置した。3時間後に観察すると，三角フラスコ内の水面はどちらも下がっていた。次に，Ⅰのように，それぞれの茎の横断面をうすく切り取ってプレパラートをつくり，顕微鏡で観察すると，どちらも食紅で強く染まる部分があった。

---

(1)　次の文は，Ⅱで，三角フラスコ内の水面が下がった理由について述べたものである。文中の　P ，Q に最もよく当てはまる用語を，それぞれ書きなさい。

三角フラスコ内の水面が下がったのは，それぞれの植物の葉にたくさんある　P というところから，水が空気中に出ていったためと考えられる。この現象を　Q という。

(2)　食紅で強く染まる部分は，図2中に示したa～eのどの部分に当たるか。その組合せとして最も適当なものを，次のア～エから一つ選び，その符号を書きなさい。

ア　aとd　　　イ　aとe　　　ウ　bとe　　　エ　cとd

(3)　次の文は，食紅で強く染まる部分について述べたものである。文中の　X ，Y に最もよく当てはまる用語を，それぞれ書きなさい。

食紅で強く染まった部分は，根から吸収された水や水に溶けている物質の通り道であり，この通り道を　X という。

植物のからだには，X と，葉でつくられた養分の通り道である　Y と呼ばれる部分がある。

(4)　植物のからだのつくりには，さまざまな特徴がある。その特徴をもとに被子植物を二つに分けるとき，ホウセンカが入るなかまとトウモロコシが入るなかまに分けられる。トウモロコシが入るなかまの植物を何というか。その用語を書きなさい。

〔7〕植物の蒸散について調べるため，次の Ⅰ～Ⅲ の手順で実験を行った。この実験に関して，あとの(1)～(4)の問いに答えなさい。

> Ⅰ　葉の数と大きさ，茎の長さと太さをそろえて，からだから蒸散する水の量が同じになるようにしたホウセンカ a，b，c と，形や大きさが同じ3本のメスシリンダーを用意した。
>
> Ⅱ　ホウセンカ a は，すべての葉の表側だけに油の一種であるワセリンをぬり，ホウセンカ b は，すべての葉の裏側だけにワセリンをぬった。また，ホウセンカ c は，ワセリンをどこにもぬらなかった。
>
> Ⅲ　図1のように，同じ量の水を入れた3本のメスシリンダーに，ホウセンカ a，b，c を入れて水面にそれぞれ少量の油を注いだ。その後，風通しのよい明るい場所に，3本のメスシリンダーを同じ時間置いて水の減少量を調べた。
>
> 　下の表は，このときの結果をまとめたものである。
>
> 図1
>
> 　
>
> 葉の表側だけに　　葉の裏側だけに　　ワセリンを
> ワセリンをぬった。　ワセリンをぬった。　ぬらなかった。
>
> 表
>
> | ホウセンカ | a | b | c |
> |---|---|---|---|
> | 水の減少量（cm³） | 11.0 | 5.0 | 15.0 |

(1)　図2は，茎の横断面の模式図である。根から吸い上げた水が通る部分はどこか。最も適当なものを，図2のア～エから一つ選び，その符号を書きなさい。

図2

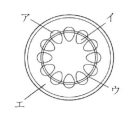

(2)　Ⅲの下線部分で，水面に少量の油を注いだのはなぜか。その理由を書きなさい。

(3)　ホウセンカ a と b の水の減少量を比べると，ホウセンカ a の方が多い。その理由を「気孔」という用語を用いて書きなさい。

(4)　実験で使われたホウセンカについて，葉の裏側からの水の蒸散量は，葉の表側からの水の蒸散量の何倍か。小数第1位まで求めなさい。ただし，メスシリンダー内の水の減少量とホウセンカのからだから蒸散した水の量は同じであるとし，また，蒸散は葉以外の茎からも行われるものとする。

〔8〕光合成について調べるために，次の Ⅰ～Ⅳ の手順で実験を行った。この実験に関して，下の(1)～(4)の問いに答えなさい。

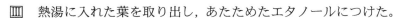
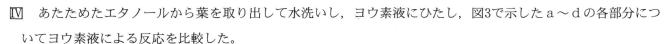

Ⅰ　ふ入りの葉をつけたアサガオの鉢植えを24時間暗室に置いてから，図1のようなふ入りの葉を1枚選び，図2のようにアルミニウムはくでおおった。

Ⅱ　Ⅰの葉に光を十分にあてた後，茎から葉を切り取り，アルミニウムはくをはずして熱湯にしばらく入れた。

Ⅲ　熱湯に入れた葉を取り出し，あたためたエタノールにつけた。

Ⅳ　あたためたエタノールから葉を取り出して水洗いし，ヨウ素液にひたし，図3で示したa～dの各部分についてヨウ素液による反応を比較した。

〔結果〕

　aの部分（光があたった緑色の部分）は青紫色になったが，bの部分（光があたったふの部分），cの部分（アルミニウムはくでおおわれていた緑色の部分），dの部分（アルミニウムはくでおおわれていたふの部分）はいずれも変化しなかった。

(1)　Ⅲで，あたためたエタノールに葉をつけるのはなぜか。その理由を簡潔に書きなさい。

(2)　次の文は，この実験の結果をもとに考察したことの一部である。　1　～　4　に最もよく当てはまるものを，図3のa～dから選び，その符号を書きなさい。

　　光合成には，光が必要であることが，　1　と　2　を比べるとわかった。また，光合成は，緑色の部分で行われていることが，　3　と　4　を比べるとわかった。

(3)　次の文は暗室に置いている間のアサガオについて説明したものである。①，②の{　}の中から適当なものをそれぞれ選び，その符号を書きなさい。

　　アサガオは暗室に置いてある間，全体として ①{ア　酸素　　イ　二酸化炭素}を多くとり入れている。それは，②{ア　蒸散　　イ　呼吸}という活動によるものである。

(4)　右の図4は植物の細胞の模式図である。葉が緑色に見えるのは，植物の細胞のどの部分によるものか。最も適当なものを，図4のア～カから一つ選び，その符号を書きなさい。

図4

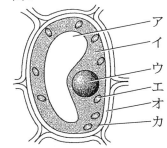

注：オは細胞外側の厚みのある膜を，
カは細胞外側のうすい膜を示している。

〔9〕 呼吸と光合成について調べるため，次の Ⅰ～Ⅴ の手順で実験を行った。 図1
この実験に関して，下の(1)～(4)の問いに答えなさい。

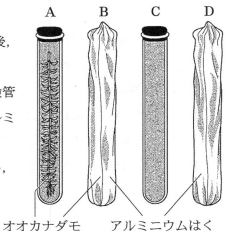
A　B　C　D
オオカナダモ　アルミニウムはく

Ⅰ　水の入った試験管A～DにＢＴＢ溶液を入れ，青色に調整した。その後，
息を吹きこんで緑色にし，実験の用意をした。

Ⅱ　右の図1のように，試験管AとBにはオオカナダモを入れ，4本の試験管
をゴム栓で密閉した。さらに，試験管BとDに光が入らないようにアルミ
ニウムはくで包んだ。

Ⅲ　これら4本の試験管に外側から同じように光を当ててしばらく放置し，
ＢＴＢ溶液の色の変化を調べた。

その結果，試験管AとBでは色の変化が見られたが，試験管CとD
では色の変化は見られなかった。

Ⅳ　試験管Aのオオカナダモの葉を取り出し，熱湯にひたしてから，あたためたエタノールの中に入れて，葉の
緑色をぬいた。

Ⅴ　Ⅳの葉を水洗いして，ヨウ素液を加えて顕微鏡で観察すると，青紫色に変化している部分があったので，
デンプンがつくられたことがわかった。

(1)　Ⅲで，試験管AとBのＢＴＢ溶液はそれぞれ何色に変化したか。最も適当なものを，次のア～エから一つず
つ選び，その符号を書きなさい。

ア　青色　　　　　イ　赤色　　　　　ウ　黄色　　　　　エ　白色

(2)　Ⅲで，試験管BのＢＴＢ溶液の色が変化した理由について述べた文として，最も適当なものを，次のア～キ
から一つ選び，その符号を書きなさい。

ア　光合成のみを行い，酸素を放出したため

イ　光合成のみを行い，二酸化炭素を吸収したため

ウ　呼吸のみを行い，酸素を吸収したため

エ　呼吸のみを行い，二酸化炭素を放出したため

オ　光合成も呼吸も行うが，光合成の反応が大きく二酸化炭素の吸収量が多かったため

カ　光合成も呼吸も行うが，呼吸の反応が大きく二酸化炭素の放出量が多かったため

キ　光合成も呼吸も行わなかったため

(3)　右の図2は，オオカナダモの葉の細胞を模式的に示したもので
ある。Ⅴで，青紫色に変化している部分はどこか。最も適当なも
のを，ア～エから一つ選び，その符号を書きなさい。

図2

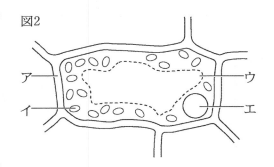
ア　　　　　ウ
イ　　　　　エ

(4)　Ⅴで，葉でつくられた養分はどこを通ってからだ全体の細胞に
運ばれるか。最も適当なものを，次のア～エから一つ選び，その
符号を書きなさい。

ア　道管　　　　　イ　気孔　　　　　ウ　維管束　　　　　エ　師管

動物の世界

動物の世界

《解法の要点》

1　動物の分類と生物の進化

　(1)　セキツイ動物　背骨のある動物をセキツイ動物という。

　　①　セキツイ動物の種類　セキツイ動物は，魚類，両生類，は虫類，鳥類，ほ乳類の５種類に分類される。

　　②　呼吸のしかたをもとにした分類

　　　・肺呼吸　は虫類，鳥類，ほ乳類は肺で呼吸する。

　　　・えら呼吸　魚類はえらで呼吸する。

　　　※両生類の呼吸　幼生のときはえらで，成体になると肺と皮膚で呼吸する。

　　　　多くの両生類は，卵からかえって子孫を残せるようになるとからだの形や生活のしかたが大きく変わる。変わる前の個体を幼生，変わってからの個体を成体という。 例 　カエルは成体，オタマジャクシが幼生。

　　③　子の生まれ方をもとにした分類

　　　・胎生　ほ乳類の子は，親の体内である程度育ってから親と同じような姿でうまれる。このようなうまれ方を胎生という。

　　　・卵生　ほ乳類以外のセキツイ動物は，卵で生まれる。このようなうまれ方を卵生という。魚類と両生類は，かたい殻のもたない卵を水中にうみ，は虫類と鳥類はかたい殻のある卵を陸上にうむ。

　　④　体温の変化のしかたをもとにした分類

　　　・恒温動物　鳥類とほ乳類は，外界の気温が変化しても体温をほぼ一定に保つことができる。このような動物を恒温動物という。

　　　・変温動物　魚類や両生類，は虫類は，外界の気温が変化するとそれにつれて体温も変化する。このような動物を変温動物という。

　(2)　無セキツイ動物　セキツイ動物以外の動物を無セキツイ動物という。

　　①　節足動物　外骨格でおおわれ，からだや足に節がある動物を節足動物という。

　　　・外骨格　昆虫やカニのなかまはかたい殻でおおわれている。この殻を外骨格という。

　　②　軟体動物　イカやタコ，貝など背骨や節がなく，外とう膜でおおわれている生物を軟体動物という。

2　細胞のつくり

　(1)　細胞

　　①　細胞　生物のからだをつくる最小の単位を細胞といい，細胞は小さな部屋の形をしている。

　　②　植物と動物の細胞に共通に見られるつくり

　　　・核　染色液(酢酸カーミン液または酢酸オルセイン液)によく
　　　　染まる部分を核といい，細胞の中に１つある。

　　　・細胞質　核のまわりの部分を細胞質という。

　　　・細胞膜　細胞質のいちばん外側にあるうすい膜を細胞膜という。

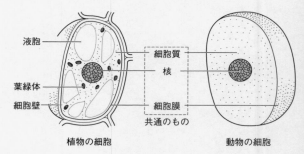

　　③　植物の細胞だけに見られるつくり

　　　・葉緑体　葉や茎の細胞に見られる緑色をした部分を葉緑体という。葉緑体では光合成が行われる。

　　　・液胞　液体(細胞の活動によってできた不要な物質や色素などが入っている)のつまった袋状の部分を液胞という。

　　　・細胞壁　細胞膜の外側にある厚くてじょうぶなしきりの部分を細胞壁という。

(2) 単細胞生物と多細胞生物

① 単細胞生物　1つの細胞からできている生物を単細胞生物という。

　　例　アメーバ，ゾウリムシ，ケイソウ，ミカズキモなど。

② 多細胞生物　たくさんの細胞からできている生物を多細胞生物という。

　・組織や器官，個体　多細胞生物のからだは，いろいろなはたらきをする細胞からできている。はたらきが同じ
　　細胞が集まって組織をつくり，いくつかの組織が集まって，決まった形やはたらきをする器官をつくる。そし
　　て，さまざまな器官が集まってヒトやアブラナなどの個体をつくる。

　　例　器官の例　胃，心臓，肺，脳，葉，茎，根など。

3　動物の消化と吸収

(1)　消化

　・消化管　口から入って食物が肛門から出るまでに通る管はつながっている。この管を消化管という。

　・消化器官　口，食道，胃，小腸，大腸など，食物を分解したり，吸収したりする器官を消化器官という。

　・消化　食物は消化管を通る間に分解されて，体内に吸収されやすい形になる。

(2)　消化液と消化酵素

　・消化液　食物を消化するはたらきをもつ液を消化液という。

　・消化酵素　消化液には食物を分解する物質がふくまれている。この物質を消化酵素という。消化酵素にはいろい
　　ろな種類があり，それぞれ特定の養分を分解する。また，体温付近の温度で最もよくはたらく。

(3)　いろいろな消化液

ヒトの消化にかかわる器官

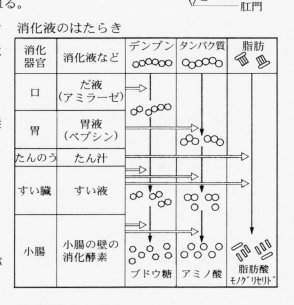

　・だ液　だ液はアミラーゼという消化酵素をふくみ，デンプンを分解する。

　・胃液　胃液はペプシンという消化酵素をふくみ，タンパク質を分解する。

　・たん汁　肝臓でつくられ，たんのうにたくわえられる。消化酵素をふくまない
　　が，脂肪の分解を助ける。

　・すい液　すい臓でつくられ，脂肪を分解する。

　・小腸の壁の消化酵素　デンプンやタンパク質が分解されてできた物質は，小腸
　　の消化酵素のはたらきで，小腸で吸収できる大きさまで分解される。

(4)　養分が分解されてできる物質　消化酵素のはたらきで，デンプン
　　はブドウ糖に，タンパク質はアミノ酸に分解される。また，脂肪は
　　脂肪酸とモノグリセリドに分解される。

消化液のはたらき

(5)　吸収

　・柔毛　小腸の内側にある小さな突起を柔毛といい，消化された養
　　分は柔毛から吸収される。

小腸のつくり

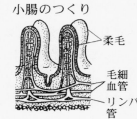

　・ブドウ糖とアミノ酸は，柔毛の中にある
　　毛細血管に吸収され，肝臓を通って全身
　　に運ばれる。ブドウ糖の一部はグリコー
　　ゲンになって一時的に肝臓にたくわえら
　　れ，アミノ酸の一部は肝臓でタンパク質
　　に合成されて全身に運ばれる。

　・脂肪酸とモノグリセリドは，柔毛の中にあるリンパ管に吸収され，再び脂肪にもどる。

消化器官	消化液など	デンプン	タンパク質	脂肪
口	だ液（アミラーゼ）			
胃	胃液（ペプシン）			
たんのう	たん汁			
すい臓	すい液			
小腸	小腸の壁の消化酵素	ブドウ糖	アミノ酸	脂肪酸モノグリセリド

4 呼吸

(1) **肺のつくり**　鼻や口から入った空気は気管を通って肺に入る。
肺の内部では気管が枝分かれをして気管支になり，気管支は枝分
かれをくり返してしだいに細くなる。その末端には小さな袋状の
ものがたくさんついている。この袋状のものを肺胞という。肺胞
のまわりには毛細血管が網の目のように取りまいている。

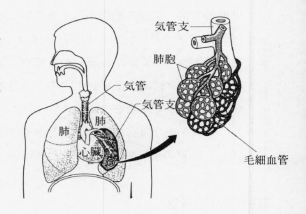

(2) **呼吸のしくみ**　肺は横隔膜と呼ばれる筋肉と，筋肉のついたろ
っ骨に囲まれた空間（胸腔という）の中にある。
横隔膜とろっ骨のはたらきで，この空間が広がると肺に空気が入
ってきて，空間が縮むと空気が出ていく。

(3) **肺のはたらき**　肺胞では，酸素が毛細血管の中の血液に取りこまれ，同時に，血液によって運ばれてきた二酸化
炭素が肺胞の中に排出される。肺胞の中の二酸化炭素は，呼気に混じって口や鼻から体外にはき出される。

(4) **細胞の呼吸**　細胞は，小腸で吸収した養分を肺から取り入れた酸素を使って水と二酸化炭素に分解し，エネルギ
ーをとり出している。このはたらきを細胞の呼吸という。

(5) **柔毛と肺胞の特徴**　柔毛があることによって養分とふれる表面積が大きくなり，養分の吸収の効率を高めている。
また，肺胞があることによって空気とふれる表面積が大きくなり，酸素と二酸化炭素の交換の効率を高めている。

5 血液の循環

(1) **動脈と静脈**　心臓から送り出される血液が通る血管を動脈，心臓にもどる血
液が通る血管を静脈という。

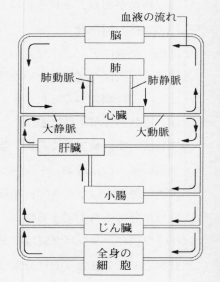

(2) **体循環と肺循環**　心臓から出て全身をめぐって心臓にもどる血液の循環を体
循環，心臓から出て肺をめぐって心臓にもどる血液の循環を肺循環という。

(3) **動脈血と静脈血**　酸素を多くふくむ血液を動脈血，二酸化炭素を多くふくむ
血液を静脈血という。肺循環では，動脈を静脈血が流れ，静脈を動脈血が流れ
る。

(4) **血液**

① **血液の成分**

・**赤血球**　ヘモグロビンという赤い色素をふくむ血液の固形成分を赤血球と
いう。

・**ヘモグロビン**　肺など酸素の多いところでは酸素と結びつき，酸素の少な
いところでは酸素を離す性質がある。

・**白血球**　ウイルスや細菌などの病原体を分解する固形成分を白血球という。

・**血小板**　出血したときに血液を固める固形成分を血小板という。

・**血しょう**　養分や不要な物質がとけている液体の成分を血しょうという。

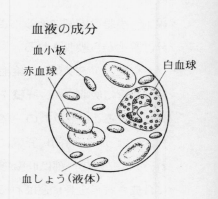

② **組織液**　血しょうの一部は毛細血管からしみ出して細胞のまわりを満たして
いる。これを組織液という。

・組織液には血しょうにとけて運ばれてきた養分や，赤血球からはなれた酸素
がふくまれていて，組織液をなかだちとして細胞に養分や酸素をとどける。
また，細胞の活動によって出された二酸化炭素やアンモニアは組織液にとけ
て毛細血管の中の血液に取りこまれる。

6 不要物の排出

　細胞のはたらきで養分が分解されると二酸化炭素や水のほかに有害なアンモニアができる。アンモニアは血液によって肝臓に運ばれ，尿素という害の少ない物質に変えられる。尿素はじん臓でこしとられて尿として体外に排出される。

7 刺激と反応

(1) 感覚器官　目や耳，舌，皮膚など，周囲からの刺激を受け取る器官を感覚器官という。

(2) 運動器官　手や足など，からだを動かすための器官を運動器官という。

(3) 神経

　① 中枢神経　脳とせきずいは周囲からの刺激に対する判断や命令など重要なはたらきを行うところで，中枢神経という。

　② 末しょう神経　中枢神経から枝分かれして，からだのすみずみまで行きわたる神経を末しょう神経という。

　　・感覚神経　感覚器官からの刺激を中枢神経に伝える末しょう神経を感覚神経という。

　　・運動神経　中枢神経からの命令を運動器官に伝える末しょう神経を運動神経という。

　③ 反射　刺激に対して無意識に起こる反応を反射という。このときの刺激は，手（皮膚）→感覚神経→せきずい→運動神経→手（筋肉）と伝わり，脳を経由しないので，刺激を受けてから反応するまでの時間が短い。これはからだを守るのに役立っている。

　　例　・熱いものにさわって無意識に手を引っこめる。

　　　　・ものを口にふくむと自然にだ液が出る。

(4) 筋肉と骨格　ヒトのからだには，からだを支えるための骨格（骨がたくさん組み合わさってできたつくり）と筋肉がある。筋肉の両端は，けんというすじになっていて，関節をへだてて２つの骨についている。

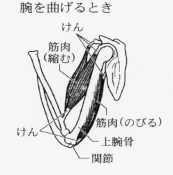

腕を曲げるとき
けん
筋肉（縮む）
けん
筋肉（のびる）
上腕骨
関節

〔1〕次のA～Gに示した動物について，下の(1)～(4)の問いに答えなさい。

A アカガエル	B ハト	C フナ	D ウミガメ
E トカゲ	F カニ	G イモリ	

(1) 肺で呼吸することが，一生のどの時期にもない動物はどれか。A～Gからすべて選び，その符号を書きなさい。

(2) AとGは生活する場所がちがっているが，体のつくりなど多くの共通点がある。これらのなかまは分類上何類というか。その用語を書きなさい。

(3) CとEに共通していることがらを，次のア～エからすべて選び，その符号を書きなさい。

ア 卵生である。　　　　　　　　イ 体がうろこでおおわれている。

ウ 体が外骨格でおおわれている。　エ 体温がまわりの温度によって変わる。

(4) 陸上に卵をうむ生物をすべて選び，その符号を書きなさい。また，その卵には水中にうむ卵と比べてどのような特徴があり，その特徴はどのようなことに役立つか。簡潔に書きなさい。

〔2〕無セキツイ動物やセキツイ動物に関して，次の(1)～(3)の問いに答えなさい。

(1) こん虫は無セキツイ動物のうちの節足動物で，からだがかたい殻でおおわれている。このかたい殻のことを何というか。その用語を書きなさい。

(2) 次のア～オの動物のうち，軟体動物に分類されるものをすべて選び，その符号を書きなさい。

ア ウニ　イ アサリ　ウ ヒトデ　エ イカ　オ イソギンチャク

(3) 右の表は，次のa～eの5種類のセキツイ動物を，その特徴をもとになかま分けしたものである。これに関して，下の①，②の問いに答えなさい。

〔セキツイ動物〕

a ホニュウ類（ヒト）

b 鳥　類（ハト）

c ハチュウ類（カメ）

d 両生類（カエル）

e 魚　類（フナ）

表

特　徴		セキツイ動物
体　温	恒温	a，b
	変温	c，d，e
呼吸のしかた	肺呼吸	X
	えら呼吸から肺呼吸	Y
	えら呼吸	Z
なかまのふえ方	胎生	a
	卵生	b，c，d，e

① 表の　X　～　Z　に最もよく当てはまるものを，a～eからそれぞれすべて選び，その符号を書きなさい。

② 表の中のなかまのふえ方で，胎生とはどのようなふえ方か。簡潔に書きなさい。

〔3〕カエル，ワニ，スズメ，コウモリ，クジラ，ヒトの手と腕について骨のつくりをそれぞれ調べ，図のように，同じ部位どうしがわかるように点線でつないだ。これに関して，あとの(1)～(4)の問いに答えなさい。

(1) 図の生物にはすべて背骨がある。背骨がある動物のことを何というか。その用語を書きなさい。

(2) 図のように，外形やはたらきは異なっていても，もとは同じでそれが変化したものだと考えられるからだの部分を何というか。その用語を書きなさい。

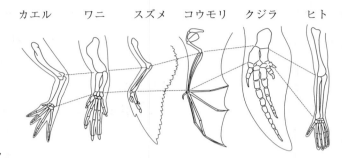

カエル　ワニ　スズメ　コウモリ　クジラ　ヒト

(3) ドイツ南部の古い地層から発見された動物の化石の一つに，シソチョウがある。シソチョウはからだのつくりから，ある動物のグループと鳥類の中間の生物と考えられている。その動物のグループとして，最も適当なものを，次のア～エから一つ選び，その符号を書きなさい。

ア　ホニュウ類　　　イ　魚類　　　ウ　ハチュウ類　　　エ　両生類

(4) 化石や現存する生物のからだのつくりから，生物は長い時間をかけて，多くの世代を重ねながら変化していくと考えることができる。このことを何というか。その用語を書きなさい。

〔4〕図1は，いろいろな細胞のつくりを顕微鏡で観察したときの写真である。これについて，下の(1)～(4)の問いに答えなさい。

図1

A　タマネギの表皮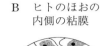

B　ヒトのほおの内側の粘膜

C　ミカヅキモ

 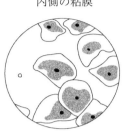 

(1)　図2は，顕微鏡の各部分の名称を示したものである。顕微鏡について，次の①，②の問いに答えなさい。

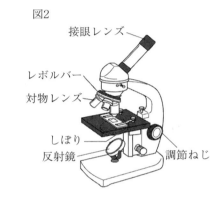

①　次のア～ウの文は，顕微鏡の主な操作について述べたものである。正しい操作の順に，符号を左から書きなさい。

ア　調節ねじでプレパラートと対物レンズの距離をはなしていき，ピントが合ったら止める。

イ　反射鏡を調節して，視野全体が一様に最も明るくなるようにする。

ウ　プレパラートをステージの上にのせ，プレパラートと対物レンズの距離をできるだけ近づける。

②　顕微鏡で観察するとき，はじめは低倍率で観察し，その後レボルバーを回して高倍率にした。このときの視野の変化のようすはどのようになるか。最も適当なものを，次のア～エから一つ選び，その符号を書きなさい。

ア　見える範囲が広くなり，視野全体が暗くなる。

イ　見える範囲が広くなり，視野全体が明るくなる。

ウ　見える範囲がせまくなり，視野全体が暗くなる。

エ　見える範囲がせまくなり，視野全体が明るくなる。

(2)　細胞のようすを観察しやすくするために用いる染色液として，最も適当なものを，次のア～エから一つ選び，その符号を書きなさい。

ア　ベネジクト液　　イ　BTB溶液　　ウ　うすい塩酸　　エ　酢酸オルセイン液

(3)　ヒトのほおの内側の粘膜の細胞には見られないが，タマネギの表皮の細胞に見られるつくりは何か。最も適当なものを，次のア～エから一つ選び，その符号を書きなさい。

ア　細胞膜　　　イ　細胞壁　　　ウ　細胞質　　　エ　核

(4)　図1のCは1つの細胞からできている生物である。このように，1つの細胞からできている生物を何というか。その用語を書きなさい。

〔5〕ヒトのだ液のはたらきについて調べるため，次の実験を行った。この実験に関して，下の(1)～(4)の問いに答えなさい。

実験　図のように，2本の試験管AとBにうすいデンプン溶液を10cm³ずつ入れ，Aには水でうすめただ液を1cm³，Bには水を1cm³加えてよく混ぜ合わせ，40℃のお湯の中に10分間入れておいた。その後，試験管Aの溶液を試験管CとDに半分ずつ入れ，試験管Bの溶液を試験管EとFに半分ずつ入れた。次に，CとEにはヨウ素液を加えた。DとFにはベネジクト液を加えて<u>ある処理</u>を行った。しばらくして試験管C～F内の溶液の変化を観察したところ，表のような結果になった。

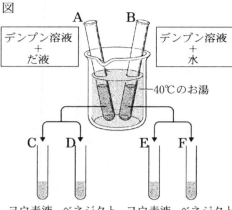

図

(1) 下線部について，どのような処理を行ったか，簡潔に書きなさい。

(2) だ液にふくまれるアミラーゼのように，食物を吸収されやすい物質に変えるはたらきをするものを何というか，その用語を書きなさい。

(3) 右の表のベネジクト液を入れた試験管Dは，何色に変化したか。最も適当なものを，次のア～エから一つ選び，その符号を書きなさい。

ア　無色　　　イ　緑色　　　ウ　青色　　　エ　赤かっ色

(4) 次の文は，この実験の結果からわかることを述べたものである。□に最もよく当てはまる用語を書きなさい。

だ液のはたらきによってデンプンが□に変化したことがわかった。

表　○変化あり　×変化なし

試験管	C	E
ヨウ素液による変化	×	○

試験管	D	F
ベネジクト液による変化	○	×

〔6〕図1は，ヒトの消化と吸収に関する器官の模式図である。これに関して，次の(1)，(2)の問いに答えなさい。

(1) 食物は，口でかみくだかれ，消化管を通る間に，消化管の運動や<u>消化液にふくまれるある物質</u>などのはたらきで，体内に吸収されやすい養分に分解される。これに関して，次の①，②の問いに答えなさい。

① 図1の口，食道，胃，大腸のうち，消化液を出している器官を，すべて書きなさい。

② 下線部の「消化液にふくまれるある物質」とは何か。最もよく当てはまる用語を書きなさい。

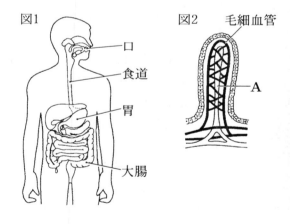

(2) ある器官の内面には，図2のような突起が無数にある。これに関して，次の①，②の問いに答えなさい。

① 図2のような突起を何というか。最もよく当てはまる用語を書きなさい。

② 図2のAは，ある物質が運ばれる管を示している。この管を通って運ばれる物質を，次のア～エから一つ選び，その符号を書きなさい。

ア　ブドウ糖　　　イ　アミノ酸　　　ウ　タンパク質　　　エ　脂肪

〔7〕セキツイ動物は血液の循環のしくみが発達している。血液はからだの中のいろいろ
な器官を循環し，細胞に必要な物質を与え，細胞から出た不要な物質を運び，からだ
の中の環境を正常に保つはたらきをしている。

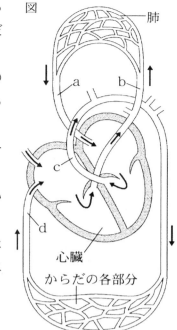

図

右の図は，ヒトの血液の循環を模式的に表したものである。矢印は，血液の流れの
向きを示し，a〜dは，心臓から血液が送り出される血管または心臓に血液がもどる
血管を表している。このことに関して，次の(1)〜(4)の問いに答えなさい。

(1) 右の図のa〜dの血管のうち，動脈血が流れているのはどれか。すべて選び，そ
の符号を書きなさい。

(2) 毛細血管の中にはヘモグロビンを含んだまるい粒が多く流れている。このまるい
粒を何というか。その用語を書きなさい。

(3) ヒトのからだの中でアミノ酸などの有機物が分解されると，二酸化炭素や有害な
アンモニアなどの不要物ができる。これらの不要物は血液中に取り込まれた後，二
酸化炭素は主に肺から体外に排出される。

次の文は，アンモニアの排出について述べたものである。文中の　 X ，
Y 　に最もよく当てはまる用語をそれぞれ書きなさい。

細胞でできたアンモニアは，血液によって肝臓に運ばれ，ほとんど害のない　 X 　に変えられる。さら
に，　 X 　は，血液によって　 Y 　に運ばれ，そこで血液中からこし出された後，体外に排出される。

(4) 全身の細胞は，血液の循環によって運ばれてきたある物質と栄養分（養分）を使ってエネルギーをつくり出して
いる。血液の循環によって運ばれてきたある物質とは何か。その用語を書きなさい。

〔8〕メダカの血管とその中を流れる血液について調べるため,次の Ⅰ, Ⅱ の手順で観察を行った。この観察について,下の(1)〜(4)の問いに答えなさい。

図1

Ⅰ　右の図1のように,少量の水を入れたチャックつきのビニールぶくろの中にメダカを入れた。

Ⅱ　右の図2のように,チャックつきのビニールぶくろを顕微鏡のステージにのせ,メダカの尾びれの毛細血管とその中を流れている血液を観察したところ,毛細血管の中をたくさんの赤血球が流れているのが見えた。右の図3は,そのときのスケッチである。

図2

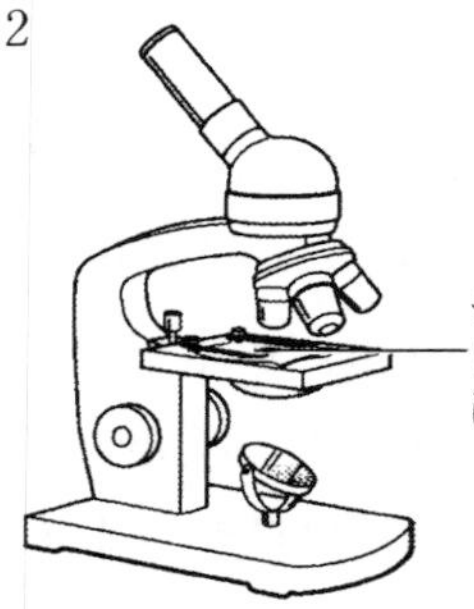

チャックつきビニールぶくろに入れたメダカ

(1)　図1のようにしたのは,メダカが呼吸できる状態で観察するためである。次の文が,メダカの呼吸について正しく述べたものになるように,文中の　X　には物質名を,　Y　にはメダカのからだの部分の名称を,それぞれ書きなさい。

> メダカは,水にとけ込んでいる　X　を　Y　から体内にとり入れている。

(2)　図3の毛細血管を観察したときのようすを述べたものとして,最も適当なものを,次のア〜エから一つ選び,その符号を書きなさい。

ア　赤血球の形は,球状と棒状の2種類である。

イ　毛細血管は,ポンプのように収縮して,赤血球を送り出している。

ウ　赤血球は,毛細血管の壁から外に出たり入ったりしている。

エ　赤血球は,ころがるようにして,一方向に流れている。

図3

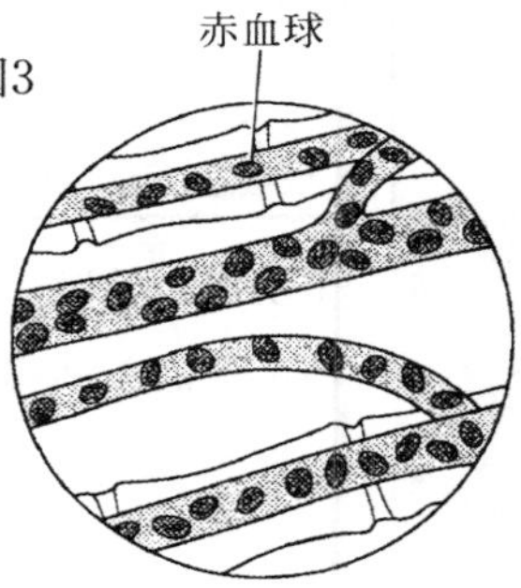

赤血球

(3)　赤血球の中にふくまれているヘモグロビンの性質を,酸素が多いところにあるときと酸素が少ないところにあるときのちがいに着目して,簡潔に書きなさい。

(4)　次の文は,血液の流れとはたらきについて述べたものである。文中の　X　〜　Z　に最もよく当てはまる用語を書きなさい。

> 血液は,　X　のはたらきによって送り出され,酸素や養分を運んでいる。血液中の　Y　の一部は,毛細血管の壁からしみ出して　Z　となり,酸素や養分を細胞へわたしている。また,血液は,二酸化炭素やアンモニアなどの不要な物質も運んでいる。このように,血液は,体内を循環しながら物質のやりとりのなかだちをしている。

〔9〕ヒトの刺激に対する反応を調べるため，次の[Ⅰ]～[Ⅲ]の手順で実験を行った。この実験　図1

に関して，下の(1)～(3)の問いに答えなさい。

[Ⅰ]　図1のように20人が手をつないで，輪をつくるように並んだ。

[Ⅱ]　最初の人が左手でストップウォッチを押すと同時に，右手でとなりの人の左手をに

ぎる。にぎられた人は，すぐに次の人の左手をにぎり，つぎつぎに手をにぎっていく。

　　　最後の人が左手をにぎられたら，右手で最初の人の肩をたたき，肩をたたかれた最

初の人は，すぐにストップウォッチを止め，スタートからかかった時間を記録した。

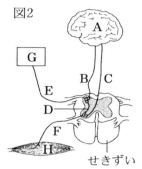

図2

[Ⅲ]　[Ⅱ]の測定を5回行い，1人の人が手をにぎられてから次の人の手をにぎるまでにかか

る時間の平均を計算して求めたところ，0.16秒であった。

(1)　[Ⅲ]の実験で，手をにぎられたことの刺激を受けとった感覚器官は何か，その用語を書

きなさい。

(2)　右の図2は，ヒトの神経系を模式的に表したものであり，Aは大脳，B～Fは神経，G

は感覚器官，Hは筋肉を表している。これについて，次の①，②の問いに答えなさい。

①　実験のように，左手をにぎられてから次の人の右手をにぎるまでの信号はどのような経路で伝わったか。伝

わった順に，図2の符号を使って書きなさい。

②　図2のFの神経は何というか，その用語を書きなさい。

(3)　信号が神経を伝わる速さはおよそ100m/秒であり，これをもとに考えれば，左手から右手まで信号が神経を伝

わるのに必要な時間は0.02秒程度である。しかし，実際は0.16秒ほどかかっている。実際にかかった時間が長い

のはなぜか。最も適当なものを，次のア～エから一つ選び，その符号を書きなさい。

ア　筋肉が指を動かすのに時間がかかるから。　　　イ　大脳で考える時間があるから。

ウ　ストップウオッチを押すのに時間がかかったから。　　　エ　手をつないだ人が20人もいるから。

〔10〕ものさしをつかむ反応について調べるため，次の Ⅰ ～ Ⅲ の手順で実験を行った。この実験に関して，下の
(1)～(3)の問いに答えなさい。

Ⅰ　図1のように，Aさんがものさしを持ち，Bさんはも
のさしの0の目盛りの位置で，ものさしに触れないよう
に指をそえた。

Ⅱ　図2のように，Aさんが突然ものさしを離したとき，
Bさんが落ちはじめたものさしをどの位置でつかめるか
を調べた。

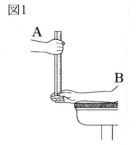
図1

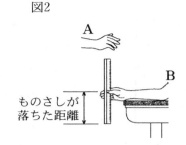
図2
ものさしが
落ちた距離

Ⅲ　Ⅱを5回くり返し，その結果を表にまとめた。

表

	1回目	2回目	3回目	4回目	5回目
ものさしが落ちた距離〔cm〕	16.9	15.2	15.6	16.1	15.7

(1)　次の図3は，ものさしが落ちた距離とそれをつかむまでの時間の関係を示したものである。Bさんがものさ
しが落ちるのを見てからつかむまでの時間はおよそ何秒か。最も適当なものを，下のア～エから一つ選び，そ
の符号を書きなさい。

図3　　　　　　　　　　　　　　　　ものさしが落ちた距離

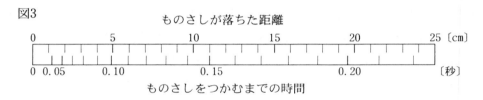

ものさしをつかむまでの時間

ア　0.17秒　　　　イ　0.18秒　　　　ウ　0.19秒　　　　エ　0.20秒

(2)　右の図4は，ものさしが落ちたという情報を目が刺激として受け入れ信号に
変えた後，つかむという反応が起こるまでの経路を模式的に表したものである。
このことに関して，次の①，②の問いに答えなさい。

① 目のように，外界からの情報を刺激として受け入れる器官を何というか。
その用語を書きなさい。

② 図4のPは刺激の信号を脳に伝える神経で，Qは脳からの命令を手に伝え
る神経である。神経P，Qの名称をそれぞれ答えなさい。

図4
神経系
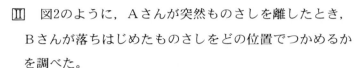

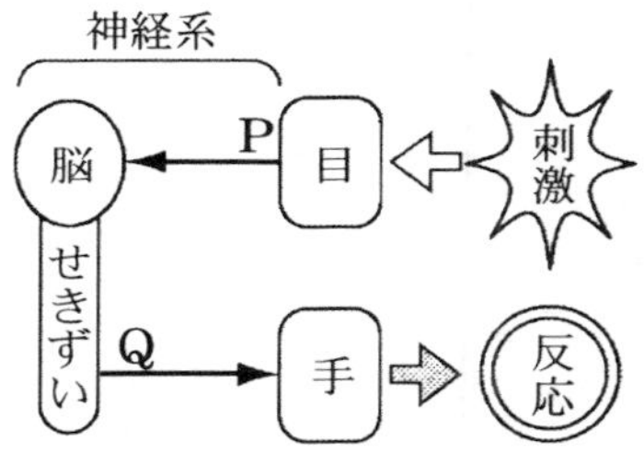

(3)　Bさんがものさしをつかむ反応には，手にある関節とその両側の骨についている筋肉が関係している。次の
文は，この筋肉のつくりと動きについて述べたものである。　　X　　，　　Y　　に入る語句の組み合わせ
として最も適当なものを，下のア～エから一つ選び，その符号を書きなさい。

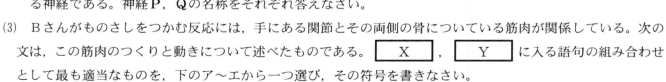

　　筋肉は，　　X　　細胞からできていて，関節の両側の骨についている1対の筋肉の　　Y　　が縮むこ
とによって，指が曲がる。

ア〔X　たくさんの細長い　　Y　両方〕　　　　イ〔X　たくさんの細長い　　Y　どちらか一方〕
ウ〔X　1本の太い　　　　　Y　両方〕　　　　エ〔X　1本の太い　　　　　Y　どちらか一方〕

生物どうしのつながり

生物どうしのつながり

《解法の要点》

1 細胞分裂と成長

(1) 細胞分裂　1つの細胞が2つに分かれることを細胞分裂という。

(2) 細胞分裂の観察

・ソラマメやタマネギの根は，先端部分がよく伸びるので，細胞分裂の観察には，タマネギの根の先端がよく使われる。

・細胞分裂の観察の手順

① 根の先端部分を5mmほど切り取り，塩酸に入れて，そのまま60℃ぐらいの湯で2～3分間あたためる。

★塩酸に入れると，細胞分裂が止まり，1つひとつの細胞が離れやすくなる。

② ①の根をスライドガラスにのせ，柄つき針で根をほぐし，染色液（酢酸カーミン液または酢酸オルセイン液）をたらし，2～3分間おく。

★染色液は，細胞の核（染色体）を赤く染める。

③ カバーガラスをかけてろ紙をのせ，静かに押しつぶしたのち，顕微鏡で観察する。

(3) 細胞分裂の順序　右の図は，(2)で観察したときにスケッチであり，細胞分裂は，a→b→c→d→e→fの順に進む。

・染色体　細胞分裂の途中の細胞に見られる糸状のものを染色体という。

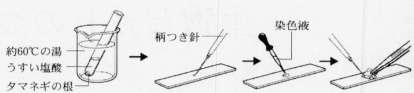

ソラマメの根の伸びるようす

2 生物のふえ方

(1) 被子植物のふえ方

① 生殖と生殖細胞

・生殖　生物が子をつくることを生殖という。

・生殖細胞　生殖のために特別につくられる細胞を生殖細胞という。植物の生殖細胞には花粉の中でつくられる精細胞と，胚珠の中でつくられる卵細胞がある。

② 受精と発生

・受精　精細胞と卵細胞の核が合体することを受精といい，受精した卵細胞を受精卵という。

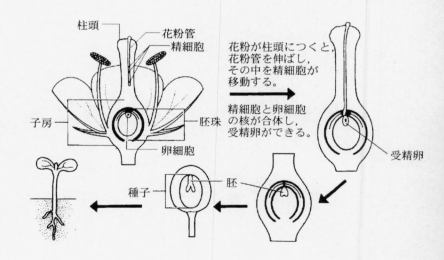

・胚　受精卵は細胞分裂をくり返し胚になり，胚珠は種子に，子房は果実になる。

・発生　受精卵が成長して胚になり，胚が成長して生物のからだがつくられていく過程を発生という。

③ 有性生殖　受精による生殖を有性生殖という。

(2) 動物のふえ方

① 精子と卵　動物の生殖細胞は雄がつくる精子と，雌がつくる卵である。

② 胚　動物の受精卵が細胞分裂を始めてから，自分で食物をとることができるまでの間を胚という。

(3) 無性生殖　受精を行わないで子をつくる生殖を無性生殖という。

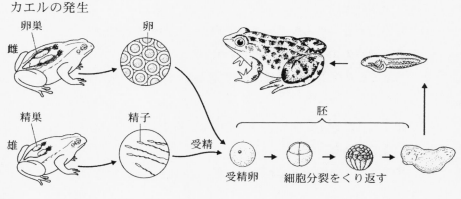

カエルの発生

例 ・単細胞生物が分裂して増える。

　　・ジャガイモやタマネギから芽や根が伸びて新しい個体をつくる。

3　遺伝

(1) 形質と遺伝　生物のもつ形や特徴・性質を形質といい，親の形質が子に伝わることを遺伝という。

(2) 染色体と細胞　生物の形質を決める要素は染色体である。1つの細胞の染色体の数は，動物や植物によって決まっていて，大きさと形が同じ染色体が2本ずつある。

・細胞分裂における染色体の複製　細胞分裂では，それぞれの染色体は複製されて，染色体の数が2倍になる。それが細胞分裂のときに2等分されてそれぞれの細胞に入るので，細胞分裂の前後で1つの細胞がもつ染色体の数は同じになる。

(3) 無性生殖の特徴　親の染色体をそのまま受けつぐので，親と同じ形質の子ができる。

(4) 有性生殖の特徴

① 減数分裂　生殖細胞ができるときの細胞分裂を減数分裂という。減数分裂でできた生殖細胞の染色体の数は，親の半分になる。

② 受精と染色体　生殖細胞が受精すると，染色体を両方の親から受けつぐので，染色体の数は親と同じになる。

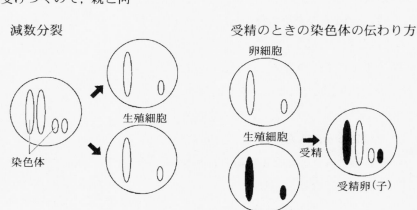

減数分裂

受精のときの染色体の伝わり方

③ 有性生殖の特徴　有性生殖では，両方の親から染色体を受けつぐので，両方の親のうち，一方の親の形質が現れたり，両方の親のどちらとも異なる形質が現れたりする。

4　メンデルの実験

(1) 対立形質　エンドウの種子の形は，丸いかしわがあるかのどちらかである。このように対をなす形質を対立形質という。

(2) 純系　エンドウは自然な状態では自家受粉する。自家受粉をくり返して，親，子，孫と代を重ねてもその形質が親と同じとき，純系という。

・自家受粉　植物の同じ個体（株）の中で行われる受粉を自家受粉といい，異なる個体で行われる受粉を他家受粉と

いう。

(3) メンデルの実験

① 丸い種子をつくる純系のエンドウと，しわのある種子を
つくる純系のエンドウをかけ合わせた。

② ①でできたエンドウの種子(子の代)はすべて丸い形であ
った。

③ ②でできた種子をまいて育て，自家受粉させて孫の代の
種子をつくった。

④ ③では，丸い種子としわのある種子ができ，その個数の
比はおよそ３：１であった。

(4) 優性の法則　メンデルの実験で，子の代では丸い種子しか
現れなかった。純系の親どうしをかけ合わせたとき，その子
にはどちらか一方の親の形質だけが現れる。これを優性の法
則という。

・優性と劣性　優性の法則で，子に現れる形質を優性の形質，子に現れない形質を劣性の形質という。

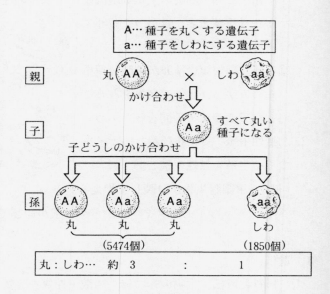

5 遺伝の規則性

(1) 遺伝子　染色体の中にあり，形質を表すもとになるものを遺伝子という。遺伝子
の本体はDNA(デオキシリボ核酸)という物質である。

(2) 分離の法則　減数分裂では，対になっている遺伝子(染色体)が分かれて別々の生
殖細胞に入る。これを分離の法則という。

(3) 遺伝子の組み合わせ　種子を丸くする遺伝子をA，しわにする遺伝子をaとする
とき，遺伝子Aを持つ種子(AA，Aa)はすべて丸くなり，Aを持たない種子(a
a)はしわになる。

① 親から子への遺伝　Aとaからで
きる組み合わせはすべてAaになる。

② 子から孫への遺伝　AとAを組み
合わせると，AA，Aとaを組み合
わせるとAa，aとaを組み合わせ
るとaaになる。

・図より，Aの遺伝子を持つ(AA
またはAa)種子とAを持たない
(aa)種子の個数に比は，３：１
になる。

親から子，子から孫への遺伝

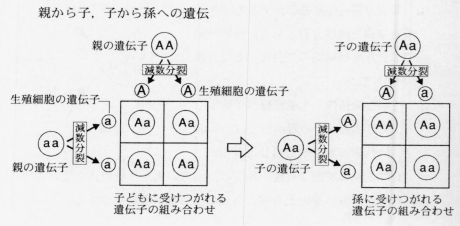

〔1〕タマネギの根の成長を調べるために，次の実験1，2を行った。この実験に関して，下の(1)～(4)の問いに答えなさい。

実験1　1cm程度に伸びたタマネギの根に油性ペンで等間隔に印（a～d）をつけ，図1のように水につけて，その後の根の成長を観察した。
　　　2日後には，図2のように，b～dの印の間隔はほとんど変わらなかったが，aとbの間隔は広がっていた。また，aの印がうすく引き伸ばされていた。

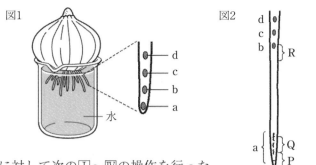

図1　図2

実験2　図2のP，Q，Rの部分を切り取り，それぞれに対して次の Ⅰ～Ⅳの操作を行った。

　　　Ⅰ　約60℃のうすい塩酸の中に1分間入れた後，水洗いした。

　　　Ⅱ　スライドガラスの上にのせ，柄つき針で軽くつぶした後，酢酸カーミン溶液をかけ，数分後にカバーガラスをかけた。

　　　Ⅲ　カバーガラスの上からろ紙をかぶせ，指でゆっくりと押しつぶし，プレパラートをつくった。

　　　Ⅳ　完成したプレパラートを顕微鏡を用いて観察した。図3のア，イ，ウは，これらのプレパラートを観察したときのスケッチである。

図3

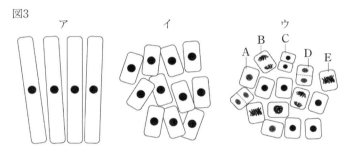

(1) 被子植物のうち，タマネギのような根の特徴をもつ植物のなかまを何というか。その用語を書きなさい。

(2) 図2のP，Q，Rの各部分で観察された細胞のスケッチとして，最も適当なものを，図3のア～ウからそれぞれ一つずつ選び，その符号を書きなさい。

(3) 図3のウでは，細胞分裂のようすが観察できた。このスケッチにあるA～Eの細胞を，Aをはじまりとして細胞分裂が起こる順に左から並べ，符号で書きなさい。

(4) これらの観察から，根が成長するしくみについて，二つの観点から簡潔に書きなさい。

〔2〕 花粉のようすを調べるために，次の Ⅰ〜Ⅳ の手順で観察を行った。この観察に関して，下の(1)〜(3)の問いに答えなさい。

Ⅰ 少量の砂糖を加えた寒天をあたためて溶かし，その寒天溶液をスライドガラスに1〜2滴落として冷やして固めた。

Ⅱ 熟したおしべの花粉を筆の先につけてとり，スライドガラスの上の固まった寒天片に散布した。

Ⅲ 花粉を散布した寒天片にカバーガラスをかけ，右の図1のようにプレパラートをつくり，5分ごとに顕微鏡で観察し，花粉のようすを記録した。

Ⅳ 観察をしないときは，右の図2のように，水の入ったペトリ皿の中に置いて，ふたをしておいた。

(1) 右の図3は，観察を始めて10分後の花粉のようすをスケッチしたものである。図中にAで示した，花粉から伸びてきた部分は何と呼ばれるか。その用語を書きなさい。

(2) Ⅳのように，顕微鏡で観察しないとき，プレパラートを水の入ったペトリ皿の中に置いてふたをしておくのはなぜか。その理由を簡潔に書きなさい。

(3) 右の図4は，被子植物のめしべの断面の模式図である。これについて，次の①，②の問いに答えなさい。

① 次の文は，図4の説明をしたものである。文中の X ， Y に最もよく当てはまる用語を，それぞれ書きなさい。

> 図4で，花粉がめしべの先端につくと，Aは胚珠に向かって伸びていく。Aの先端が胚珠に達すると，Aの中の X の核は，卵細胞の核と合体する。合体した後の卵細胞（受精卵）は，分裂をくり返して Y になり， Y を含む胚珠全体が種子になる。

② 被子植物の特徴を子房，胚珠という二つの語句を用いて，簡潔に書きなさい。

図1
カバーガラス
花粉
スライドガラス　寒天片

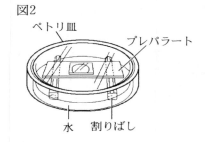

図2
ペトリ皿
プレパラート
水　割りばし

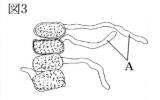

図3
A

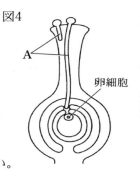

図4
A
卵細胞

〔**3**〕 図1は，ヒキガエルの受精卵の変化を表したものである。これについて，下の(1)〜(4)の問いに答えなさい。

図1

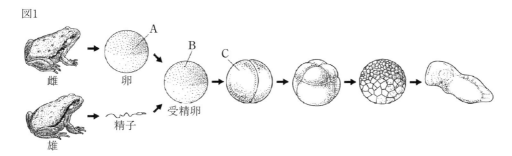

(1) 次の文は，受精卵の変化について述べたものである。 X ， Y に最もよく当てはまる用語をそれぞれ書きなさい。

> 図1のように，1個の細胞である受精卵は，細胞分裂をくり返しながら変化して，からだを完成させていく。この過程を X という。動物では，受精卵が細胞分裂を始めてから，自分で食物をとり始めるまでの間の個体を Y という。

(2) 図1のAの細胞の核に含まれる染色体の数を n 本とする。Bの細胞の核に含まれる染色体の数と，Cの細胞の核に含まれる染色体の数はどのように表されるか。その組合せとして，最も適当なものを，次のア〜エから一つ選び，その符号を書きなさい。

ア〔B　n本，　C　n本〕　　イ〔B　$\frac{1}{2}n$本，　C　$\frac{1}{2}n$本〕

ウ〔B　$2n$本，　C　n本〕　　エ〔B　$2n$本，　C　$2n$本〕

(3) 図2は，図1のカエルの雄と雌のからだの細胞の核に含まれる染色体を模式的に表したものである。この雄と雌からできる子のからだの細胞の核に含まれる染色体の模式図として，最も適当なものを，次のア〜エから一つ選び，その符号を書きなさい。

図2

カエルの雄の　　カエルの雌の
からだの細胞　　からだの細胞

染色体　　　　　染色体

ア　　　　　イ　　　　　ウ　　　　　エ

(4) カエルは，精子と卵の核が合体することで新しい個体をつくり，なかまをふやしている。これに対して，からだの一部が分かれたり，分裂したりすることによるなかまのふやし方を何というか。その用語を書きなさい。

〔**4**〕 ジャガイモは，種子といもの両方でふえることができる。右の図1，図2はそれぞれ
ジャガイモの花と地下の茎にできたいもの様子を観察したときのスケッチである。こ
のとき，次の(1)〜(4)の問いに答えなさい。

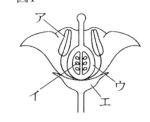

図1

(1) ジャガイモは花が咲き，種子ができる。種子は，花のどの部分が変化したものか。
最も適当なものを，図1のア〜エから一つ選び，その符号を書きなさい。また，そ
の部分の名称を書きなさい。

(2) ジャガイモのいもによる生殖のように，生殖細胞の受精によらず，体細胞の分裂
によって新しい個体ができるふえ方を何生殖というか。その用語を書きなさい。

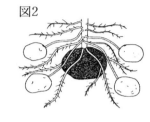

図2

(3) (2)のふえ方でできる新しい個体の特徴を，「形質」という用語を使って簡潔に書き
なさい。

(4) ジャガイモでは，種子から発芽させて個体を育てるより，いもから発芽させて個
体を育てるほうが成長がはやい。これは，光合成でつくられた物質Aがイモに多量
にたくわえられ，それを栄養分（養分）として発芽・成長に利用されることがおもな
理由である。物質Aは何か。その用語を書きなさい。

〔5〕エンドウを使って次のような実験1～3を行った。この実験に関して，下の(1)～(4)の問いに答えなさい。

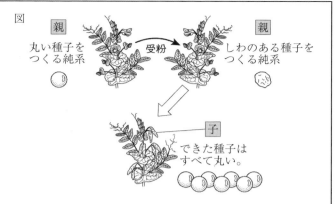

実験1　エンドウの種子の形には，丸い種子としわのある種子がある。図のように，しわのある種子をつくる純系のエンドウに，丸い種子をつくる純系のエンドウの花粉を受粉させた。すると，できた種子(子)は，すべて丸い種子であった。

実験2　実験1でできた丸い種子(子)をまいて育てて自家受粉させると，孫には，丸い種子としわのある種子ができた。

実験3　実験2でできた孫のエンドウの種子をまいて育て，かけ合わせた（異なる固体どうしで受粉させた）ところ，その子はすべて丸い種子になった。

(1) エンドウは受粉し受精すると，さやの中に種子をつくる。次の文は，この過程を説明したものである。文中の　X　，　Y　に当てはまる語句の組合せとして，最も適当なものを，下のア～エから一つ選び，その符号を書きなさい。

エンドウは，受粉すると花粉管の中の　X　と胚珠の中の卵細胞が受精し，受精卵ができる。受精卵は細胞分裂をくり返して，根・茎・葉のもととなる　Y　になる。また，胚珠全体は発達して種子になる。

ア〔X　精細胞，　Y　胚〕　　　イ〔X　精細胞，　Y　子房〕
ウ〔X　精子，　Y　胚〕　　　エ〔X　精子，　Y　子房〕

(2) 実験1のように，形質の異なる純系どうしをかけ合わせたとき，子に現れる形質を何というか。その用語を書きなさい。

(3) 実験2で，孫に丸い種子としわのある種子が合わせて6000個できた場合，丸い種子は約何個できたと考えられるか。最も適当なものを，次のア～エから一つ選び，その符号を書きなさい。
ア　1500個　　　イ　2000個　　　ウ　3000個　　　エ　4500個

(4) エンドウの種子の形を丸くする遺伝子をA，しわにする遺伝子をaとするとき，遺伝子の組合せはAA，Aa，aaになる。
実験3で，かけ合わせた種子がもっていた遺伝子の組合せはどれとどれであったと考えられるか。適当なものを，次のア～オからすべて選び，その符号を書きなさい。
ア　AAとAA　　　イ　aaとaa　　　ウ　AAとAa　　　エ　AaとAa　　　オ　AAとaa

〔6〕 遺伝の法則について調べるため，次の Ⅰ，Ⅲ の手順で実験を行った。この実験に関して，下の(1)〜(4)の問い
に答えなさい。

Ⅰ 何代にもわたってしわのある種子をつくり続けているエンドウ（親）
の柱頭に，何代にもわたって丸い種子をつくり続けているエンドウ（親）
の花粉をつけたところ，できた種子（子）はすべて丸い種子であった。

Ⅲ Ⅰでできた子の丸い種子をまいて育てたエンドウの柱頭に，同じ
花の花粉をつけたところ，できた種子（孫）は丸いものとしわのあるも
のの両方があった。

図

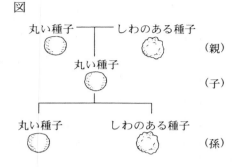

(1) 生物がもつ形や性質などのさまざまな特徴は，親から子に伝わるが，
この生物がもつ形や性質などを何というか。その用語を書きなさい。

(2) エンドウが受粉したあと，種子ができるまでにどのようなことが起こったか。次のA〜Dを起こった順に並
べ，その符号を書きなさい。

A 受精した。 B 胚ができた。
C 卵細胞が分裂した。 D 花粉管がのび，その中を精細胞が送られた。

(3) 丸い種子をつくる遺伝子をA，しわのある種子をつくる遺伝子をaで表すと，Ⅰでできた種子（子）がすべて
丸い種子になったことについて述べた文として，最も適当なものを，次のア〜エから一つ選び，その符号を書
きなさい。

ア 親からAだけが子に伝わり，aは伝わらないので，丸い種子ができた。
イ 親からAとaの両方が子に伝わるが，成長の途中でaは失われるため，丸い種子ができた。
ウ 親からAとaの両方が子に伝わるが，丸い種子ができた。
エ 親から子には，つねに花粉のもつ遺伝子だけが伝わるため，丸い種子ができた。

(4) Ⅲでできた種子の数が800個のとき，その中にしわのある種子は何個あると考えられるか。最も適当なもの
を，次のア〜エから一つ選び，その符号を書きなさい。

ア 約100個 イ 約200個 ウ 約300個 エ 約500個

大 地 の 活 動

大地の活動

《解法の要点》

1 地震

(1) 震源と震央　地震は地下で発生し，地震の発生した地点を震源，震源の真上の地表に地点を震央という。

(2) 震度　観測地点でのゆれの大きさを震度という。震度は，0，1，2，3，4，5弱，5強，6弱，6強，7の10段階に分けられている。

(3) 地震のゆれの伝わり方

　① 初期微動と主要動　地震が起こると，はじめに小さくゆれ，あとに大きくゆれる。このはじめの小さなゆれを初期微動，あとに続く大きなゆれを主要動という。

　・震源からのゆれは波となって伝わり，地震が起こるとP波とS波の2つの波が同時に発生する。P波は速く伝わり，初期微動を起こす。S波はP波より遅く伝わり主要動を起こす。

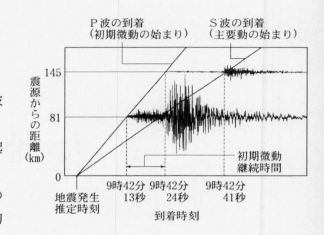

P波の到着
（初期微動の始まり）

S波の到着
（主要動の始まり）

震源からの距離（km）

145

81

0

地震発生推定時刻

9時42分13秒　9時42分24秒　9時42分41秒

到着時刻

初期微動継続時間

　② 初期微動継続時間　観測地点で，P波とS波の到着時刻の差（初期微動が始まってから主要動が始まるまでの時間）を初期微動継続時間という。

　・初期微動継続時間は，震源からの距離に比例する。

(4) マグニチュード　地震の規模の大小を表す値をマグニチュード（記号M）という。

2 地震と大地の変化

(1) 地震の起こるしくみと地層の変形

　① プレート　地球の表面をおおう厚さ100kmほどの板状の岩石をプレートといい，地球の表面をおおうプレートは何枚かに分かれている。

　② プレートの動き　日本付近では，海洋プレートが大陸プレートの下に沈みこんでいて，大陸プレートは引きずられて変形する。

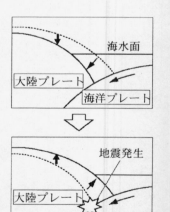

海水面

大陸プレート

海洋プレート

地震発生

大陸プレート

海洋プレート

　③ 内陸で起こる地震

　・断層　大陸プレートが海洋プレートに引きずられて変形すると，地下の岩石にはいろいろな力が加わり，岩石が破壊されてずれができる。このずれを断層という。

　・断層ができるとき，同時に地震が発生する。

　・しゅう曲　地層に押す力がはたらくと，地層が波打つようになるときがある。この地層の曲がりをしゅう曲という。

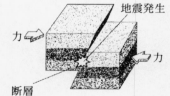

力

地震発生

力

断層

しゅう曲

力

　④ プレートの境界で起こる地震　大陸プレートが変形にたえきれなくなると，反発してもとにもどろうとする。このとき，プレートの境界の岩石が破壊されて地震が起こる。

　⑤ 隆起と沈降　地震などによって大地が持ち上げられることを隆起，大地が沈むことを沈降という。

3　火山

(1)　マグマ　地下の岩石が高温で溶けてどろどろになったものをマグマという。

(2)　火山噴火物　火山の噴火によって，火口からふき出されるものを火山噴出物といい，次のようなものがある。

　　・溶岩　マグマが地表にふき出したもの（とけた状態）も，冷えて固まったものも溶岩という。

　　・火山弾　ふき飛ばされたマグマが空中で固まった岩石を火山弾という。

　　・火山灰と火山れき　直径2mm以下の噴出物を火山灰，直径2mm以上の噴出物を火山れきという。

　　・火山ガス　ほとんどが水蒸気で，二酸化炭素や二酸化硫黄，硫化水素などもふくむ。

(3)　マグマの性質と火山の形　マグマのねばりけと火山の形の関係は次のようになる。

マグマのねばりけ	弱い ←――――――――――――――――――――→ 強い		
火山の形			
特徴	溶岩が流れるように噴出して広がりやすいため，斜面の傾きがゆるやか。（たて状火山）	溶岩と火山灰などが交互に積み重なっていて，円すい状の形をしている。（成層火山）	溶岩が流れにくいので，火口付近にもり上がっている。（溶岩ドーム）
溶岩の色	黒っぽい ←――――――――――――――→ 白っぽい		
噴火のようす	おだやかな噴火 ←――――――――――→ 爆発的な噴火		
おもな火山の例	三原山（伊豆大島）	桜島（鹿児島県）	雲仙普賢岳（長崎県）

4　火成岩

(1)　鉱物　マグマが冷えて固まったときにできる結晶を鉱物といい，透明もしくは白色をした無色鉱物と色のある有色鉱物に分けられる。

鉱物	無色鉱物		有色鉱物				
	セキエイ（石英）	チョウ石（長石）	クロウンモ（黒雲母）	カクセン石（角閃石）	キ石（輝石）	カンラン石	磁鉄鉱
色	白色，無色	白色うす桃色	黒色黒かっ色	黒色黒い緑色	黒色黒い緑色	黄緑色黄かっ色	黒色
割れ方	不規則	決まった方向	決まった方向にはがれる	柱状	柱状	不規則	特徴 磁石につく

(2)　火成岩　マグマが冷えて固まった岩石を火成岩という。マグマの冷え方によって，火山岩と深成岩に分けられる。

　①　火山岩　マグマが地表や地表付近で，急に冷え固まってできた岩石を火山岩という。

　　・はん状組織　火山岩は，肉眼ではわからない小さな粒（石基）と肉眼でもわかる大きな鉱物の結晶（はん晶）からできている。このような岩石のつくりをはん状組織という。

　　・火山岩には，玄武岩（黒っぽい），安山岩，流紋岩（白っぽい）がある。

　②　深成岩　マグマが地下深くで，ゆっくり冷えて固まった岩石を深成岩という。

　　・等粒状組織　マグマがゆっくり冷えたときにできた，大きな鉱物の結晶が集まったつくりをしている。このような岩石のつくりを等粒状組織という。

　　・深成岩には，はんれい岩（黒っぽい），せん緑岩，花こう岩（白っぽい）がある。

はん状組織

石基 ――　　　―― はん晶

等粒状組織

―― 鉱物の結晶

5　地層と堆積岩

(1)　地層のでき方

・風化　地表の岩石は，気温の変化や雨水のはたらきにより，長い間に表面がもろくなる。これを風化という。

・侵食　風化した岩石は雨水や流水のはたらきでけずられる。このような水のはたらきを侵食という。

・運搬　侵食によってけずりとられたれき・砂・泥は流水によって下流に運ばれる。これを運搬という。

・堆積　河口や海まで運搬されてきたれき・砂・泥は，流れがゆるやかなところに積もっていく。これを堆積という。堆積がくり返されて地層ができる。

(2)　地層の観察

・柱状図　地層の重なり方を柱状に表したものを柱状図という。柱状図で地層の重なり方を調べるときは，火山灰の層や特徴ある層（かぎ層）を目印に比べるとよい。また，それぞれの地層の標高（海面からの高さ）などにも注目するとよい。

例　右の柱状図で，X地点の地表の標高が20mのとき，Y地点のA地点の標高が20mになるから，Y地点の地表の標高は，

20＋2＝22（m）

X地点の地下の柱状図　　Y地点の地下の柱状図

地表からの深さ（m）

泥の層　　砂の層　　小石（れき）を含む砂の層　　火山灰の層

(3)　堆積岩　地層をつくっている堆積物が，しだいに固まってできた岩石を堆積岩という。

・れき岩，砂岩，泥岩　れき（粒の直径が2mm以上），砂（粒の直径が2〜0.06mm），泥（粒の直径が0.06mm以下）が堆積してできた岩石をそれぞれれき岩，砂岩，泥岩という。

・石灰岩　貝殻やサンゴの死がいが固まった岩石を石灰岩という。石灰岩は炭酸カルシウムをふくみ，塩酸をかけると二酸化炭素が発生する。

・チャート　海水中の小さな生物（ケイソウやホウサンチュウなど）の殻が堆積してできた岩石をチャートという。チャートはとてもかたく，塩酸をかけても変化しない。

・凝灰岩　火山灰が堆積してできた岩石を凝灰岩という。

(4)　地層からわかる過去のようす

・化石　地層に残された生物の死がいや，あしあと，巣穴などの生活したあとを化石という。

・示相化石　地層が堆積した当時の環境を推測するのに役立つ化石を示相化石という。

・示準化石　地層が堆積した年代を推測するのに役立つ化石を示準化石という。

地質年代と示準化石

古生代	中生代	新生代
サンヨウチュウ フズリナ	アンモナイト 恐竜	ビガリア ナウマンゾウ

| 5億4千年前 | 2億5千年前 | 6千5百年前 |

〔1〕右の表は，10時13分23秒に発生した地震について，3地点A，B，CでのP波，S波の到着時刻を示したものである。また，右の図は，表をもとに，地震発生から波が到着するまでの時間と，震源からの距離の関係をグラフに表したものである。

表

地点	震源からの距離	P波の到着時刻	S波の到着時刻	X
A	30km	10時13分28秒	10時13分32秒	6強
B	85km	10時13分37秒	10時13分48秒	5弱
C	103km	10時13分40秒	10時13分53秒	4

ただし，グラフはS波についてだけで，P波についてのグラフはかかれていない。

これに関して，次の(1)～(4)の問いに答えなさい。

(1) S波によるゆれを何というか，その用語を書きなさい。

(2) 表のXには，地震のゆれの大きさを表す用語が入る。その用語を書きなさい。

(3) 図に，地震発生からP波が到着するまでの時間と震源からの距離との関係を表すグラフを，表から読みとれる測定値を（●）で表し，かき加えなさい。

(4) 震源からの距離が150kmの地点での初期微動継続時間はおよそ何秒か。最も適当なものを，次のア～エから一つ選び，その符号を書きなさい。

　ア　およそ12秒　　　　イ　およそ20秒　　　　ウ　およそ24秒　　　　エ　およそ30秒

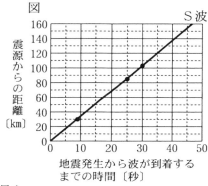

図

S波

〔2〕図1は地震計のしくみを示している。図2はある地震の初期微動継続時間と震源からの距離との関係をグラフに表したものである。これに関して，次の(1)～(4)の問いに答えなさい。

図1
ウ（おもり）　ア（支柱）
エ（記録紙）　イ（台）

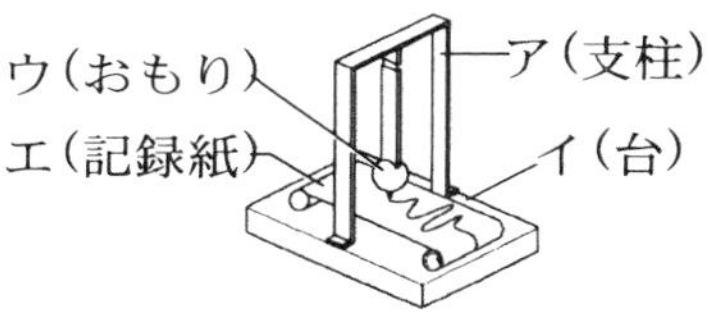

図2

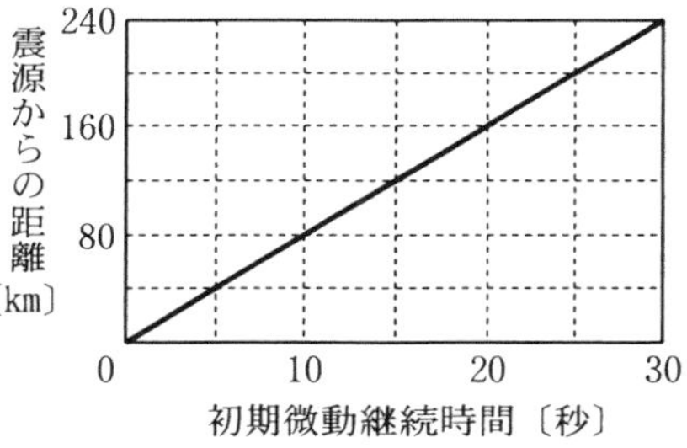

(1) 図1の地震計で，地震が起こって地面がゆれても，ほとんど動かない部分はどこか。最も適当なものを，図1のア～エから一つ選び，その符号を書きなさい。

(2) 次の図は，4つの地点A～Dにおいて，この地震を観測したときの地震計の記録を模式的に表したものである。震源に近い順に符号を並べなさい。

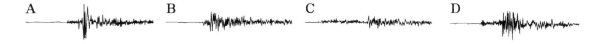

A　　　　　　B　　　　　　C　　　　　　D

(3) 右の表は，2つの地点X，Yにおいて，この地震のP波の到着時間と初期微動継続時間を記録したものである。この地震でのP波の伝わる速さ（km/秒）を求めなさい。

表

地点	P波の到着時間	初期微動継続時間
X	5時47分07秒	10秒
Y	5時47分32秒	30秒

(4) 地震によってできる大地のずれを何というか。その用語を書きなさい。

〔3〕ある地域で発生した地震と緊急地震速報について，次のように調べた。このことに関して，下の(1)～(4)の問い
に答えなさい。ただし，地震のゆれを伝える波の速さは，一定であったものとする。

観測　図1は，震源からの距離が14kmである地点Aにおける地震
　　　計の記録であり，表は地点A～CにおけるP波とS波の到着
　　　時刻をまとめたものである。P波が到着したあとは小さなゆ
　　　れが起こり，S波が到着したあとは大きなゆれが起こったこ
　　　とがわかった。

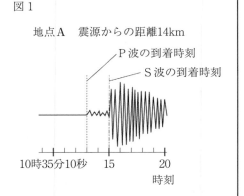

図1

地点A　震源からの距離14km

地点	震源からの距離	P波の到着時刻	S波の到着時刻
A	14km	10時35分13秒	10時35分15秒
B	49km	10時35分18秒	10時35分25秒
C	70km	10時35分21秒	10時35分31秒

調査　図2のように，地震が発生す
　　　ると，震源に近い地点に設置さ
　　　れた地震計でP波を感知し，そ
　　　のデータが気象庁に送られる。
　　　気象庁は，各地でのS波の到達
　　　時刻や震度などをすばやく予測
　　　して緊急地震速報として発表し，
　　　その速報がテレビや携帯電話な
　　　どを通して私たちに届く。S波
　　　が到達する前に緊急地震速報を
　　　受信できれば，ゆれに対して備
　　　えることができる。

図2

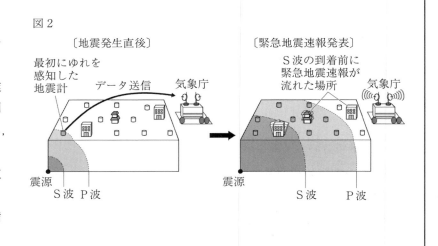

(1)　S波が到着したあとの大きなゆれを何というか。その用語を書きなさい。

(2)　この地震が発生した時刻は，10時何分何秒か。求めなさい。

(3)　この地震において，震源からの距離が21kmの地点に設置された地震計でP波を感知して緊急地震速報が発
　　表されたとするとき，震源からの距離が98kmの地点では，緊急地震速報を受信してから大きなゆれが始まる
　　までに何秒かかるか。求めなさい。ただし，震源からの距離が21kmの地点にP波が到着してから，震源から
　　の距離が98kmの地点で緊急地震速報を受信するまでには，5秒かかるものとする。

(4)　(3)と同様に，震源からの距離が21kmの地点に設置された地震計でP波を感知して緊急地震速報が発表され
　　たとするとき，S波が到着する前に緊急地震速報を受信できるのは，震源からの距離が何kmの地点か。適当
　　なものを，次のア～エからすべて選び，その符号を書きなさい。ただし，震源からの距離が21kmの地点にP
　　波が到達してから，各地点で緊急地震速報を受信するまでには，5秒かかるものとする。

　　ア　25km　　　　イ　30km　　　　ウ　35km　　　　エ　40km

〔4〕図1は，火山を，その特徴から3種類に分けて，その火山の形，火山噴出物の色，マグマのねばりけの関係をまとめたものである。これに関して，下の(1)〜(4)の問いに答えなさい。

図1

火　　山	A	B	C
火　山　の　形 （模式的に表した図と，その特徴）	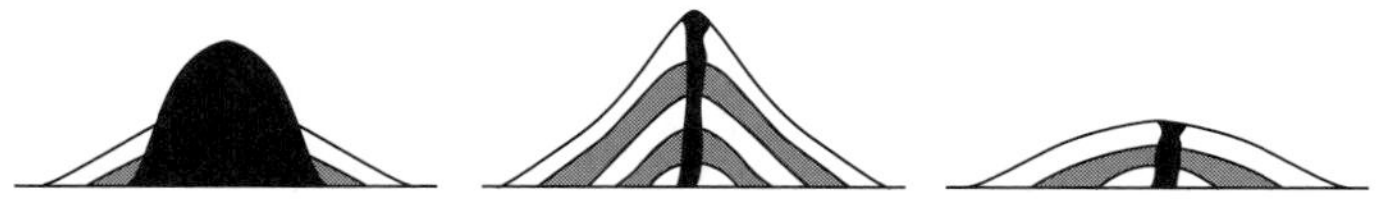 盛り上がったドーム状	円すい形	傾斜がゆるやかな形
火山噴出物の色	（ a ） ←	→	（ b ）
マグマのねばりけ	（ c ） ←	→	（ d ）

(1) 図1の火山Aの特徴をもつ火山の例として，最も適当なものを，次のア〜エから一つ選び，その符号を書きなさい。

　　ア　桜島　　　　イ　雲仙普賢岳　　　ウ　マウナロア　　　エ　浅間山

(2) 図1の（a）〜（d）にあてはまる言葉の組合せとして，最も適当なものを右のア〜エから一つ選び，その符号を書きなさい。

	（a）	（b）	（c）	（d）
ア	黒っぽい	白っぽい	弱い	強い
イ	黒っぽい	白っぽい	強い	弱い
ウ	白っぽい	黒っぽい	弱い	強い
エ	白っぽい	黒っぽい	強い	弱い

(3) 図2は火山Bの特徴をもつ火山の火成岩をルーペで観察し，スケッチしたものである。図中のXで示した部分は比較的大きな鉱物であり，図中のYで示した部分は細かい粒などからできている。XとYの名称をそれぞれ書きなさい。

図2

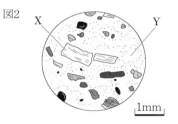

1mm

(4) 火山Bの特徴をもつ火山周辺では，厚い凝灰岩の地層が見られた。凝灰岩は，どのようにしてできるか，説明しなさい。

〔5〕 地震や火山に関して、次の(1)〜(3)の問いに答えなさい。

(1) 地震が起こるとまもなく、テレビなどで各地の震度が伝えられる。次の文の { } に当てはまるものを、ア〜ウから一つ選び、その符号を書きなさい。

また、 X に当てはまる用語を書きなさい。

わが国では現在、震度は、{ア 1から10まで　イ 1から7まで　ウ 0から7まで }の数に一部「強」や「弱」をつけて表される。震度が各観測地点でのゆれの大きさの程度を表すのに対して、地震の規模の大きさ（地震のエネルギーの大きさ）を表すためには X と呼ばれる尺度が用いられる。

(2) 図1は地震のゆれをA、Bの2地点で同じ種類の地震計によって記録したものである。A、B両地点のうち、震源により近いと考えられるのはどちらの地点か、その符号を書きなさい。また、そう判断できる理由を2つ書きなさい。ただし、図1では地震のゆれの始まりをそろえてある。

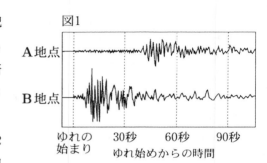

図1

A地点

B地点

ゆれの　　　30秒　　　60秒　　　90秒
始まり　　　ゆれ始めからの時間

(3) 日本付近は、火山活動が活発であり地震の多い地域である。図2は、日本列島の地下の断面を模式的に表したものである。これに関して、次の①、②の問いに答えなさい。

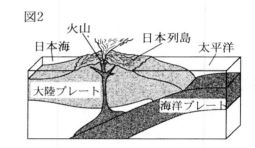

図2

火山
日本海　　　　　　日本列島　　太平洋

大陸プレート　　　　　　　　　海洋プレート

① 図2の火山は、ねばりけの強いマグマ（溶岩）が地表にふき出すことによってできた。このときの噴火のようすと山の形の説明として、最も適当なものを、次のア〜エから一つ選び、その符号を書きなさい。

ア　おだやかな噴火をし、傾斜のゆるやかな山ができる。

イ　激しい噴火をし、傾斜のゆるやかな山ができる。

ウ　おだやかな噴火をし、傾斜の急な山ができる。

エ　激しい噴火をし、傾斜の急な山ができる。

② 日本列島付近でのプレートの動きとプレートの境界付近で発生する大きな地震との関係について述べた文として、最も適当なものを、次のア〜エから一つ選び、その符号を書きなさい。

ア　海洋プレートが大陸プレートの下にしずみこんで、海洋プレート全体が大陸プレートに押しもどされるときに地震が発生する。

イ　海洋プレートが大陸プレートの下にしずみこんで、大陸プレートが引きずり込まれ、引きずり込まれた大陸プレートがはね返るときに地震が発生する。

ウ　大陸プレートが海洋プレートに乗り上げ、海洋プレートを押し下げ、押し下げられた海洋プレートがはね返るときに地震が発生する。

エ　大陸プレートが海洋プレートに乗り上げ、海洋プレートが押しつぶされるときに地震が発生する。

〔6〕 理科の授業で岩石採集に出かけ，採集したいろいろな岩石のプレパラートを作って観察した。図のA～Cはそのときのスケッチである。このことに関して，下の(1)～(4)の問いに答えなさい。

図

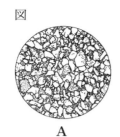

A

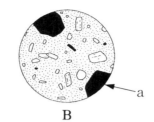

B

C

まるみをおびた砂が集まり，固まっている。

aのような大きな粒（鉱物）とまわりの一様に見える部分からできている。

大きな粒（鉱物）が組み合わさっている。

(1) 図のA～Cの岩石のうち，堆積岩はどれか。最も適当なものを一つ選び，その符号を書きなさい。

(2) 図のBについて述べた次の文の ┃ X ┃ ，┃ Y ┃ に最もよく当てはまる用語をそれぞれ書きなさい。

> Bのような岩石のつくりを ┃ X ┃ 組織といい，その中にふくまれるaのような大きな粒（鉱物）を ┃ Y ┃ という。

(3) 岩石Cのでき方について述べた文として，最も適当なものを，次のア～エから一つ選び，その符号を書きなさい。

　ア　マグマが，地表あるいは地表にごく近いところで，急に冷やされ固まってできた。

　イ　マグマが，地表あるいは地表にごく近いところで，長い時間をかけてゆっくり冷えて固まってできた。

　ウ　マグマが，地下の深いところで，急に冷やされ固まってできた。

　エ　マグマが，地下の深いところで，長い時間をかけてゆっくり冷えて固まってできた。

(4) ハンマーで割って調べてみると，岩石B，Cには白色の同じ鉱物がふくまれていた。この鉱物は何と考えられるか。最も適当なものを，次のア～エから一つ選び，その符号を書きなさい。

　ア　カンラン石　　　　イ　チョウ石　　　　ウ　カクセン石　　　　エ　キ石

〔7〕 あるがけから黒っぽい色の火山灰Aの層を，別のがけから白っぽい色の火山灰Bの層を見つけ，それぞれの層から火山灰を採取した。2つの火山灰は，異なる火山からふき出したことが知られている。火山灰を水で洗い，にごった水を流して，残った粒を双眼実体顕微鏡で観察した。右の図は，そのときのスケッチである。

図

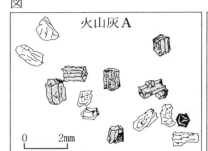

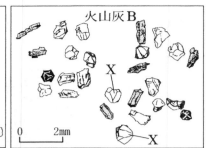

これに関して，次の(1)～(4)の問いに答えなさい。

(1) それぞれの火山灰には，色や形のちがう何種類かの結晶状の粒がみられた。このような結晶状の粒は何と呼ばれるか。その用語を書きなさい。

(2) 図中にXで示した粒を詳しく調べると，無色で不規則に割れるという特徴をもっていることがわかった。このXで示した粒は何と呼ばれるか。最も適当なものを，次のア～エから一つ選び，その符号を書きなさい。

　　ア　チョウ石　　　　　イ　セキエイ　　　　ウ　カクセン石　　　　エ　カンラン石

(3) 火山灰などの火山の噴出物が堆積してできた岩石の名称として，最も適当なものを，次のア～エから一つ選び，その符号を書きなさい。

　　ア　砂岩　　　　イ　石灰岩　　　　ウ　チャート　　　　エ　凝灰岩

(4) 次の文は，火山灰Aと火山灰Bの色の違いから，火山灰をふき出した火山の噴火のようすやマグマの性質について推定できることをまとめたものである。①，②の〔　〕の中から，それぞれ適当なものを選び，その符号を書きなさい。

> 　火山灰B中には白っぽい粒や無色の粒が含まれているので，火山灰Bをふき出した火山は，火山灰Aをふき出した火山に比べて，噴火は①〔ア　激しく　イ　おだやかで〕，マグマの性質は，ねばりけが②〔ア　強い　イ　弱い〕と推定できる。

〔8〕 右の図は，ある場所のがけに現れた地層の重なりの模式図である。この地域では，上の地層ほど新しいことがわかっている。このことに関して，次の(1)～(3)の問いに答えなさい。

(1) 図の地層をつくる泥岩，砂岩，れき岩は，堆積岩である。これらの岩石をつくる，泥，砂，れきは何のちがいによって分類されるか，書きなさい。

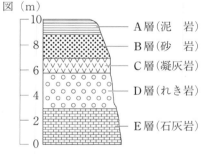

(2) 次の文は，地層の堆積のしかたからわかることを述べたものである。　X　，　Y　に当てはまる語句の組合せとして，最も適当なものを，下のア～エから一つ選び，その符号を書きなさい。

> 　図から，この地域は，D層が堆積した時期よりもA層が堆積した時期のほうが　X　あったことや　Y　層が堆積した後には火山活動があったことがわかる。

　　ア〔X　海岸近くに，　Y　B〕　　イ〔X　海岸近くに，　Y　D〕
　　ウ〔X　沖の方に，　　Y　B〕　　エ〔X　沖の方に，　　Y　D〕

(3) 図のB層からはアンモナイトの化石が見つかり，B層以外の層からはフズリナの化石が見つかった。これについて，次の①，②の問いに答えなさい。

　① アンモナイトの化石もフズリナの化石も示準化石である。示準化石にはどのような生物の化石が適しているか。最も適当なものを，次のア～エから一つ選び，その符号を書きなさい。

ア　狭い範囲に生息し，短期間栄えた生物
　イ　狭い範囲に生息し，長期間栄えた生物
　ウ　広い範囲に生息し，短期間栄えた生物
　エ　広い範囲に生息し，長期間栄えた生物

②　B層とフズリナの化石が見つかった地層について，正しく説明しているものはどれか。最も適当なものを，次のア～エから一つ選び，その符号を書きなさい。
　ア　B層が堆積した時代は中生代であり，A層からフズリナの化石が見つかった。
　イ　B層が堆積した時代は中生代であり，E層からフズリナの化石が見つかった。
　ウ　B層が堆積した時代は古生代であり，A層からフズリナの化石が見つかった。
　エ　B層が堆積した時代は古生代であり，E層からフズリナの化石が見つかった。

〔9〕　下の図1は，ある地域の地形図であり，図中の実線は等高線を示している。図2は，図1中のA～Cの各地点で行ったボーリングによって得られた試料に基づいて作成した柱状図である。

　この地域では，断層やしゅう曲は見られず，それぞれの地層は平行で，平面状に広がっている。このことに関して，下の(1)～(4)の問いに答えなさい。

図1

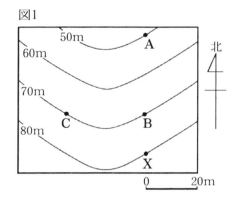

図2

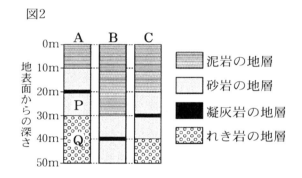

(1)　図1の地域の地層は，泥，砂，れきなどが，海底に積もり固まって形成された岩石でできている。このような岩石を何というか。その用語を書きなさい。

(2)　この地域の地層には，傾きが見られる。図1，2から判断して，地層は，東，西，南，北のうち，どの方位に行くにつれて低くなっていると考えられるか。その方位を書きなさい。

(3)　図1中のX地点でボーリングを行うと，凝灰岩の地層は，地表面からの深さがおよそ何mのところで見られると考えられるか。次のア～エから，最も適当なものを一つ選び，その符号を書きなさい。
　ア　20m　　　　イ　30m　　　　ウ　40m　　　　エ　50m

(4)　A地点のPの地層には，Qの地層と同一のれき岩でできた小石が含まれていた。これは，Qの地層のれき岩が気温の変化や雨水などのはたらきでしだいにもろくなり，こわれてできたものと考えられる。岩石が気温の変化や雨水などのはたらきでしだいにもろくなり，こわれていくことを何というか。その用語を書きなさい。

　また，いくつかの小石をルーペで観察すると，右の図3のように見える小石も含まれていた。図3のような小石は何という岩石か。最も適当なものを，次のア～エから一つ選び，その符号を書きなさい。
　ア　花こう岩　　　　イ　安山岩
　ウ　玄武岩　　　　　エ　石灰岩

図3

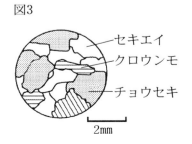

〔10〕 ある地域でボーリング調査をして，地下の地層のようすを調べた。

図1はその地域の地形図をもとに，A〜Dの調査地点を示したものである。また，図2のA〜Cは各地点の地下の地層のようすを柱状図で表したものである。

これについて，次の(1)〜(3)の問いに答えなさい。ただし，この地域の地層は水平に広がっているものとし，地層の逆転はないものとする。

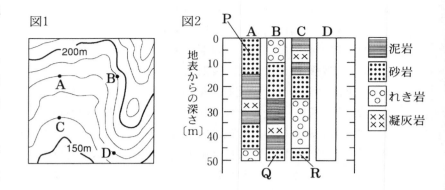

(1) A地点の砂岩の層P，B地点の砂岩の層Q，C地点の砂岩の層Rをたい積した順になるように，古い方からP〜Rの符号を並べなさい。

(2) A地点で，地表から深さ60mの地点の層をつくっている岩石は何か。泥岩，砂岩，れき岩，凝灰岩から選び，その名称を書きなさい。

(3) D地点の地層のようすを柱状図に表すとき，次の①，②の問いに答えなさい。

① 凝灰岩の層は，地表から深さ何mのところから現れるか，求めなさい。

② D地点の地表から深さ50mまでのようすを柱状図で表すと，どのようになるか。図2のそれぞれの地層を表す記号を使ってかきなさい。

天気とその変化

天気とその変化

《解法の要点》

1　露点と湿度

(1)　凝結　空気中の水蒸気が冷やされて水滴に変わることを凝結という。

(2)　露点　空気が冷やされて，水蒸気の凝結が始まるときの温度を，その空気の露点という。

(3)　飽和と飽和水蒸気量　空気がふくむことのできる水蒸気量には限界があって，水蒸気量がその限界まで達したとき，空気は水蒸気で飽和したという。水蒸気で飽和した空気 1 m³ がふくんでいる水蒸気量を飽和水蒸気量という。

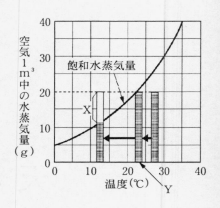

・凝結が起こるしくみ　空気は温度が高いほど多くの水蒸気をふくむことができるので，空気の温度が下がると，ふくみきれない水蒸気が水滴に変わる。これが凝結である。

・右の図では，Xの部分が水滴となって出てくる。また，露点はYの値である。

(4)　湿度　1 m³ の空気にふくまれている実際の水蒸気量が，その温度での飽和水蒸気量の何％になるかを表した値を湿度という。

$$湿度（\%）＝\frac{空気1m^3にふくまれている実際の水蒸気量（g/m^3）}{その温度での飽和水蒸気量（g/m^3）}×100$$

2　気圧と雲

(1)　気圧（大気圧）　地表の物体は空気の重さによる圧力を受けている。この圧力を気圧または大気圧という。

・1気圧　海面と同じ高さのところの気圧を平均すると約1013hPaであり，これを1気圧という。

・気圧の単位は，hPa（ヘクトパスカル）である。1hPa＝100Pa＝100N/m²であり，1 m² あたり100N（10kgの物体にはたらく重力）の力がはたらいている。

(2)　雲のでき方

①　上昇気流が発生する。

・上昇する空気の動きを上昇気流，下降する空気の動きを下降気流という。

②　上空に行くほど気圧が低いので，空気は膨張して温度が下がる。

③　空気の温度が露点に達すると，空気中の水蒸気が凝結して水滴（雲）になる。

・上昇気流のでき方

空気が山の斜面にそって上昇

太陽の光によって地面の一部が暖められる

太陽の光

暖かい空気が冷たい空気の上にはい上がる

暖かい空気　冷たい空気

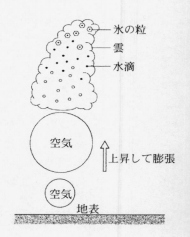

氷の粒
雲
水滴
空気
上昇して膨張
空気
地表

3 気象観測

(1) 気温 地上から1.5mの高さで，風通しのよい日かげで測定する。

(2) 湿度 乾湿計を使って測定する。

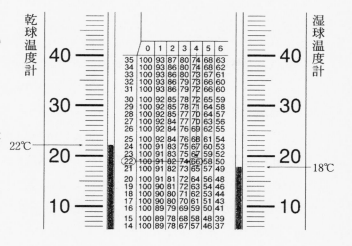

・乾湿計の使い方 右の湿度計で，乾球の温度は22℃，湿球の温度は18℃であり，その差は4℃である。

乾球の示度が22℃のところを横に進み，乾球と湿球の示度の差が4℃のところの値が湿度である。図では，66％である。

(3) 雲量と天気

・雲量 空全体を10としたときの雲が空をしめる割合を雲量といい，0〜10の11段階で表す。

・天気 雲の割合が0〜1のときは快晴，2〜8のときは晴れ，9〜10のときはくもりのように分ける。

(4) 風向 風のふいてくる方向を風向といい，風向計を使って16方位で表す。

(5) 風力 風の強さを風力といい，風力階級表を使って13段階に分ける。

(6) 天気（図）記号

① 天気を表す記号

○	◑	◎	●	⊗
快晴	晴れ	くもり	雨	雪

② 風向・風力を表す記号

北西の風・風力4
天気：くもり

4 気温・湿度・気圧と天気の関係

(1) 気温と天気 晴れの日は，日中気温が高くなり，夜になると低くなる。雨の日は気温の変化が小さい。

(2) 気温と湿度 晴れの日は，気温が上がると湿度が下がり，気温の変化と湿度の変化は逆になる。雨やくもりの日は，湿度が高くなる。

(3) 天気と気圧 気圧は，一般に，晴れの日は高く，雨やくもりの日は低い。

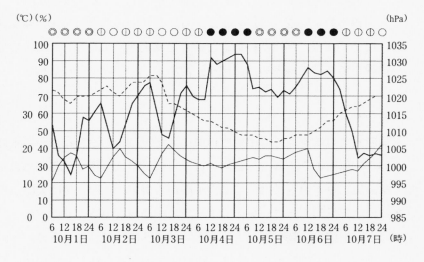

5 天気の変化

(1) 等圧線 気圧の同じ地点をなめらかに結んだ線を等圧線という。等圧線は1000hPaを基準にして4hPaごとにひき，20hPaごとに太くする。等圧線は輪のような形につながっていて，交わることはない。

・気圧と風 地表付近では，風（空気の流れ）は，気圧の高い方から低い方に向かってふき，気圧の変化が大きい（等圧線の間隔がせまい）ほど，強い風がふく。

(2) 高気圧と低気圧　等圧線で囲まれた周囲より気圧の高いところを高気圧，低いところを低気圧という。

・気圧配置　高気圧や低気圧の分布のようすを気圧配置という。

・高気圧と風の向き　高気圧の地表付近では，まわりの気圧の低いところに風が時計回りにふき出し，下降気流ができるので天気がよい。

・空気が下降すると収縮して温度が上がるので，雲ができにくい。

・低気圧と風の向き　低気圧の地表付近では，まわりの気圧の高いところから風が反時計回りにふきこみ，上昇気流ができるので雲ができやすく，天気がわるい。

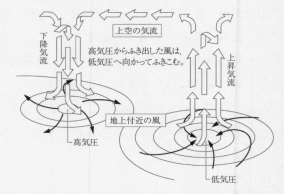

(3) 気団　大陸上や海洋上に同じ空気が長い時間とどまると，その中の空気はあまり動かないので，温度や湿度がほぼ一様になる。このような空気のかたまりを気団という。

(4) 前線　暖かい気団（暖気団）と冷たい気団（寒気団）が接してもすぐには混じり合わないので，気団の間に境界面ができる。この境界面を前線面といい，前線面と地表面が交わってできる線を前線という。

① 温暖前線　暖気が寒気の上にはい上がって進む前線を温暖前線という。

・暖気が広い範囲でゆるやかに上昇し，乱層雲や高層雲などの雲が広がり，おだやかな雨が長時間降ることが多い。

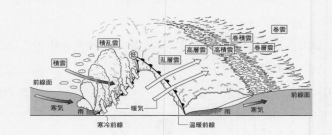

② 寒冷前線　寒気が暖気を押し上げて進む前線を寒冷前線という。

・暖気が押し上げられるので，積乱雲（雲の範囲はせまい）が発達して，せまい範囲に強い雨が降り，雷や突風をともなうこともある。

③ 停滞前線　ほぼ同じ勢力の暖気団と寒気団が接すると前線はほとんど動かない。このような前線を停滞前線という。

停滞前線の記号

・前線の動きは遅く，厚い雲ができ，長時間にわたって雨が降り続く。

閉そく前線の記号

④ 閉そく前線　寒冷前線の進む速さは温暖前線より速いので，ついには，温暖前線に追いつく。このときできる前線を閉そく前線という。閉そく前線ができると低気圧は弱まり，ついには，消滅することが多い。

6　大気の動き

(1) 偏西風　日本をふくむ中緯度地域の上空では，おおむね西から東に向かう強い風がふいている。この風を偏西風という。偏西風の影響で，日本付近で（移動性）高気圧や低気圧は西から東に向かって移動することが多い。

(2) 季節風　日本付近では，夏は太平洋から南東の風が，冬は大陸からの北西の風がふくことが多い。このように，ある地域で季節ごとに決まってふく風を季節風という。

① 夏の季節風　陸や海が太陽から受ける熱の量は，夏は多く，冬は少ない。また，陸は海より暖まりやすく冷めやすい。このことから，夏は大陸の空気は暖められて太平洋に比べて温度が上がり軽くなる。空気が軽くなると気圧が低くなるので，大陸上の気圧は太平洋上に比べて低くなる（南高北低型の気圧配置）。この気圧の差によって，太平洋から大陸に向かって風がふく。

② 冬の季節風　冬は夏とは逆に，大陸の空気は冷やされて太平洋に比べて温度が下がり重くなる。このため，大陸上の気圧は太平洋上に比べて高くなり（西高東低型の気圧配置），大陸から太平洋に向かって風がふく。

(3) 海風と陸風　海岸近くの地域では，昼間は海から陸に向かって，夜は陸から海に向かって風がふく。海から陸に

向かってふく風を海風，陸から海に向かってふく風を陸風という。

① 海風　昼間は陸の空気が暖められるので，陸の気圧が低くなり，海風がふく。

② 陸風　夜は陸の空気が冷やされるので，陸の気圧が高くなり，陸風がふく。

7　日本の天気

(1) 気団　日本の天気に影響をおよぼす気団

- シベリア気団　大陸に位置するシベリアでは，冬の地表の温度がとても低くなり，低温で乾燥したシベリア気団ができる。

- 小笠原気団　夏は，太平洋上に高温でしめった小笠原気団ができる。

- オホーツク海気団　梅雨の時期には，オホーツク海上に低温でしめったオホーツク海気団ができる。

(2) 冬の天気　シベリア気団が発達し，低温で乾燥した北西の季節風がふく。この季節風は，日本海で暖められて水蒸気をふくみ，日本の中央部の山脈にあたって上昇気流となる。上昇気流は積乱雲をつくり，日本海側に雪を降らせる。山脈をこえた空気は乾燥しているので，太平洋側では乾燥した晴天になることが多い。

冬の季節風と日本の天気

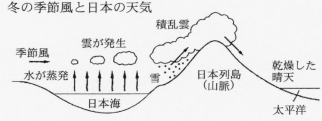

(3) 春の天気　シベリア気団の勢力が弱まり，中国大陸に暖かく乾燥した移動性の高気圧が発達する。この移動性高気圧と低気圧が交互に通過するため，天気は周期的に変わる。

(4) 梅雨の天気　オホーツク気団と小笠原気団が日本付近でぶつかり，梅雨前線という停滞前線ができ，くもりや雨の日が続く。

(5) 夏の天気　小笠原気団が発達し，南東からしめった暖かい季節風がふいて蒸し暑い日が続く。

(6) 秋の天気　小笠原気団がおとろえると，日本付近は北の寒気と南の暖気の境目になり，秋雨前線という停滞前線ができ，雨の日が多くなる。雨の多い時期が終わると，春と同じように，移動性高気圧と低気圧が交互に通過するため，天気は周期的に変わる。

(7) 台風　低緯度の熱帯地方で発達した低気圧を熱帯低気圧という。熱帯低気圧が，暖かい海から大量の水蒸気を供給されて発達し，最大風速が17.2m/sをこえたものを台風という。

〔1〕雲のでき方を調べるため，Ⅰ～Ⅲの手順で実験を行った。この実験に関して，あとの(1)～(4)の問いに答えなさい。

Ⅰ　丸底フラスコにあたたかい水を入れ，よく振ってから水を捨て，フラスコに線香の煙を少し入れた。

　　次に，図のように，大型の注射器とデジタル温度計のついたゴムせんをフラスコに取りつけた。

Ⅱ　注射器のピストンをすばやく引くと，フラスコ内は白くくもり，もとにもどすとくもりは消えた。

Ⅲ　別の丸底フラスコを用意し，線香の煙だけ入れて，Ⅰと同様の装置をつくり，注射器のピストンをすばやく引いたり，もとにもどしてみたりしたが，フラスコ内に白いくもりはできなかった。

図
丸底フラスコ
スタンド
注射器
ゴム管
ゴムせん
デジタル温度計

(1)　フラスコに線香の煙を入れるのはなぜか。最も適当なものを，次のア～エから一つ選び，その符号を書きなさい。

ア　フラスコから空気を追い出すため　　イ　空気の流れを見やすくするため
ウ　温度を高めるため　　　　　　　　　エ　水滴をできやすくするため

(2)　次の文は，Ⅱの白いくもりについて述べたものである。文中の　　　　　に最もよく当てはまる語句を書きなさい。

　　フラスコ内にできた白いくもりは，フラスコ内の空気中の　　　　　が状態変化してできた小さな水滴の集まりである。

(3)　次の文は，Ⅱの白いくもりができた理由について述べたものである。文中の　X　，　Y　に当てはまる語句の組合せとして，最も適当なものを，下のア～エから一つ選び，その符号を書きなさい。

　　Ⅱで，ピストンをすばやく引くと，フラスコ内の空気は　X　して温度が　Y　，フラスコ内にくもりができた。

ア〔X　膨張，　Y　上がり〕　　　イ〔X　膨張，　Y　下がり〕
ウ〔X　収縮，　Y　上がり〕　　　エ〔X　収縮，　Y　下がり〕

(4)　Ⅲについて，フラスコ内に白いくもりができなかった理由を，「フラスコ内の湿度が」に続けて書きなさい。ただし，「露点」という用語を用いること。

〔2〕 空気中の水蒸気量からわかることを確かめるために，6月1日に次の①～Ⅳの手順で実験を行った。この実験に関して，下の(1)～(3)の問いに答えなさい。なお，次の表は気温と飽和水蒸気量の関係を示したものである。

気温(℃)	15	16	17	18	19	20	21	22	23	24	25
飽和水蒸気量(g/m³)	12.8	13.6	14.5	15.4	16.3	17.3	18.3	19.4	20.6	21.8	23.1

表

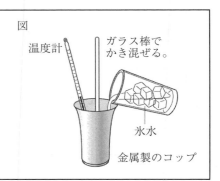

図

Ⅰ 実験室内の温度を測定したところ，23℃であった。

Ⅱ 金属製のコップに，くみ置きの水を半分ぐらい入れ，水温を測定したところ，23℃であった。

Ⅲ Ⅱの金属製のコップに，図のように氷水を少しずつ加え，水温が一様になるようにガラス棒で，ゆっくりかき混ぜた。

Ⅳ 金属製のコップの表面に水滴がつき始めたときの水温を測定した。このときの水温は16℃であった。

温度計　ガラス棒でかき混ぜる。　氷水　金属製のコップ

(1) 金属製のコップの表面に水滴がつき始めたときの水温は，空気中の水蒸気が，小さな水滴になり始めたときの温度である。この温度を何というか。その用語を書きなさい。

(2) 実験を行った室内の湿度は何％か。小数第1位を四捨五入して，整数で答えなさい。

(3) 次の日の6月2日に同様の実験を行ったところ，コップの表面に水滴がつき始めたときの水温は18℃で，湿度は70％であった。これについて，次の①，②の問いに答えなさい。

① 6月1日と6月2日の実験結果からわかることは何か。最も適当なものを，次のア～エから一つ選び，その符号を書きなさい。

ア 6月1日のほうが6月2日よりも気圧が高い。

イ 6月1日のほうが6月2日よりも気圧が低い。

ウ 6月1日のほうが6月2日よりも空気1m³あたりの水蒸気量が多い。

エ 6月1日のほうが6月2日よりも空気1m³あたりの水蒸気量が少ない。

② 6月2日に実験を行ったときの気温に最も近いものを，次のア～エから一つ選び，その符号を書きなさい。

ア 22℃　　　イ 23℃　　　ウ 24℃　　　エ 25℃

〔3〕ある場所で気象観測を行い，次のようにまとめた。これに関して，下の(1)，(2)の問いに答えなさい。ただし，表1は気温と飽和水蒸気量との関係を，表2は湿度表の一部を表したものである。

観測1　16方位を正しく合わせた円盤の中心に線香を立て，線香のけむりがたなびくようすを真上から観察し，右の図のようにスケッチした。

観測2　乾湿計を校庭のある場所に置き，10時から16時まで，2時間ごとに示度を調べ，表3にまとめた。

図

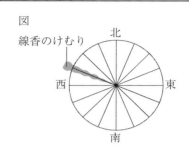

表1

気温(℃)	飽和水蒸気量 (g/m³)
8	8.3
10	9.4
12	10.7
14	12.1
16	13.6

表2

乾球の示度(℃)	乾球と湿球の示度の差(℃)			
	1.0	2.0	3.0	4.0
17	90	80	70	61
16	89	79	69	59
15	89	78	68	58
14	89	78	67	56
13	88	77	66	55
12	88	76	64	53
11	87	75	63	52

表3

時刻	乾湿計の示度(℃)	
	乾球	湿球
10時	12	11
12時	15	12
14時	16	X
16時	14	12

(1)　観測1を行ったときの風向を書きなさい。

(2)　観測2について，次の①～③の問いに答えなさい。

①　乾湿計はどのような場所に置いたらよいか。最も適当なものを，次のア～エから一つ選び，その符号を書きなさい。

ア　日当たりがよく，風の通らない，地上からおよそ1.5mの高さの場所

イ　日当たりがよく，風通しのよい，地上からおよそ50cmの高さの場所

ウ　直射日光が当たらない，風の通らない，地上からおよそ50cmの高さの場所

エ　直射日光が当たらない，風通しのよい，地上からおよそ1.5mの高さの場所

②　10時のときの湿度は何％か，求めなさい。

③　14時のときの露点は10℃であった。14時に観測を行った場所で空気1m³に含まれている水蒸気量は何gか，求めなさい。また，表3のXに当てはまる値として，最も適当なものを，次のア～オから一つ選び，その符号を書きなさい。

ア　11　　　イ　12　　　ウ　13　　　エ　14　　　オ　15

〔**4**〕日本のある地点において，4月のある日の0時から24時まで，3時間ごとに気象観測を行った。図1は，観測した結果をまとめたものである。また，図2は，この日の15時における日本付近の天気図である。これに関して，下の(1)〜(3)の問いに答えなさい。

図1

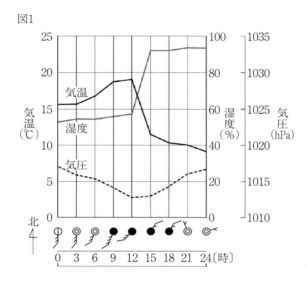

図2

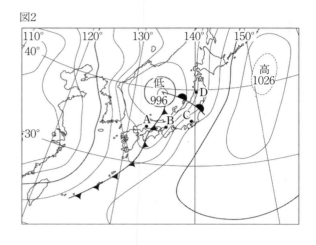

(1) 0時の天気，風向，風力をそれぞれ答えなさい。

(2) 21時における気温は10℃，湿度は94％であった。21時の空気1m³中に含まれる水蒸気量は何gであったと考えられるか。最も適当なものを，次のア〜エから一つ選び，その符号を書きなさい。なお，気温10℃の空気の飽和水蒸気量は9.4g/m³である。

　ア　5.7g　　　イ　6.8g　　　ウ　7.5g　　　エ　8.8g

(3) 0時から24時までの間に通過した寒冷前線について，次の①，②の問いに答えなさい。

① 寒冷前線が通過したのはいつごろと考えられるか。最も適当なものを，次のア〜エから一つ選び，その符号を書きなさい。

　また，そのように判断した理由を，「気温」，「風向」という二つの語句を用いて書きなさい。

　ア　9時から12時までの間　　　　イ　12時から15時までの間

　ウ　15時から18時までの間　　　　エ　18時から21時までの間

② 図2のA〜Dの地点のうち，図1の観測結果が得られた地点はどこであると考えられるか。最も適当なものを一つ選び，その符号を書きなさい。

〔5〕ある日の午前9時に新潟市で気象観測を行った。

午前9時の天気はくもり，南東の風，風力3であった。次に，図1のような乾湿計をつくって湿度を調べたところ，65％であった。また，図2は観測した日の午前9時の天気図で，表1は湿度表，表2は気温と飽和水蒸気量との関係を表したものである。

これについて，あとの(1)〜(5)の問いに答えなさい。

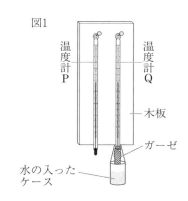
図1

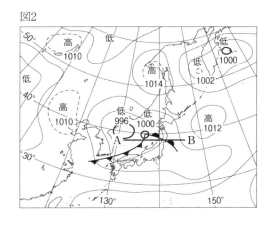
図2

表1

乾球の示度 (℃)	乾球と湿球の示度の差(℃)					
	0	1	2	3	4	5
25	100	92	84	76	68	61
24	100	91	83	75	67	60
23	100	91	83	75	67	59
22	100	91	82	74	66	58
21	100	91	82	73	65	57
20	100	90	81	72	64	56

表2

気温 (℃)	飽和水蒸気量 (g/m³)
20	17.3
21	18.3
22	19.4
23	20.6
24	21.8
25	23.1

(1) 気象観測を行ったときの天気，風向，風力を天気図記号で表しなさい。

(2) 湿度を調べたとき，図1の乾湿計の温度計P，Qの値はそれぞれ何℃であったか，書きなさい。

(3) 気象観測を行ったとき，空気1m³中に含まれている水蒸気量を，小数第1位を四捨五入して整数で求めなさい。

(4) 図2のA－B間における前線および前線面の断面の特徴を表した模式図として，最も適当なものを，次のア〜エから一つ選び，その符号を書きなさい。

(5) 次の文中の [X] 〜 [Z] に当てはまる語句の組合せとして，最も適当なものを，下のア〜エから一つ選び，その符号を書きなさい。

日本の上空には [X] とよばれる [Y] 風が常にふいている。この風によって，日本付近の低気圧や移動性高気圧は [Y] から [Z] へ移動することが多いため，日本の天気は [Y] から変わることが多い。

ア〔X 季節風，Y 東，Z 西〕　イ〔X 偏西風，Y 東，Z 西〕
ウ〔X 季節風，Y 西，Z 東〕　エ〔X 偏西風，Y 西，Z 東〕

〔**6**〕右の図は，春のある日の午前9時の天気図である。これについて，
次の(1)～(3)の問いに答えなさい。

図

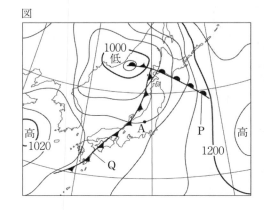

(1) 図のPの前線を何というか。その用語を書きなさい。

(2) 日本付近における春の天気の特徴について述べたものとして，
最も適当なものを，次のア～エから一つ選び，その符号を書き
なさい。

ア　停滞前線ができ，雨やくもりの日が多くなる。

イ　低気圧と移動性高気圧がつぎつぎに通過し，天気が変わり
やすい。

ウ　発達したシベリア気団から，冷たく乾燥した北西の季節風
が吹く。

エ　小笠原気団におおわれ，南寄りの季節風が吹き，晴れる日
が多い。

(3) 図のQの前線がその後，A地点を通過した。これについて，次の①，②の問いに答えなさい。

① この前線が通過した前後で，A地点では急激な上昇気流によって積乱雲が発生した。この雲はどのよう
な雨を降らせたと考えられるか，雨の降る時間と強さに着目して書きなさい。

② この前線が通過した前後で，A地点の気温と風向はどのように変化したと考えられるか。最も適当なも
のを，次のア～エから一つ選び，その符号を書きなさい。

ア　気温は上がり，風向は変わらなかった。　　イ　気温は上がり，風向は変わった。

ウ　気温は下がり，風向は変わらなかった。　　エ　気温は下がり，風向は変わった。

〔**7**〕右の図は，冬のある日の午前9時における日本付近の気圧配置を 示したものである。これについて，あとの(1)～(4)の問いに答えなさい。

図

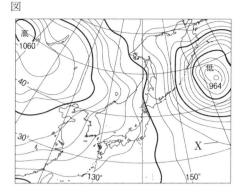

(1) 図のXのように，気圧の同じ地点をなめらかに結んだ線を何 というか。その用語を書きなさい。

(2) 日本の北西にある高気圧の位置に発達する気団の性質として， 最も適当なものを，次のア～エから一つ選び，その符号を書き なさい。

ア あたたかく乾燥している。

イ あたたかく湿っている。

ウ 冷たく乾燥している。

エ 冷たく湿っている。

(3) 図のように，日本付近では冬に東の海洋上で低気圧が発達しやすい。その理由について述べたものとして， 最も適当なものを，次のア～エから一つ選び，その符号を書きなさい。

ア 冬は大陸上より海洋上の気温が高いので，大陸上では下降気流，海洋上では上昇気流が発生し，海洋上 の気圧が下がって低気圧が発達するから。

イ 冬は大陸上より海洋上の気温が高いので，大陸上では上昇気流，海洋上では下降気流が発生し，海洋上 の気圧が下がって低気圧が発達するから。

ウ 冬は大陸上より海洋上の気温が低いので，大陸上では下降気流，海洋上では上昇気流が発生し，海洋上 の気圧が下がって低気圧が発達するから。

エ 冬は大陸上より海洋上の気温が低いので，大陸上では上昇気流，海洋上では下降気流が発生し，海洋上 の気圧が下がって低気圧が発達するから。

(4) 日本付近では，冬は大陸からの北西の風がふくことが多く，夏は太平洋から南東に風がふくことが多い。 このように，ある時期ごとに決まってふく風のことを何というか。その用語を書きなさい。

〔8〕 次の図は，3月24日，25日，26日の午前9時の日本付近の天気図である。これに関して，下の(1)～(4)の問いに答えなさい。

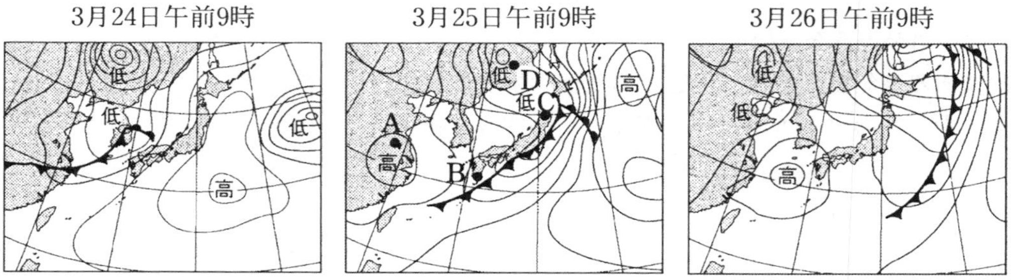

3月24日午前9時　　　3月25日午前9時　　　3月26日午前9時

(1) 3月25日午前9時の天気図において，A～Dの各地域で，晴れていると考えられるところはどこか。最も適当なものを，図のA～Dから一つ選び，その符号を書きなさい。

(2) 低気圧の特徴について述べた文として，最も適当なものを，次のア～エから一つ選び，その符号を書きなさい。

ア　1気圧(1013hPa)より気圧の低いところのことであり，その中心付近では上昇気流となる。

イ　1気圧(1013hPa)より気圧の低いところのことであり，その中心付近では下降気流となる。

ウ　まわりより気圧の低いところのことであり，その中心付近では上昇気流となる。

エ　まわりより気圧の低いところのことであり，その中心付近では下降気流となる。

(3) 24日，25日，26日の午前9時において，新潟市の風向はどのようであったと考えられるか。最も適当なものを，次のア～エから一つ選び，その符号を書きなさい。

ア　24日は南，25日は北西，26日は南西

イ　24日は南，25日は南西，26日は北西

ウ　24日は南西，25日は南，26日は北西

エ　24日は南西，25日は北西，26日は南

(4) 次の文は日本の春の天気の特徴について述べたものである。文中の　X　，　Y　に最もよく当てはまる用語を書きなさい。

　　X　気団の勢力が弱まり，かわりに揚子江気団の勢力が強まり，高気圧と低気圧が交互に日本を通過し，天気も周期的に変わる。この高気圧のことを　Y　高気圧といい，この高気圧におおわれている間，おだやかな天気が続く。

地 球 と 宇 宙

地球と宇宙

《解法の要点》

1　太陽と月

(1)　太陽の大きさと表面のようす

①　太陽　地球から約1.5億kmのところにあり，直径が約140万kmで，地球の直径（約1.3万km）の約109倍も大きい。

②　太陽の表面

・黒点　太陽の表面に見られる黒いしみのようなものを黒点という。
黒点の温度はまわりより低い（約4000℃）ので，黒く見える。

・黒点を観察すると，動いて見えることから太陽が自転していることがわかる。また，黒点が太陽の表面の中央部から周辺部にくると，つぶれた形に見えることから，太陽は球形をしていることがわかる。

・自転　天体が中心を通る線を軸として回転することを自転という。

・コロナ　太陽を取りまく高温（100万℃以上）のガスの層をコロナという。

・プロミネンス（紅炎）　炎のようなガスの動きをプロミネンスという。

(2)　太陽系

①　公転　天体がほかの天体のまわりを回ることを公転という。

②　恒星　太陽のように，自ら光や熱を出している天体を恒星という。

③　惑星　恒星のまわりを公転している天体を惑星という。

・地球型惑星　地球のようにおもに岩石からできていて，密度の大きい惑星を地球型惑星という。水星，金星，地球，火星の4つがある。

・木星型惑星　厚いガス（水素やヘリウム）でできていて，密度の小さい惑星を木星型惑星という。木星，土星，天王星，海王星の4つがある。

④　衛星　惑星のまわりを公転している天体を衛星という。

・月は地球の衛星である。

⑤　太陽系　太陽を中心とした惑星や衛星などの集まりを太陽系という。

⑥　銀河系と銀河　太陽系の外側には多数の恒星がある。太陽系をふくむ，恒星や星雲（ガスのかたまり）の集団を銀河系という。銀河系の外側には，銀河系と同じような恒星や星雲の集団がある。このような集団を銀河という。

(3)　惑星や衛星が輝いて見える理由　惑星や衛星は自ら光を出して輝いているのではなく，太陽の光を反射して輝いている。

(4)　月

①　月　地球から約38万kmのところにあり，直径は約3500km（地球の約4分の1）である。隕石の衝突でできたくぼみ（クレーター）がある。

② 月の満ち欠け　太陽・地球・月の位置関係によって，月は
　満ち欠けをする。

③ 日食と月食

・日食　太陽・月・地球の位置関係によって，地球のある地
　域では太陽が月にかくされて見えなくなることがある。こ
　れを日食という。

月の満ち欠け

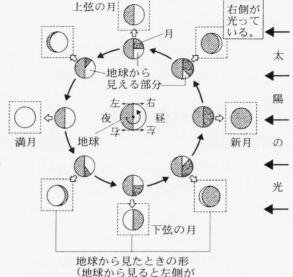

　太陽の一部がかくされるこ
とを部分日食，太陽が全部
かくされることを皆既日食
という。

・月食　月が地球にかくされ
て見えなくなることを月食
という。

・日食が起こるのは新月のとき，月食が起こるのは満月のときである。

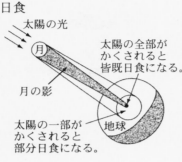

2　金星と火星の見え方

(1)　金星の見え方　金星の公転軌道は地球の公転軌道の内側にあるので，夜や日中
　（太陽の光が強いとき）は見ることができない。明け方の東の空（明けの明星）か，
　夕方の西の空（よいの明星）にしか見ることができない。また，月と同じように満
　ち欠けする。

(2)　火星の見え方　火星の公転軌道は地球の公転軌道の外側にあるので，いつも太
　陽に照らされている面を見ることになる。したがって，ほぼ円形に見え，大きさ
　は変化するが，満ち欠けはほとんどしない。

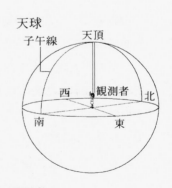

3　天体の１日の動き

(1)　天球　太陽や星は，地上から見るとプラネタリウムのように，球状の天井にちりば
　められたように見える。このような見かけ上の球状の天井を天球といい，観測者の真
　上の点を天頂という。天頂を通り南北を結んだ線を子午線という。

(2)　地球の自転と公転　地球は北極と南極を結ぶ線を軸（地軸）を中心に，１日１回自転
　しながら，１年に１回太陽のまわりを公転している。

(3)　太陽の日周運動　太陽は，毎日，東の空から昇って南の空を通って西の空に沈む。
　これは地球の自転による見かけの動きで，太陽の日周運動という。

① 南中　太陽が真南の空にきたとき（太陽が子午線を通過するとき），太
　陽が南中したという。

② 南中高度　太陽が南中したときの高度（地平線からの高さを角度で測
　った値）を南中高度という。

・南中，南中高度は，太陽に限らず，天体が真南の空にきたとき，その
　天体は南中したといい，そのときの高度を南中高度という。

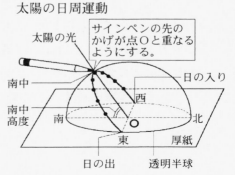

(4) 星座の日周運動　星座も太陽と同じように，地球が自転している　オリオン座の日周運動
ので，日周運動をする。

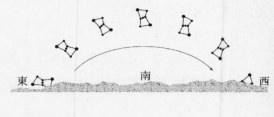

(5) 各方位での星座の動き

東の空の星座の動き　　南の空の星座の動き　　西の空の星座の動き　　北の空の星座の動き

(6) 星座や太陽の動く速さ　地球は24時間で1回自転（360°回転）するから，1時間では15°回転する。このため，太陽や星座は1時間で15°回転したように見える。

4　天体の1年の動き

(1) 黄道　地球から見た太陽は，地球が公転することによって，星座の間を西から東（地球の自転と同じ向き）にゆっくりと移動して見える。太陽が星座の間を移動する見かけの通り道を黄道という。

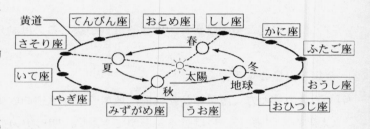

(2) 季節によって見える星座の変化　地球の公転によって，星座・太陽・地球の位置関係は季節によって変化する。太陽方向の星座は見えなく，季節によって見える星座も変化する。

(3) 星座の見える位置の変化と年周運動　地球は12か月で1回公転（360°）するから，1か月では30°回転する。このため，星座の見える位置も1か月で30°だけ西に動いて見える。これは地球の公転によって生じる見かけの動きであり，星座の年周運動という。

5　季節の変化

(1) 地軸の傾き　地球の地軸は，公転面に対して23.4°傾いている。このため，太陽の南中高度や昼と夜の長さは季節によって変化する。

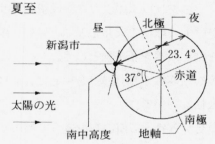 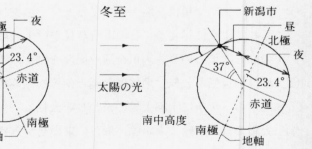

(2) 地軸の傾きと南中高度の変化

① 夏至　地軸は，太陽の方向に傾くので，昼が長く夜が短くなる。

② 冬至　地軸は，太陽と反対側に傾くので，昼が短く夜が長くなる。

③ 春分と秋分の日　地軸は，太陽の光に対して傾きがなくなる（春は手前に，秋は奥の方に傾いている）ので，昼と夜の長さはほぼ同じになる。

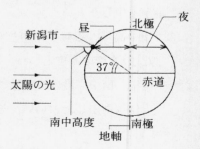

春分と秋分の日

④ 季節ごとの南中高度　冬至の日がもっとも低く，夏至の日がもっとも高くなる。

〔1〕 図1のように，固定した天体望遠鏡に投影板を取り付け，太陽の像を観察した。図2のように，太陽の像を記録用紙の円の大きさに合わせ，像がはっきりとうつるようにして，太陽の黒点の位置をすばやくスケッチした。しばらくすると，図3のように，太陽の像が記録用紙の円からずれていった。

同じ場所，同じ時刻で2日ごとに太陽の像をスケッチした。このスケッチを比べると，図4のように，黒点の位置が変わっていた。

これに関して，下の(1)〜(4)の問いに答えなさい。

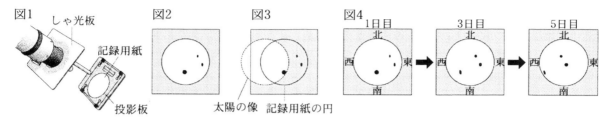

(1) 太陽のように，自ら光りかがやく天体を何というか。その用語を書きなさい。

(2) 黒点は，まわりより暗いため黒く見える。このように黒点がまわりより暗いのはなぜか。その理由を簡潔に書きなさい。

(3) 下線部と同じ理由で起こる現象として，最も適当なものを，次のア〜エから一つ選び，その符号を書きなさい。

ア 水星は真夜中に見ることができない。　　イ 季節ごとに見える星座が異なる。

ウ 夏は昼間の時間が長く，冬は短い。　　エ 満月は夕方に東からのぼり，真夜中に南中する。

(4) 図4のように，黒点の位置が変わっていたのはなぜか。その理由を簡潔に書きなさい。

〔2〕太陽の動きを調べるために，夏至の日に，次の Ⅰ～Ⅴ の手順で観測を行った。この観測に関して，下の(1)～(5)の問いに答えなさい。

Ⅰ 厚紙に透明半球と同じ大きさの円をかき，その中心を点Oとした。
Ⅱ 厚紙にかいた円に合わせて透明半球を固定し，日当たりのよい水平なところに置いた。
Ⅲ 午前7時45分から午後4時45分まで1時間ごとに，太陽の位置をフェルトペンを使って，図1のように，透明半球上に「・」印で記録した。
Ⅳ Ⅲで記録した「・」印を，なめらかな曲線で結び，それを透明半球のふちまでのばした。図1の点P，Qは，この曲線が透明半球のふちと交差した点である。
Ⅴ Ⅳの曲線にそって紙テープをはりつけて，「・」印を写し取った。次に，図2のように，「・」印の間隔を調べた。

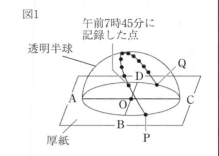
図1

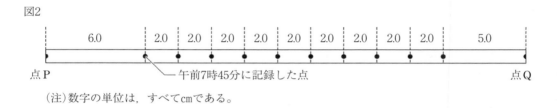

図2

点P　　　午前7時45分に記録した点　　　　　　　　　　　　　　　　　　　点Q

（注）数字の単位は，すべてcmである。

(1) 図1の点A～Dは点Oから見た東西南北のいずれかの方位を示している。北の方位はA～Dのいずれか。最も適当なものを選び，その符号を書きなさい。

(2) フェルトペンを使って，太陽の位置を透明半球に点で記録するとき，どのようにすればよいか，「フェルトペンの先のかげが，」という書き出しに続けて，書きなさい。

(3) 観察のように，太陽の日周運動が生じる理由として，最も適当なものを，次のア～エから一つ選び，その符号を書きなさい。
ア 太陽が公転しているから。　　　イ 太陽が自転しているから。
ウ 地球が公転しているから。　　　エ 地球が自転しているから。

(4) この日から3ヶ月後，同じ地点で太陽の動いた道すじを透明半球に記録したとすると，太陽の動いた道すじはどのようになると考えられるか。最も適当なものを，次のア～エから一つ選び，その符号を書きなさい。

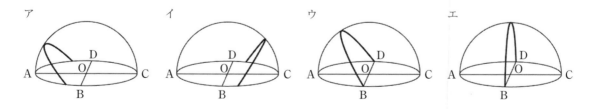

(5) 図2の点Qを日の入りの時刻における太陽の位置としたとき，この日の日の入りの時刻は午後何時何分か，求めなさい。

〔3〕新潟県のある場所で，冬至の日，右の図1のように，透明半球上に午前9時から
午後4時まで，太陽の位置を1時間ごとに記録し，なめらかな線で結んだ。さらに
その曲線を延長し，透明半球のふちと曲線の交点をL，Mとした。記録にはサイ
ンペンを用いた。

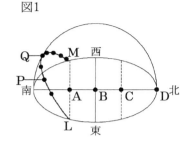
図1

Pは午前10時，Qは正午の太陽の位置であり，PとQの間の弧の長さは6.0cm，
LとPの間の弧の長さは9.5cmであった。このことに関して，次の(1)〜(3)の問い
に答えなさい。

(1) 透明半球上に太陽の位置を記録するには，サインペンの先端の影が図1のA，B，C，Dのどこにくるよう
にするか。最も適当なものを一つ選び，その符号を書きなさい。

(2) 観測した結果から，冬至の日の日の出の時刻は午前何時何分か，求めなさい。

(3) 右の図2は，冬至の日の，地球に対する太陽の光の当たり方を表した
模式図である。地軸は，公転面に対して垂直な方向から23°傾いている
として，次の①，②の問いに答えなさい。

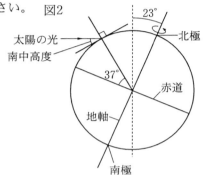
図2

① 冬至の日に，北緯37°の地点で観測される太陽の南中高度は何度か，
求めなさい。

② 冬至の日に，北極では太陽の1日の動きを観測することができない
のはなぜか。その理由を簡潔に書きなさい。

〔4〕2月15日の午後8時にオリオン座を観察すると，下の図1のDの位置に，図2のように見えた。これに関して，下
の(1)〜(4)の問いに答えなさい。

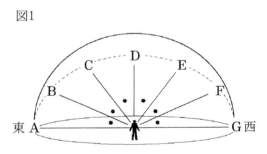
図1

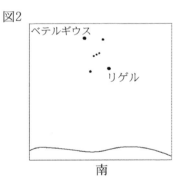
図2

(注)点線はオリオン座が動いていく道すじを，
　　AとGは地平線上の位置を示す。図中の
　　●は，それぞれ30°を示す。

(1) 2月15日にオリオン座が図1のEの位置にくるのは，およそ午後何時か，書きなさい。

(2) 1か月後の3月15日の午後8時に，同じ場所でオリオン座を観察すると，図1のどの位置で観察することができ
るか。最も適当なものをA〜Gから一つ選び，その符号を書きなさい。

(3) このオリオン座を毎月15日の同じ時刻に同じ場所で観察すると，見える位置が変わるのはなぜか。簡潔に書
きなさい。

(4) 図2のベテルギウスやリゲルのような星座をつくる星は，太陽系の外にあり，太陽と同じように，みずから
かがやいている。このような天体を何というか。最もよく当てはまる用語を書きなさい。

〔5〕 右の図1は，ある日の午後8時に南の空に見えたさそり座と火星をスケッチしたものである。

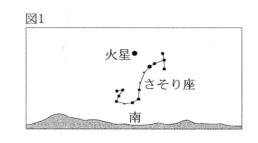

図1

また，図2は，太陽のまわりを公転する地球と，それをとりまくおもな星座の位置関係を示したものである。

これに関して，次の(1)〜(4)の問いに答えなさい。

(1) 火星の説明として，誤っているものを，次のア〜エから一つ選び，その符号を書きなさい。

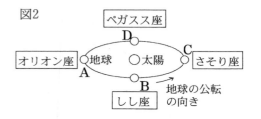

図2

ア　公転軌道は地球の内側である。

イ　半径は地球の約半分である。

ウ　太陽の光を反射してかがやいている。

エ　表面や内部はかたい岩石や金属でできている。

(2) 3時間後の午後11時にさそり座はどのようになったか。最も適当なものを，次のア〜エから一つ選び，その符号を書きなさい。

ア　東の地平線の下に沈んだ。　　　　イ　南西の空に見えた。

ウ　南東の空に見えた。　　　　　　　エ　西の地平線の下に沈んだ。

(3) この日の地球は，図2のどこにあるか。最も適当なものを，次のア〜エから一つ選び，その符号を書きなさい。

ア　AとBの間　　　イ　BとCの間　　　ウ　CとDの間　　　エ　DとAの間

(4) 午後8時に南の空にしし座が見えるのは，この観察を行った日のおよそ何か月後か。最も適当なものを，次のア〜エから一つ選び，その符号を書きなさい。

ア　3か月後　　　イ　6か月後　　　ウ　9か月後　　　エ　12か月後

〔6〕星座や月の動きについて，次の(1)，(2)の問いに答えなさい。

(1) 図1は，春分，夏至，秋分，冬至における地球と太陽の位置関係と，それらをとりまく主な星座を模式的に表したものである。これについて，次の①，②の問いに答えなさい。

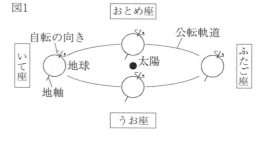

図1

① 冬至の日に見ることができない星座はどれか。次のア〜エから一つ選び，その符号を書きなさい。また，その理由を書きなさい。

ア　いて座　　　イ　うお座　　　ウ　ふたご座　　　エ　おとめ座

② ある地点で，午前0時に南の空におとめ座が観測できた。観測した日から1か月後に南の空の同じ場所におとめ座が観察できるのは何時頃か。最も適当なものを，次のア〜エから一つ選び，その符号を書きなさい。

ア　午前2時頃　　　イ　午前3時頃　　　ウ　午後10時頃　　　エ　午後11時頃

(2) 図2は太陽の光の向きと地球，月の位置関係を模式的に表したものである。これについて，次の①，②の問いに答えなさい。

① 月が日没直後に南中して見えるのは，どの位置にあるときか。最も適当なものを，図2のA〜Hから一つ選び，その符号を書きなさい。

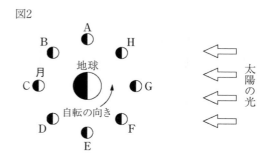

図2

② 月食が起こるのは，月がどの位置にあるときか。最も適当なものを，図2のA〜Hから一つ選び，その符号を書きなさい。また，月食が起こる理由を，「地球」「月」の二つの語句を用いて書きなさい。

〔7〕右の図1は，ある日の日没から30分後の西の空に見えた3つの天体の位置を示したものである。また，図2は北極側から見た太陽と地球，月，金星の軌道とそれらの位置関係を模式的に表したものである。これに関して，次の(1)〜(3)の問いに答えなさい。

図1

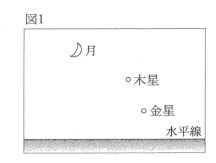

(1) 次の　X　，　Y　に，最もよく当てはまる用語をそれぞれ書きなさい。

地球や木星，金星は　X　と呼ばれる天体で，太陽のまわりを公転している。　X　の多くは，そのまわりを回る　Y　をともなっている。

図2

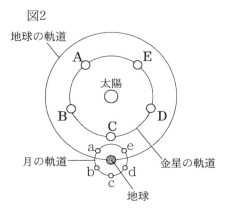

(2) この日，図2の位置に地球があるとするとき，次の①，②の問いに答えなさい。

① この日の金星と月の位置の組み合わせとして，最も適当なものを，次のア〜オから一つ選び，その符号を書きなさい。

ア　A−a 　　　イ　B−b 　　　ウ　C−c
エ　D−d 　　　オ　E−e

② 金星がDの位置にあるとき，金星はどのように見えるか。最も適当なものを，次のア〜エから一つ選び，その符号を書きなさい。

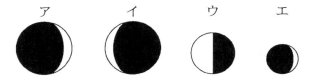

(3) もし，木星から地球を観測したら，地球はどのように見えるか。最も適当なものを，次のア〜エから一つ選び，その符号を書きなさい。

ア　見かけの大きさは変わらず，満ち欠けしないで見える。
イ　見かけの大きさは変わらず，満ち欠けして見える。
ウ　見かけの大きさが変化し，満ち欠けしないで見える。
エ　見かけの大きさが変化し，満ち欠けして見える。

〔**8**〕 ある中学校の科学部で，天体の現象について調べ，その結果をまとめた。次の資料は，調べた結果をまとめたものの一部である。これらの資料に関して，下の(1)〜(4)の問いに答えなさい。

> 皆既月食　皆既月食では，欠けている部分の形や大きさが，時間とともに変化し，最後には月がすべてかくれてしまう。このように月が欠けるのは，地球，月，太陽の位置関係によって起きる現象である。
>
> 金環日食　太陽の大部分が欠ける金環日食も月食と同じように地球，月，太陽の位置関係によって起きる現象である。図1は，日食になるときのようすの一部をスケッチしたものである。

図1

(1) 図2は，地球と月を北極側から見た模式図で，ア〜エは月の位置を表している。月食が起きるとき，月の位置として，最も適当なものを，図2のア〜エから一つ選び，その符号を書きなさい。

(2) 皆既月食になるとき，時間の経過とともに月が欠けていくようすを表した模式図として，最も適当なものを，次のア〜エから一つ選び，その符号を書きなさい。

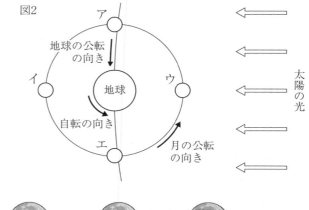

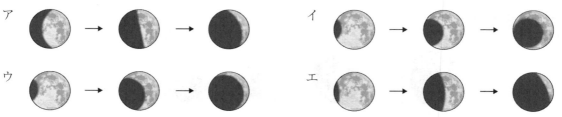

(3) 金環日食が起きた日から月の満ち欠けを調べると，1週間後には半月になることがわかった。1週間後の月の見え方として，最も適当なものを，次のア〜エから一つ選び，その符号を書きなさい。
　　ア　明け方の東の空に，月の右側半分が光って見える。
　　イ　明け方の南の空に，月の左側半分が光って見える。
　　ウ　夕方の西の空に，月の左側半分が光って見える。
　　エ　夕方の南の空に，月の右側半分が光って見える。

(4) 月食や日食の現象が観察されることはまれである理由として，最も適当なものを，次のア〜エから一つ選び，その符号を書きなさい。
　　ア　地球と月の公転の周期が同じではないから。
　　イ　月と太陽の直径の比と地球からそれぞれまでの距離の比がほぼ等しいから。
　　ウ　天球上の太陽と月の通り道が一致していないから。
　　エ　地球と月が大きさの異なる球体だから。

【 問題の使用時期 】

□問題を使用できる標準的な時期を一覧表にまとめましたので，参考にしてください。
□「4月」と記入されている問題は，中学2年生までの学習内容からの出題です。
□学習進度によって使用時期を調整してください
※使用教科書の違いによって，
　「物理分野：運動とエネルギー」と「化学分野：化学変化とイオン」
　の学習時期が入れ替わる場合があります。

物 理 分 野	身のまわりの現象	〔1〕	〔2〕	〔3〕	〔4〕	〔5〕	〔6〕
		4月	4月	4月	4月	4月	4月
		〔7〕	〔8〕	〔9〕	〔10〕		
		4月	4月	4月	4月		
	電流とそのはたらき	〔1〕	〔2〕	〔3〕	〔4〕	〔5〕	〔6〕
		4月	4月	4月	4月	4月	4月
		〔7〕	〔8〕				
		4月	4月				
	運動とエネルギー	〔1〕	〔2〕	〔3〕	〔4〕	〔5〕	〔6〕
		5月	6月	6月	6月	6〜7月	6〜7月
		〔7〕	〔8〕				
		6〜7月	6〜7月				
化 学 分 野	身のまわりの物質	〔1〕	〔2〕	〔3〕	〔4〕	〔5〕	〔6〕
		4月	4月	4月	4月	4月	4月
	化学変化と原子・分子	〔1〕	〔2〕	〔3〕	〔4〕	〔5〕	〔6〕
		4月	4月	4月	4月	4月	4月
		〔7〕	〔8〕				
		4月	4月				
	化学変化とイオン	〔1〕	〔2〕	〔3〕	〔4〕	〔5〕	〔6〕
		10〜11月	10〜11月	11月	11月	11〜12月	11〜12月
		〔7〕					
		11〜12月					
生 物 分 野	植物の世界	〔1〕	〔2〕	〔3〕	〔4〕	〔5〕	〔6〕
		4月	4月	4月	4月	4月	4月
		〔7〕	〔8〕	〔9〕			
		4月	4月	4月			
	動物の世界	〔1〕	〔2〕	〔3〕	〔4〕	〔5〕	〔6〕
		4月	4月	4月	4月	4月	4月
		〔7〕	〔8〕	〔9〕	〔10〕		
		4月	4月	4月	4月		
	生物どうしのつながり	〔1〕	〔2〕	〔3〕	〔4〕	〔5〕	〔6〕
		7月	9月	9月	9月	9〜10月	9〜10月
地 学 分 野	大地の活動	〔1〕	〔2〕	〔3〕	〔4〕	〔5〕	〔6〕
		4月	4月	4月	4月	4月	4月
		〔7〕	〔8〕	〔9〕	〔10〕		
		4月	4月	4月	4月		
	天気とその変化	〔1〕	〔2〕	〔3〕	〔4〕	〔5〕	〔6〕
		4月	4月	4月	4月	4月	4月
		〔7〕	〔8〕				
		4月	4月				
	地球と宇宙	〔1〕	〔2〕	〔3〕	〔4〕	〔5〕	〔6〕
		12月	12〜1月	12〜1月	1〜2月	1〜2月	1〜2月
		〔7〕	〔8〕				
		1〜2月	1〜2月				

受験生の皆様へ

●この問題集は,令和7・8年度の受験生を対象として作成したものです。
●この問題集は,「新潟県統一模試」で過去に出題された問題を,分野や単元別にまとめ,的をしぼった学習ができるようにしています。
特定の教科における不得意分野の克服や得意分野の伸長のためには,同種類の問題を集中的に練習し,学力を確かなものにすることが必要です。
●この問題集に掲載されている問題の使用可能時期について,問題編巻末の「問題の使用時期」にまとめました。適切な時期に問題練習を行い,詳しい解説で問題解法の定着をはかることをおすすめします。

※問題集に誤植などの不備があった場合は,当会ホームページにその内容を掲載いたします。以下のアドレスから問題集紹介ページにアクセスしていただき,その内容をご確認ください。

https://t-moshi.jp

令和7・8年度受験用　新潟県公立高校入試　入試出題形式別問題集　理科（問題編）

2024年7月1日　　第一版発行

監　修　新潟県統一模試会
発行所　新潟県統一模試会
　　　　新潟市中央区弁天 3-2-20 弁天 501 ビル 2F
　　　　〒950-0901
　　　　TEL 0120-25-2262
発売所　株式会社 星雲社（共同出版社・流通責任出版社）
　　　　東京都文京区水道 1-3-30
　　　　〒112-0005
　　　　TEL 03-3868-3275
印刷所　株式会社 ニイガタ

新潟県統一模試会

＜理科／問題編＋解答・解説編　2冊セット＞

SIAA
ISO 21702
抗ウイルス加工
無機系・表面(印刷面)
JP0612386X0002J

SIAA
ISO 22196
抗菌加工
無機抗菌剤・片面(本体)
JP0122386A0001Y

※本表紙には菌の繁殖率を抑制する抗菌処理と，特定ウイルスの数を
減少させる抗ウイルス加工を施しております。

新潟県公立高校入試対策

新潟県公立高校入試

入試出題形式別問題集

理科

解答・解説

新潟県統一模試会 監修

目　　次

身のまわりの現象

〔1〕

《解答》

(1) ウ　　(2) 入射角　b　反射角　c　屈折角　f　　(3) 全反射　　(4) 右図

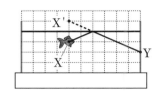

《解説》

(1) 空気とレンズの境界面に垂直に入る光は直進する。

(2) 光の反射の法則より，入射角の大きさと反射角の大きさは等しい。また，境界面にななめに入射する光は屈折する。光が空気中からレンズへ進む場合，屈折角は入射角より小さくなる。

(3) 光が水やレンズなどの物体から空気中へ進むとき，入射角がある一定以上の大きさになると，すべての光が反射する。この現象を全反射といい，光ファイバーなどに応用されている。

(4) 右の図のように，点Xからの光は，水面に対して点Xと対称の位置（点X'）から光が届くように見える。

〔2〕

《解答》

(1) E　　(2) ア　　(3) 全反射　　(4) G

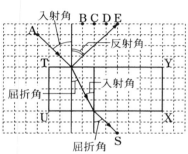

《解説》

(1) 入射角と反射角の大きさは同じなので，TY面で反射した光は，右上の図のように点Eに達する。

(2) 右上の図のように，空気中からガラスに入るときは入射角のほうが大きく，ガラスから空気中に出るときは，屈折角のほうが大きくなる。

(3) 光が全部反射されることを全反射という。

(4) 点Qで反射された光は，右下の図のように進む。

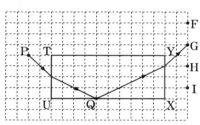

〔3〕

《解答》

(1) エ　　(2) 大きくなる。　　(3) 8〔cm〕　　(4) 虚像

《解説》

(1) 凸レンズによってできる像は，上下左右が逆の像になる。

(2) 右の図を参考に考える。

(3) 板と凸レンズの距離が焦点距離の2倍のとき，像は焦点距離の2倍のところにでき，板と同じ大きさになる。表より，板と凸レンズの距離が16cmのとき，凸レンズとスクリーンの距離も16cmになるから，焦点距離は，16÷2＝8〔cm〕

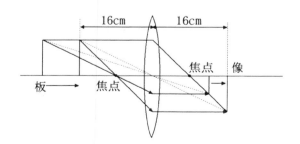

(4) 凸レンズを通して見える像は，物体からの光が集まってできたものではないから虚像という。

〔4〕

《解答》

(1) 12〔cm〕　　(2)(だんだん)小さくなる。　　(3) ウ　　(4) 3〔cm〕

《解説》

(1) スクリーン上にはっきりとした像がうつったときの凸レンズから物体までの距離と，凸レンズからスクリーンまでの距離が等しいとき，物体は焦点距離の2倍の位置にある。したがって，凸レンズの焦点距離は，24÷2＝12〔cm〕である。

(2) Pが焦点距離の2倍より大きいときは，Qは焦点距離の2倍より小さくなり，像の大きさは物体より小さくなる。Pが焦点距離の2倍のときは，Qは焦点距離の2倍となり，像の大きさは物体と同じになる。Pが焦点距離よりも大きく焦点距離の2倍より小さいときは，Qは焦点距離の2倍より大きくなり，像の大きさは物体より大きくなる。Pが焦点距離のときは，像はできない。

(3) 表から，Pを24cmとしたとき，スクリーンにうつった像の大きさは物体の矢印の形と同じなので，スクリーンに矢印の形全体がうつる。凸レンズの上半分を黒い紙でおおうと，黒い紙でおおった部分にとどいた光はスクリーンには届かず，凸レンズの下半分を通った光だけがスクリーンに届き，物体の矢印の形全体をうつす。スクリーンに届く光の量は，凸レンズの上半分を通過しなくなった分，少なくなり，うつった像は暗くなる。

(4) 表より，Pが21cmのとき，Qは28cmである。凸レンズから25cm離れたところに鏡を置いたので，鏡とスクリーンの距離は，28－25＝3〔cm〕である。よって，凸レンズを通過し鏡で反射した光は，次の図のように鏡の3cm手前で像を結ぶ。

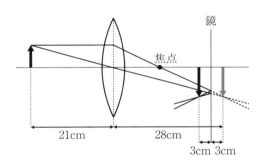

〔5〕

《解答》

(1) 振動数　　(2)① イ　② ア　　(3) 660〔回〕　　(4)X 空気　Y 波

《解説》

(1) 音源が1秒間に振動する回数を振動数，振れる幅を振幅という。

(2) 振動数が多くなると高い音になり，グラフの山と山の間隔がせまくなる。また，振幅が大きくなると大きな音になり，グラフの山の高さが高くなる。おんさAとCは振動数が同じで，おんさAとBは振幅が同じである。

(3) おんさBのグラフの山と山の間隔は，おんさAの半分だから，振動数は2倍になる。よって，330×2＝660〔回〕

(4) 空気中で音が伝わるのは，空気が振動するからである。振動が次々と伝わる現象を波という。

〔6〕

《解答》

(1)　ア　　(2)①　エ　②（弦の長さ）　長くした。（はじく強さ）　強くした。　　(3)　（秒速）350（m）

《解説》

(1)　振動の幅を振幅といい，グラフではアの部分である。

(2)①　振動数（一定時間に振動する回数）が少ないほど波の数が少なくなる。また，振動数が少ないと低い音になる。

　　②　Dの波の数はCより少ないので，振動数も少ない。弦を長くすると振動数が少なくなる。また，波の大きさはDの方が大きい。弦を強くはじくと波の大きさが大きくなり，大きな音になる。

(3)　0.02秒で7m進むから，速さは，7÷0.02＝350より秒速350m

〔7〕

《解答》

(1)①　比例の関係　②　フックの法則　　(2)　7（個）　　(3)　180（g）

《解説》

(1)①②　表より，おもりの質量（ばねに加わる力の大きさ）とばねののびには，比例の関係が見られる。この関係をフックの法則という。

(2)　おもりの質量が30g，すなわちばねに加わる力の大きさが0.3Nのとき，ばねののびは1.5cmであるから，ばねを10.5cmのばすのに必要な力の大きさをxNとすると，0.3：1.5＝x：10.5　x＝2.1〔N〕　よって，求めるおもりの個数は2.1÷0.3＝7〔個〕となる。

(3)　表より，おもりが3個のとき，ばねののびは4.5cmである。ばねが4.5cmの2倍の9.0cmのびるときは，おもりの数も2倍になるため，おもりは6個となる。おもり1個の質量は30gであるため，6×30＝180〔g〕となり，これと同じ分銅とつり合う。地球上，月面上どちらであっても物体の質量は変わらない。

〔8〕

《解答》

(1)　0.4（g/cm³）　　(2)　400（Pa）　　(3)　オ　　(4)　1200（g）

《解説》

(1)　密度（g/cm³）＝質量（g）÷体積（cm³）だから，400÷（20×10×5）＝400÷1000＝0.4（g/cm³）

(2)　圧力（Pa）＝面が垂直に押す力（N）÷力がはたらく面積（m²）である。R面の面積は，5cm＝0.05m，20cm＝0.2mだから，0.05×0.2＝0.01（m²）　また，400gの物体にはたらく重力（直方体がスポンジを押す力）は，400÷100＝4（N）だから，圧力は，4÷0.01＝400（Pa）

(3)　物体がスポンジを押す力は，質量に比例する。物体の質量が大きいほど，スポンジを押す力は大きくなる。スポンジのへこみが同じなのは，図4の方が広い面で，物体を支えているからである。

(4)　スポンジのへこみが同じとき，物体がスポンジに加える圧力は同じである。直方体Bの質量をxgとすると，$(4+\dfrac{x}{100})÷(0.2×0.1)=4÷(0.05×0.1)$が成り立つ。これを解くと，$4+\dfrac{x}{100}=800×0.02$，$\dfrac{x}{100}=16-4$，$\dfrac{x}{100}=12$，$x=1200$（g）

〔9〕

《解答》

(1)① イ ② エ (2)(面) Q （圧力） 1600(Pa)

(3)① 2(N) ② 6(N)

《解説》

(1) 水圧は水が物体を押す力なので，ゴム膜は内側にへこむ。また，深さが深くなるほど，へこみ方は大きくなる。

① 左右のゴム膜は同じ深さにあるので，水圧の大きさは同じである。よって，ゴム膜のへこみ方も同じである。

② 下側のゴム膜に加わる水圧は，上側のゴム膜に加わる水圧より大きい。よって，へこみ方は下側の方が大きい。

(2) スポンジのへこみ方は，スポンジと接する面の面積が大きいほど小さい。よって，面積が最も大きい面Qを下にしたときに，スポンジのへこみ方は最も小さくなる。

また，圧力は，圧力 (Pa) = $\dfrac{\text{面を垂直に押す力 (N)}}{\text{力がはたらく面積 (m}^2)}$ である。物体にはたらく重力は，質量が800 g だから，

$1 \times \dfrac{800}{100} = 8$（N） 物体がスポンジを垂直に押す力は，物体にはたらく重力と同じなので8Nである。力がはたらく面積は5cm＝0.05m，10cm＝0.1mだから，0.05×0.1＝0.005（m²） よって，求める圧力は，

$\dfrac{8}{0.005} = \dfrac{8000}{5} = 1600$（Pa）

(3)① 浮力は，水が物体を押し上げる力である。800 g の物体にはたらく重力は8Nだから，空気中でのニュートンはかりの目盛りは8Nである。水中では6Nなので，この差2Nが浮力になる。

② 物体が完全に水中に沈んでいるときは，物体を深く沈めても浮力は変わらない。よって，Cの状態のときもBの状態のときも浮力は同じだから，ニュートンはかりの目盛りは同じである。

〔10〕

《解答》

(1) 右の図 (2) 3.5(cm) (3)X 4.0 Y 2.0 (4) 0.4(N)

《解説》

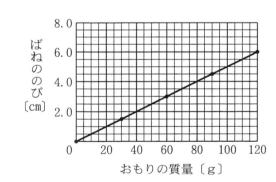

(1) おもりの質量が0 g と30 g のときのばねの長さを比べると，30 g のときが16.5－15.0＝1.5（cm）長いから，ばねは30 g で1.5cmのびることがわかる。

(2) 30 g で1.5cmのびるから，70 g では$1.5 \times \dfrac{70}{30} = 3.5$（cm）のびる。

(3) 水面からおもりの底面までの距離が2.0cm長くなるにつれて，ばねののびは1.0cmずつ短くなるから，Xは5.0－1.0＝4.0（cm） Yのときは，おもりがすべて水の中につかっているから，浮力は，水面からおもりの底面までの距離が6.0cmのときと同じである。よって，2.0（cm）

(4) ばねののびが3.0cmだから，おもりがばねを引く力は，(1)より，$30 \times \dfrac{3.0}{1.5} = 60$，60÷100＝0.6（N） 100 g のおもりにはたらく重力は1Nだから，浮力は1－0.6＝0.4（N）

電流とそのはたらき

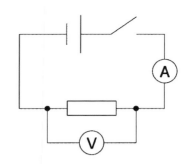

〔1〕

《解答》

(1) 右の図　　(2) 5（Ω）　　(3) 0.1（A）　　(4) 1.8（A）　　(5) 0.5（A）

《解説》

(1) 電圧計は並列に，電流計は直列につなぐ。

(2) 図4の図1のときのグラフより，電圧が2.0Vのときに0.4Aの大きさの
　　電流が流れるから，抵抗の大きさは，2.0÷0.4＝5（Ω）

(3) 電熱線a，bは並列につながれているから，電流計を流れる電流の大きさは，それぞれの電熱線を流れる電
　　流の大きさの和になる。図4の「図2のとき」のグラフより，電圧が1.0Vのときに電流計を流れる電流の大きさは
　　0.3A，電熱線aを流れる電流の大きさは，「図1のとき」のグラフより0.2A　よって，電熱線bを流れる電流の
　　大きさは，0.3－0.2＝0.1（A）

(4) 図3の回路では，電圧が1.0Vのときに0.6Aの大きさの電流が流れるから，電圧を3.0Vにすると流れる電流の
　　大きさは，0.6Aの3倍で1.8A

(5) 電熱線cの両端の電圧が1.0Vのときに流れる電流の大きさを(3)と同様に求めると，0.6－0.2＝0.4（A）
　　よって，図5の回路のとき，電熱線bには0.1A，電熱線cには0.4Aの大きさの電流が流れるから，電流計が示
　　す値は，0.1＋0.4＝0.5（A）

〔2〕

《解答》

(1) 25（Ω）　　(2) 175（mA）　　(3) イ　　(4)（$x : y$＝）8：5

(5)（正答例）　電圧の大きさは同じでも，電流の大きさは電熱線Pの方が大きいから。

《解説》

(1) 電圧が5Vのとき，200mA＝0.2Aの電流が流れるから，電気抵抗の大きさは，$\dfrac{5}{0.2}$＝25（Ω）

(2) 電圧が2Vのとき50mAの電流が流れるから，7Vのときは，$50 \times \dfrac{7}{2}$＝175（mA）の電流が流れる。よって，電流計
　　も175mAを示す。

(3) 電流計も電圧計も＋端子は，電源装置の＋極側につなぐ。電源装置の電気用図記号の縦棒で，長い方が＋極
　　である。

(4) $x : y$の比は，電圧に関係なく一定である。そこで，電圧が2Vのときの比を求める。電圧が2Vのとき，電熱
　　線Pには80mA，電熱線Qには50mAの電流が流れるから，この比は，80：50＝8：5
　　〔別解〕電熱線Pの抵抗は25Ωで，電熱線Qの抵抗は，$\dfrac{2}{0.05}$＝40（Ω）である。電圧をzVとして，それぞれの電熱
　　線を流れる電流の大きさの比を求めると，$\dfrac{z}{25} : \dfrac{z}{40}＝\dfrac{z}{25} \times 200 : \dfrac{z}{40} \times 200＝8z : 5z＝8:5$

(5) 発熱量（電力量）は，電圧と電流に比例する。電圧と電流が大きくなると，発熱量も大きくなる。

－6－

〔3〕
《解答》

(1)　30（Ω）　(2)　6（J）　(3)　右の図　(4)　4.5（V）

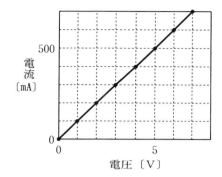

《解説》

(1)　グラフより，3Vで100mA＝0.1Aの電流が流れるから電気抵抗は，3÷0.1
　　＝30（Ω）

(2)　電熱線Qに3Vの電圧をかけると200mA＝0.2Aの電流が流れるから，電力
　　は3×0.2＝0.6（W）　よって，10秒間で発生する熱量は，0.6×10＝6（J）

(3)　並列回路の場合，回路全体を流れる電流は，それぞれの電熱線を流れる
　　電流の和になる。グラフより，電圧が3Vのとき，流れる電流は，100＋
　　200＝300（mA），6Vのときは，200＋400＝600（mA）になる。

(4)　電熱線Qの電気抵抗は，3÷0.2＝15（Ω）　電熱線Pを流れる電流は，3.0÷30＝0.1（A）　電熱線Qを流れる電
　　流も0.1Aだから，電熱線Qの両端の電圧は，0.1×15＝1.5（V）　よって，ａｂ間の電圧は，3.0＋1.5＝4.5（V）

〔4〕
《解答》

(1)(正答例)　まわりの空気によっても水温が変化するから。
(2)　8（Ω）　(3)　1200（J）　(4)　3.0（℃）

《解説》

(1)　電熱線以外の熱に影響を受けると，正確な実験ができない。
(2)　電圧が2.0Vのとき流れる電流の大きさは0.25Aだから，抵抗は2.0÷0.25＝8（Ω）
(3)　電力（W）＝電圧（V）×電流（A），熱量（J）＝電力（W）×時間（秒）である。5分は，5×60＝300（秒）だから，求め
　　る値は，4.0×1.00×300＝1200（J）
(4)　問題の図2の回路で，電熱線ａとｂは直列につながれている。電熱線ｂの抵抗は，4.0÷1.00＝4（Ω）だから，図2
　　の回路の全体の抵抗は，8＋4＝12（Ω）　全体の電圧が6.0Vのとき，回路を流れる電流の大きさは，6.0÷12＝
　　0.5（A）　電熱線ａに0.5Aの大きさの電流が流れるときの水の温度上昇は，表1より2.0℃　また，電熱線ｂに0.5
　　Aの大きさの電流が流れるときの水の上昇温度は，表2より1.0℃　よって，合わせて，2.0＋1.0＝3.0（℃）

〔5〕
《解答》

(1)① 静電気　② イ　(2)① 電子　② ウ

《解説》

(1)①　2種類の物質をこすり合わせると，それぞれの物質は異なる種類の静電気をおびる。
　　②　ストローＡとＢは引き合うから，異なる電気をおびている。ストローＡのおびている電気を＋とすると，Ｂ
　　　　のおびている電気は－である。また，ストローＡとＣはしりぞけ合うから，同じ種類の電気をおびている。ス
　　　　トローＡのおびている電気を＋とすると，Ｃのおびている電気も＋である。

(2)①　電子がけい光板にあたると光るので，電子の流れ（陰極線）が見える。
　　②　電子は－極から出て＋極に向かって進むから，ａが－極，ｂが＋極である。また，電子は－の電気をもって
　　　　いるので，電極板の＋極側にひかれる。よって，ｃが＋極，ｄが－極である。

〔6〕

《解答》

(1) D　　(2) ア　　(3) 8.0（V）　　(4) ウ（→）ア（→）イ（→）エ

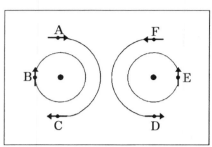

《解説》

(1) 右ねじの法則を使って，磁界の向きを調べると右の図のようにな
る。よって，磁界の向きがAと同じになるのはD

(2) 磁界の向きはN極からS極である。

(3) （電圧）＝（電流）×（抵抗）だから，0.80×10＝8.0（V）

(4) コイルを流れる電流が大きくなると，コイルにはたらく力は強くなる。並列回路の場合は，流れる電流はそれ
ぞれの電熱線を流れる電流の和なので，電熱線それぞれを流れる電流よりも大きい。また，直列回路の場合は，
抵抗が大きくなるので，流れる電流は小さくなる。

　　　また，抵抗が小さいほど流れる電流は大きくなる。よって，ウ→ア→イ→エの順になる。

〔7〕

《解答》

(1) 16（Ω）　　(2)磁石　イ　電流　ウ

(3)(正答例)　（流れる）電流が大きくなるので，（コイルの振れ幅は）大きくなる。

(4) ア

《解説》

(1) 電圧が8Vで，電流が0.5Aだから，抵抗は8÷0.5＝16（Ω）

(2) 磁石による磁界の向きは，N極→S極よりイ。また，電流のまわりの磁界の向きは，右ねじの法則よりウ。

(3) 抵抗を小さくすると，流れる電流が大きくなるので，コイルにはたらく力は大きくなる。

(4) U字形磁石のN極とS極を逆にすると，力のはたらく向きは逆になる。さらに，電流の流れる向きも逆にする
と，力のはたらく向きはさらに逆になり，結果的にコイルの動く向きは変わらない。

〔8〕

《解答》

(1) 誘導電流

(2)(正答例)　棒磁石を近づけると，コイルAの中の磁界が変化し，コイルAに電流を流そうとする電圧が生じる
から。

(3) イ　　(4)X…ウ　Y…ア

《解説》

(1),(2) コイルの中の磁界が変化すると，コイルに電流を流そうとする電圧が生じ，電流が流れる。この電流を
誘導電流といい，この現象を電磁誘導という。

(3) 直線になっている導線に電流を流すと，導線のまわりに磁界ができる。磁界は，導線を中心とする同心円状
にできる。また，磁界の向きは，電流の向きにねじを進ませるときの「ねじを回す向き」になる（右ねじの法
則）。

(4) スイッチを入れた瞬間や切った瞬間は，磁界が変化するので電流が流れる。スイッチを入れて3秒後は，磁界
は一定になっていて，変化しないので電流は流れない。また，図2の回路に電流を流したとき，コイルBの左
側がN極，右側がS極になるから，スイッチを入れたときは，N極を近づけたことと同じになり，検流計の指針
の振れる向きは，実験1と同じになる（右に振れる）。スイッチを切ったときは，N極を遠ざけたことと同じに
なるから，検流計の指針の振れる向きは実験1と逆になる（左に振れる）。

運動とエネルギー

〔1〕

《解答》

(1) 22.5 (2)① 6(N) ② ア (3) イ

《解説》

(1) おもりの数が1個増えると、ばねの長さは20.0－17.5＝2.5(cm)増えるから、Pに当てはまる値は、20.0＋2.5＝22.5(cm)

(2)① F_1，F_2の合力の大きさは，F_1，F_2をとなり合う2辺とする平行四辺形の対角線の長さになる。右の図のように対角線をかいて、その長さを調べると6目盛りになり、1目盛りは1Nだから、合力の大きさは6Nとなる。

② OX方向の分力とOY方向の分力は右の図のようになる。よって、ばねばかりAではF_1より大きく、ばねばかりBではF_2より小さい。

(3) ばねの長さが20.0cmだから、物体を引く力は2N(おもり2個のときの力)、動かした距離は、50.0cm＝0.5mである。よって、仕事は、2×0.5＝1(J)

〔2〕

《解答》

(1) 8(N) (2)① 8(N) ②ウ

(3)(正答例) 2力は互いに逆向きで、一直線上にあり、大きさが等しい。

《解説》

(1) ばねXが糸を引く力の大きさは、ばねばかりA、Bが糸を引く力の合力の大きさに等しくなる。よって、3＋5＝8〔N〕である。

(2)① 合力は、ばねばかりA、Bが糸を引く力を矢印で表したとき、それらを2辺とする平行四辺形の対角線で表される。また、合力とばねXが糸を引く力がつり合っているとき、それらの大きさは、(1)より8Nである。

② 角度a、bをそれぞれ同じ角度にしたとき、ばねばかりA、Bがそれぞれ糸を引く力は等しくなる。また、角度a、bをそれぞれ60°にしたとき、ばねばかりA、Bがそれぞれ糸を引く力と、合力の大きさFは等しくなる。

(3) 1つの物体に2つの力がはたらいてつり合っているとき、「2つの力の大きさは等しい。」「2つの力は一直線上にある。」「2つの力の向きは反対である。」という3つの関係が成り立つ。

〔3〕

《解答》

(1)(毎秒)92.0(cm)　　(2)　右の図Ⅰ　　(3)　イ

(4)X…等速直線　　Y…慣性

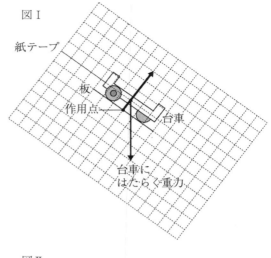

図Ⅰ

《解説》

(1)　記録タイマーは1秒間に50打点するから，1打点あたりに

かかる時間は$\frac{1}{50}$秒　よって，打点Pから打点Qの間の時間

は，$\frac{1}{50}\times10=\frac{1}{5}$(秒)　また，打点Pから打点Qの間の長さは，

$6.9+11.5=18.4$(cm)だから，平均の速さは，

$18.4\div\frac{1}{5}=18.4\times5=92.0$より，毎秒92.0cm

(2)　垂直抗力は，斜面が台車を垂直に押す力である。台車に

はたらく重力を，斜面方向と斜面に垂直な方向に分けると，

右の図Ⅱのa，bとなる。台車は重力によって，斜面をbで

示した力で押している。垂直抗力の大きさは，この力の大

きさと同じで向きが逆になる。矢印の始点を作用点にする

から，作用点からbと同じ長さで向きが反対の矢印をかく。

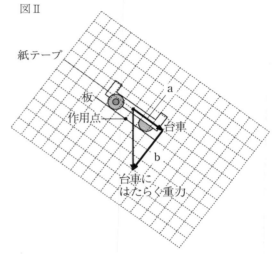

図Ⅱ

(3)　台車が斜面上を動くときは，右の図Ⅱのaで示した一定

の力がはたらいている。水平面上では，aで示した力は0に

なるから，進行方向への力ははたらかないことになる。

(4)　問題の図2で，5打点ごとの紙テープの長さが20.6cmにな

ると，そのあとも20.6cmで一定になる。これは，台車が一

定の速さで進んでいることになる。一定の速さで，同じ向

きに進む運動を等速直線運動という。また，物体が同じ状

態を保とうとする性質を慣性の法則という。

〔4〕

《解答》

(1)　0.4(N)　　(2)　25(cm/s)　　(3)　慣性　　(4)　エ

《解説》

(1)　台車は糸に引かれているから，その引かれる強さと同じ強さで紙テープを引けばよい。糸が台車を引く力は，

おもりにはたらく重力と等しい。よって，求める値は，$40\div100=0.4$(N)

(2)　1秒間で50打点を打つから，5打点を打つには，$1\div50\times5=0.1$(秒)かかる。0.1秒で2.5cm進むから，平均の速さ

は，$2.5\div0.1=25$(cm/s)

(3)　物体は，運動しているときは等速直線運動を続けようとし，静止しているときは静止を続けようとする。物体

が持つこの性質を慣性という。

(4)　おもりが床に達するまでは，台車は糸に(1)で求めた値の力で引かれている。この値は一定である。また，おも

りが床に達すると，おもりは糸を引かなくなり，糸も台車を引かなくなるので，力は0になる。

〔5〕

《解答》

(1) エ　　(2) 0.4（J）　　(3) ウ　　(4)質量　300（g）　仕事率　0.06（W）

《解説》

(1) 物体に下向きにはたらく重力とつり合う力は，上向きにはたらく力である。上向きにはたらく力は，ばねが物体を引く力と，床が物体を押す力（垂直抗力）で，この2つの力の和が重力とつり合っている。

(2) 200gの物体にはたらく重力は2Nで，物体が移動した距離は20cm＝0.2mである。よって，おもりがされた仕事の量は，2×0.2＝0.4（J）

(3) 物体の位置エネルギーは物体の高さに比例する。位置エネルギーと運動エネルギーの和は一定だから，運動エネルギーも高さに比例する。物体が落下するとき，位置エネルギーは減少するから，運動エネルギーは増加する。このことを表しているグラフはウである。

(4) 物体Aの質量をxgとする。物体Aと滑車を2本のひもで引き上げているから，物体Aと滑車の質量の和は，1本のひもが引く力の2倍である。よって，$x＋30＝165×2$，$x＝330－30＝300$（g）　また，物体Aを20cmの高さまで引き上げるときにする仕事の量は，3（N）×0.2（m）＝0.6（J）

　　よって，仕事率は，0.6÷10＝0.06（W）

〔6〕

《解答》

(1)① 120（Pa）　② 右の図
(2)① 4.0（cm）　②（長さ）40cm　（時間）4（秒）

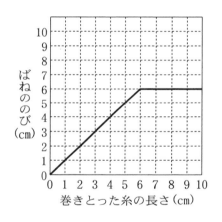

《解説》

(1)① 物体Aの質量が120gだから，この物体Aにはたらく重力（物体Aが机を押す力）は120÷100＝1.2（N）また，物体Aと机が接する面の面積は，10cm＝0.1mだから，0.1×0.1＝0.01（m²）　よって，圧力は，1.2÷0.01＝120（Pa）

　② 物体Aの質量が120gだから，表より，ばねののびが6.0cmになるまでは，物体Aは机から離れない（ばねはのび続ける）。よって，ばねののびが6.0cmになるまでは，巻きとった糸の長さとばねののびは同じになる。また，ばねののびが6.0cmになると，ばねはそれ以上のびなくなる。

(2)① ばねに結んである糸と，定滑車に通してある糸の2本で動滑車と物体Bを引いていることになる。動滑車と物体Bの質量の合計は，60＋100＝160（g）だから，ばねに結んである糸は，160gの半分の質量の物体を引いていることと同じになる。よって，おもりの質量が80gのときののびと同じ4.0cmになる。

　② 動滑車と物体Bを20cm引き上げるとき，ばねに結んである糸と，定滑車に通してある糸がそれぞれ20cm引き上げることになるから，モーターの巻きとった糸の長さは，20cmの2倍で40cmになる。また，動滑車と物体Bを20cm引き上げるときにモーターがした仕事は，質量が160gの物体にはたらく重力は1.6Nで，20cm＝0.2mだから，1.6×0.2＝0.32（J）　かかった時間をx秒とすると，仕事率が0.08Wだから，0.32÷x＝0.08，$x＝0.32÷0.08＝4$（秒）

〔7〕

《解答》

(1) ア　　(2) エ　　(3) 右の図　　(4) ア

《解説》

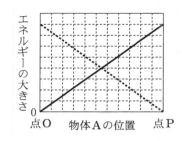

(1) 物体が斜面を下るときは，斜面方向に下向きの力（重力の分力）がはたらくので，速さは速くなる。水平面では，進行方向に力がはたらかないので，速さは一定である。また，あらい面を上るときは，面との摩擦や，下側に引かれる力により，速さは遅くなる。

(2) 水平面を運動しているときは，下向きの重力と，物体を上向きに押し上げる力（垂直抗力）がはたらいている。

(3) 運動エネルギーと位置エネルギーの和は一定である。点Oでは運動エネルギーは0で，点Pでは8目もりのところになる。

(4) エネルギーの和は，増えたり減ったりしない。最初にもっていた力学的エネルギー（E_1）がE_2とJに変わったことになるから，$E_1＝E_2＋J$

〔8〕

《解答》

(1) イ　　(2) 0.08（J）　　(3) エ

(4)（正答例）（おもりをはなす高さ）をかえても，それぞれにかかる時間は同じである。

《解説》

(1) つり合う力は1つの物体にはたらく力である。おもりにはたらく力でつり合っているのは，地球がおもりを引く力（重力）と，糸がおもりを引く力である。

(2) 手がおもりに加えた力は，おもりにはたらく重力に等しいから，40÷100＝0.4（N）　また，おもりを動かした距離は20cm＝0.2mだから，手がした仕事は，0.4×0.2＝0.08（J）

(3) 位置エネルギーが小さいほど運動エネルギーは大きく，おもりの動く速さも速い。位置エネルギーは高さが低いほど小さいから，いちばん低くなったcの位置での速さが最も速く，次はbの位置，最後がdの位置である。

(4) 図1，図2ともに，おもりの運動を0.1秒ごとに記録しているから，記録されたおもりの間隔は0.1秒である。記録されたおもりの数は両方とも11個だから，図1で点aから点eまで，図2で点fから点gまで動くのにかかった時間は同じで，0.1×（11−1）＝1（秒）である。

〔1〕

《解答》

(1)(正答例) （このロウが固体から液体に状態変化しているとき，）ロウの温度が一定にならないから。

(2)質量　変わらない。　密度　大きくなる。　(3) エ　(4) 広くなる。

《解説》

(1) 純粋な物質がとけているとき（固体→液体）や，気体になっているときは温度は変化しないので，温度は一定になる。また，いくつかの物質が混ざり合った混合物は，一定にならない。

(2) 質量…Ⅰで，固体のロウが入ったビーカーの重さは，18＋34＝52（g）であり，液体のロウが入ったビーカーの重さも52gだから，質量は変わらない。

密度…Ⅲより，液体のロウを固体にすると，中央部がくぼむから体積が小さくなる。また，（密度）＝$\frac{（質量）}{（体積）}$

だから，質量が同じで体積が小さくなると，密度は大きくなる。

(3) （水の体積）＋（固体のロウの体積）＝50（cm³）だから，固体のロウの体積は，50－30＝20（cm³）である。固体のロウを液体にすると体積が増えるから，液面は20cm³より高くなる。

(4) 物質を構成する粒子は，固体では規則正しく並んでいるが，液体では動き回るようになり，粒子と粒子の間隔は広くなる。また，気体になると飛び回るようになり，間隔はさらに広くなる。

〔2〕

《解答》

(1) エ　(2)(正答例) 混合物〔液体〕が急に沸とうするのを防ぐため。　(3) ウ　(4) 蒸留

(5) 0.79（g/cm³）

《解説》

(1) 図のねじPが空気調節ねじ，ねじQがガス調整ねじである。炎が黄色になるのは，空気が不足しているからである。ねじPをゆるめて空気を入れ，炎の色を青色にする。

(2) 沸とう石を入れて加熱すると，液体がおだやかに沸とうする。沸とう石を入れないで加熱すると，液体が急に沸とうして危険である。

(3) 液体は沸点の低いものから沸とうしてくる。エタノールの沸点は水に比べて低いので，先に沸とうしてくる。そのために，試験管Aに集めた液体にはエタノールが多く含まれているので，マッチの炎を近づけると液体が燃える。

(4) 沸点のちがいを利用して，混合物から純粋に近い物質を取り出すことを蒸留という。実験で，試験管Aに集まった液体は，純粋に近いエタノールであると考えられる。

(5) 水20cm³の質量は，密度が1.00g/cm³だから，1.00×20＝20.00（g）　よって，エタノール5cm³の質量は，

23.95－20.00＝3.95（g）　密度は，$\frac{3.95}{5}$＝0.79（g/cm³）

〔3〕

《解答》

(1)(符号) ウ　(理由)(正答例) 水に溶けにくいから。　(2) イ

(3) ア　(4) D

《解説》

実験結果より，4つの気体A～Dが何かを調べる。

実験1より，気体Bはアンモニア(刺激臭がある)であることがわかる。

実験2より，気体Aは酸素(他の物質を燃やすはたらきがある)であることがわかる。

実験3より，気体Cは二酸化炭素(水に溶かすと酸性になる)であることがわかる。

残りの気体Dは水素である。

(1) 酸素(気体A)は水に溶けにくいので水上置換法(図のウ)で集める。

(2) アンモニア(気体B)は水に溶けるとアルカリ性を示す。ＢＴＢ溶液は酸性で黄色，アルカリ性で青色，中性で緑色になる。

(3) 気体Dは水素なので，亜鉛に塩酸を加えると発生する。イとウは二酸化炭素が，エは酸素が発生する。

(4) 気体の中で，密度が最も小さいのは水素(気体D)である。

〔4〕

《解答》

(1) 上方置換(法)　　(2) ア　　(3) イ

(4)(正答例) アンモニアが水に溶けて，(丸底フラスコ内の)圧力が下がったから。

《解説》

(1) アンモニアは水に溶けやすく，空気より軽いので上方置換(法)で集める。丸底フラスコの上側にアンモニアがたまると，空気が押し出される。上の方に気体がたまるから，上方置換(法)という。

(2) アンモニアは水にふれるとアルカリ性を示す。アルカリ性の水溶液は，赤色リトマス紙を青色に変える。

(3) フェノールフタレイン溶液は，中性の水溶液では無色，アルカリ性の水溶液では赤色になる。

(4) アンモニアが水に溶けると，丸底フラスコ内の気体の量が少なくなり，圧力が下がる。圧力が下がると，水そう内の水が吸い上げられる。

〔5〕

《解答》

(1) ウ　　(2)X　Ａ　Y　Ｂ　　(3)質量　22(ｇ)　順番　Ｂ→Ｃ→Ａ　　(4) ウ

《解説》

(1) 物質を液に入れたとき，物質はすぐにはすべて溶けない。かき混ぜたり，しばらく置いておくとすべて溶け，どの部分も均一になる(同じ濃さになる)。

(2) Ⅲで，溶け残りがなかったビーカーＡの水溶液が最もうすい。ビーカーＢ，Ｃの水溶液は飽和状態(これ以上食塩を溶かすことができない状態)になっている。

また，ビーカーＢの水溶液の水の量は，ビーカーＣの2倍で，両方とも飽和状態だから，溶けている食塩の量は，ビーカーＢの方が多い。

(3) (Ⅱで加えた量)＋(ⅢⅢで溶けた量)＝(Ⅳで得られた量)である。ビーカーＢについて，Ⅱで加えた量をxｇとすると，$x+(20-6)=36$より，$x=36-14=22$(ｇ)　ビーカーＡについては，$32-20=12$(ｇ)，ビーカーＣについては，$18-(20-12)=10$(ｇ)である。ビーカーＣの水の量は，他のビーカーの半分だから，100ｇの水に$10×2＝20$(ｇ)の食塩を入れたとして，濃さを考えると，食塩の量がいちばん多いビーカーＢの水溶液が最も濃く，いちばん少ないビーカーＡの水溶液が最もうすい。

(4) 液体や気体を溶かしたものは，水を蒸発させても固体の結晶は出てこない。よって，結晶をとり出すことができるのは，固体の物質を溶かしたミョウバン水溶液である。エタノールは液体，塩酸に溶けている塩化水素や，アンモニア，炭酸水に溶けている二酸化炭素は気体である。

〔6〕

《解答》

(1)　20（％），25（g）　　(2)　エ　　(3)（正答例）（加熱して）水を蒸発させる。　　(4)　ア，イ，エ

《解説》

(1)　質量パーセント濃度〔％〕＝（溶質の質量〔g〕÷溶液の質量〔g〕×100）より，2.5÷（10＋2.5）×100＝20
　　〔％〕　　試験管Aの水溶液は，10gの水に2.5gの食塩をとかしている。水を100g（10倍）にしたときは，2.5×10
　　＝25（g）の食塩をとかすと，濃度は同じになる。

(2)　図2より，20℃の水100gにとける食塩の量は約36g，硝酸カリウムの量は約31gである。これから，20℃の水
　　10gにとける食塩の量と硝酸カリウムの量を求めると，それぞれ3.6g，3.1gである。10gの水に溶かした食塩，
　　硝酸カリウムの量はそれぞれ2.5gだから，両方ともとけていることがわかる。

(3)　水の量を少なくする（水を蒸発させる）と，とける物質の量も少なくなるので，結晶としてとり出すことができ
　　る。

(4)　燃やすと二酸化炭素ができる物質のなかまを有機物，燃えても二酸化炭素ができない物質のなかまを無機物と
　　いう。石油やロウ，（石油を原料とする）プラスチックは有機物のなかまである。

化学変化と原子・分子

〔1〕

《解答》

(1) ウ　　(2) $2H_2 + O_2 \rightarrow 2H_2O$　　(3) ア　　(4) 0.044（g）

《解説》

(1) 赤色のリトマス紙を青色に変えるのは，アルカリ性の水溶液である。砂糖水と食塩水は中性，アンモニア水はアルカリ性，（うすい）塩酸は酸性の水溶液である。

(2) 水素分子（H_2）2個と酸素分子（O_2）1個が結びついて，水分子（H_2O）が2個できる。

(3) 水を電気分解すると，陽極から酸素が，陰極から水素が発生し，発生する水素の体積は酸素の体積の2倍である。問題の図1では，電極Aが陰極，電極Bが陽極だから，電極Aから発生した水素の体積は，電極Bから発生した酸素の体積の2倍である。例えば，電極Bから4cm³の酸素が発生したとすると，電極Aからは $4 \times 2 = 8$（cm³）の水素が発生する。この関係を表すグラフはアである。

(4) 表より，60cm³の水素と30cm³の酸素が過不足なく反応する。60cm³の水素と40cm³の酸素で実験したときは，60cm³の水素と30cm³の酸素が化合し，酸素が10cm³残ることになる。よって，このときできる水の質量は，

$0.008 \times \dfrac{60}{100} + 0.13 \times \dfrac{30}{100} = 0.0048 + 0.039 = 0.0438$（g）　四捨五入して小数第3位までで表すと，0.044 g

〔2〕

《解答》

(1) エ　　(2) カ　　(3) 炭酸ナトリウム　　(4)用語　分解　符号　ウ

《解説》

(1) 石灰水が白くにごったから二酸化炭素が発生したことがわかる。酸化銅と炭素の粉末を加熱すると，酸化銅は酸素を炭素にうばわれ銅に，炭素は二酸化炭素になる。アはアンモニアが発生し，イは水素，ウは酸素が発生する。

(2) 塩化コバルト紙は青色をしていて，水にふれると赤色になる。

(3) 炭酸水素ナトリウムを加熱すると，炭酸ナトリウム，水，二酸化炭素に分解する。

(4) 1種類の物質が2種類以上の物質に分かれる化学変化を分解，2種類以上の物質が1種類の物質になる化学変化を化合という。アは状態変化，イ，エは化合である。

〔3〕

《解答》

(1) Na，H，C，O　　(2) ア

(3)（正答例）　試験管Bの石灰水が逆流して試験管Aに入（り，試験管が割れ）るのを防ぐため。

(4) 50.7（g）

《解説》

(1) 炭酸水素ナトリウムは，ナトリウム原子（Na），水素原子（H），炭素原子（C），酸素原子（O）からできている。

(2) 水に青色の塩化コバルト紙をつけると，赤色に変わる。

(3) ガスバーナーの火を消すと，試験管A内の温度が下がり，圧力が低下する。すると，試験管B内の石灰水がガラス管を通って試験管Aに逆流することがある。

(4) 炭酸水素ナトリウムを加熱すると，炭酸ナトリウム，水，二酸化炭素に分かれる。蒸発皿に入れた炭酸水素ナトリウムを加熱すると，水と二酸化炭素が出ていき，質量が減少する。2.2gの炭酸水素ナトリウムを加熱したとき，質量は，45.3 + 2.2 − 46.7 = 0.8（g）減少するから，4.4gの炭酸水素ナトリウムを加熱すると，$0.8 \times \dfrac{4.4}{2.2} = 1.6$（g）減少することになる。よって，求める値は，47.9 + 4.4 − 1.6 = 50.7（g）

〔4〕

《解答》

(1)　d→b→a→c→e　　(2)　エ　　(3)　ア　　(4)　4.32（g）

《解説》

(1)　ガスバーナーを使うときは，炎の色が青くなるように，空気調節ねじを回して調節する。

(2)　酸化銀から銀と酸素ができる反応は分解である。

(3)　金属には磁石につくものとつかないものがあるので，磁石につくことが金属に共通した性質ではない。

(4)　表より，2.90gの酸化銀に含まれている酸素の質量は，2.90－2.70＝0.20（g）である。4.64÷2.90＝1.6より

4.64gは2.90gの1.6倍だから，4.64gの酸化銀に含まれている酸素の質量は，0.20×1.6＝0.32（g）　よって，

加熱後は，4.64－0.32＝4.32（g）になる。

〔5〕

《解答》

(1)(正答例)　鉄と硫黄が反応すると熱が発生し，その熱で反応がさらに進むから。

(2)　硫化鉄　　(3)試験管A　硫化水素　試験管B　水素　　(4)　Fe＋S→FeS　　(5)　20（g）

《解説》

(1)　鉄と硫黄が反応すると熱が発生する。このような反応を発熱反応という。

(2)　鉄と硫黄が結びついて硫化鉄という黒い物質になる。

(3)　硫化鉄に塩酸を加えると硫化水素という刺激臭のある気体が発生する。また，試験管Bには鉄粉がそのまま

残っているので，塩酸を加えると水素が発生する。

(4)　鉄原子（Fe）1個と硫黄原子（S）1個が，1：1の割合で結びついて硫化鉄（FeS）になる。化学反応式は，Fe

＋S→FeSとなる。

(5)　グラフから7gの鉄と4gの硫黄が過不足なく反応することがわかる。このときできる硫化鉄は，7＋4＝11

（g）である。55gの硫化鉄をつくるのに必要な硫黄の粉末は，$4 \times \dfrac{55}{11} = 4 \times 5 = 20$（g）

〔6〕

《解答》

(1)　$2Mg + O_2 \rightarrow 2MgO$

(2)(正答例)　光や熱を出しながら，激しく酸化する。

(3)　右の図　　(4)　69（%）

《解説》

(1)　2個のマグネシウム原子（Mg）と，1個の酸素分子（O_2）が化合して，

酸化マグネシウム（MgO）になる。化学変化の前後で，原子の種類と

個数が等しくなるように化学反応式をつくる。

(2)　マグネシウムが酸素と化合するときは，光や熱が発生する。光や

熱を発生させながら酸素と結びつく反応を燃焼という。

(3)　マグネシウムの質量と，加熱後の物質（酸化マグネシウム）

の質量の差が酸素の質量になる。表にまとめると，右のように

なる。これをもとにグラフをかく。

図

表

マグネシウムの質量（g）	0.3	0.6	0.9	1.2	1.5
加熱後の物質の質量（g）	0.5	1.0	1.5	2.0	2.5
酸素の質量（g）	0.2	0.4	0.6	0.8	1.0

(4)　加熱後に増えた質量は，7.0－4.8＝2.2（g）である。これは

マグネシウムと化合した酸素の質量である。表より，0.2gの酸素と0.3gのマグネシウムが化合するから，2.2g

の酸素と化合するマグネシウムの質量は，$0.3 \times \dfrac{2.2}{0.2} = 3.3$（g）である。よって，酸化されたマグネシウムの割合は，

$\dfrac{3.3}{4.8} \times 100 = 68.75$より，69%

〔7〕

《解答》

(1) 二酸化炭素　(2)X　還元　Y　酸化，$2CuO+C→2Cu+CO_2$

(3) 右の図　(4) 3.5（g）

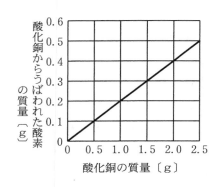

《解説》

(1) 石灰水を白くにごらせたことから，発生した気体は二酸化炭素であるとわかる。

(2) 酸化物から酸素が離れることを還元，物質が酸素と化合して別の物質に変わる変化を酸化という。酸化銅と炭素の粉末を加熱すると，酸化銅（CuO）から酸素（O_2）が離れて銅（Cu）になり，炭素（C）が酸素と化合して二酸化炭素（CO_2）になる。

(3) グラフより，0.5gの酸化銅から0.4gの銅ができている。このとき，酸化銅からうばわれた酸素の質量は，0.5－0.4＝0.1（g）である。同じように，1.0gのときは0.2g，1.5gのときは0.3g，2.0gのときは0.4g，2.5gのときは0.5gである。これをもとにグラフをかく。

(4) 酸化銅0.5gから0.1gの酸素がうばわれるから，うばわれる酸素の質量が0.7gのときの酸化銅は，0.5×7＝3.5（g）である。

〔8〕

《解答》

(1) CO_2　(2) 右の図　(3) 10.0（g以上）　(4) 0.4（g）

(5)（正答例）　化合する原子の組合せは変わっても，原子の種類と原子の数は変化しないから。

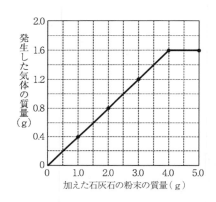

《解説》

(1) 塩酸に石灰石を加えると，二酸化炭素が発生する。

(2) 加えた石灰石の粉末が4.0gまでは，右上がりの直線で，4.0gの後は横軸に平行な直線になる。

(3) うすい塩酸に4.0g以上の石灰石の粉末を加えても発生する気体の質量が増えないから，実験で用いたうすい塩酸40.0gと反応する石灰石の粉末の質量は4.0gである。ビーカーEには5.0gの石灰石の粉末が入っているから，5.0－4.0＝1.0（g）の石灰石の粉末が反応しないで残っている。1.0gの石灰石の粉末と反応するうすい塩酸の質量は，$40.0×\frac{1.0}{4.0}=10.0$（g）だから，10.0g以上のうすい塩酸を加えればよい。

(4) 塩酸の濃度を半分にすると，反応する石灰石の質量も発生する気体の質量も半分になる。また，質量も半分（20.0g）にしているから，反応する石灰石の質量や発生する気体の質量もさらに半分になる。よって，濃度も質量も半分にすると，反応する石灰石の質量や発生する気体の質量はもとの$\frac{1}{4}$になる。したがって，反応する石灰石の粉末の質量は，$4.0×\frac{1}{4}=1.0$（g）で，発生する気体の質量は，$1.6×\frac{1}{4}=0.4$（g）である。石灰石の粉末を2.0g加えているから，そのうち1.0gが反応しないで残っている。

(5) 化学変化の前後で，反応に用いた物質全体の質量は変化しない。これを，質量保存の法則という。

化学変化とイオン

〔１〕

《解答》

(1) 化合物　　(2)水　180（ｇ）　塩化銅　20（ｇ）

(3)Ｘ　Cu^{2+}　Ｙ　$2Cl^-$　　(4)(名称)　塩素　(符号)　エ

《解説》

(1) 1種類の原子からできている物質を単体，2種類またはそれ以上の原子が結びついてできている物質を化合物という。

(2) 10％の塩化銅水溶液200ｇにふくまれている塩化銅は，$200 \times \dfrac{10}{100} = 20$（ｇ）である。よって，水の量は，$200 - 20 = 180$（ｇ）

(3) 銅原子は2個の電子を放出して陽イオン（Cu^{2+}）になり，塩素原子は1個の電子を受け取って陰イオン（Cl^-）になる。Cu^{2+}は銅イオン，Cl^-は塩化物イオンと呼ぶ。また，$CuCl_2$には，1個の銅原子と2個の塩素原子があるから，電離すると，1個の銅イオンと2個の塩化物イオンができることに注意。

(4) 塩化銅は，銅原子と塩素原子が結びついたものである。＋の電極である電極Ｂには，陰イオンである塩化物イオンが引きつけられ，気体の塩素が発生する。塩素には殺菌作用や漂白作用があり，洗浄剤や漂白剤などに利用されている。

〔２〕

《解答》

(1) 12（ｇ）　　(2) 電解質　　(3) $CuCl_2 \rightarrow Cu^{2+} + 2Cl^-$　　(4) エ

《解説》

(1) 濃度（％）＝$\dfrac{溶質の質量（ｇ）}{溶液の質量（ｇ）} \times 100$，溶液の質量（ｇ）＝溶質の質量（ｇ）＋溶媒の質量（ｇ）である。

溶質の質量（ｇ）＝溶液の質量（ｇ）$\times \dfrac{濃度（％）}{100}$だから，$150 \times \dfrac{8}{100} = 12$（ｇ）

(2) 水溶液に電流が流れる物質を電解質，流れない物質を非電解質という。

(3) 銅原子は2個の電子を放出して銅イオン（Cu^{2+}）になる。また，塩素原子は1個の電子を受け取り塩化物イオン（Cl^-）になる。塩素原子がイオンになったときの呼び名は塩素イオンではなく，塩化物イオンという。また，塩化銅は銅原子と塩素原子が1：2の割合で結びついているから，塩化銅がイオンに分かれると銅イオンと塩化物イオンが1：2の割合でできる。

(4) 金属に共通した特徴は，「電気を通しやすい，みがくとかがやく（金属光沢），力を加えるとのびたり，うすくなったりする」である。なお，銅はアルミなどと同様に磁石につくことはなく，うすい塩酸に入れても，亜鉛やマグネシウムとちがって，水素は発生しない。

〔3〕

《解答》

(1) $\dfrac{2}{3}x$（g）　　(2)①　H_2　②（正答例）　塩酸と水酸化ナトリウムが中和し，塩酸がなくなったから。

(3)　ウ

《解説》

(1)　A，Bの試験管は，溶液の色が黄色（酸性）だから，水酸化ナトリウムはすべて反応したものの，まだ反応していない塩酸が残っていることを表している。Cの試験管は，溶液の色が緑（中性）だから，塩酸も水酸化ナトリウムもなくなって，中和していることを表している。よって，A，B，Cの試験管においては，固体の質量は，加えた水酸化ナトリウム水溶液の量に比例するから，Bの試験管に残る白い固体の質量は，$x \times \dfrac{2}{3} = \dfrac{2}{3}x$（g）である。

(2)①　試験管Aには塩酸がある。塩酸にマグネシウムを加えると水素（H_2）が発生する。

②　試験管Eの溶液の色は青だから，アルカリ性であることを示しており，塩酸がすべて水酸化ナトリウムと中和し，残っていないことを表している。

(3)　塩酸は水溶液中では，水素イオン（H^+）と塩化物イオン（Cl^-）の状態になっている。水酸化ナトリウムは，水酸化物イオン（OH^-）とナトリウムイオン（Na^+）の状態になっている。この2つを混ぜると，H^+とOH^-が結びついてH_2O（水）になり，Cl^-とNa^+はイオンのままである。試験管Bでは，塩酸が残っているので，OH^-が残っておらず，H^+（とNa^+，Cl^-）が残っているものを選ぶ。

〔4〕

《解答》

(1)水　196（g）　塩化水素　4（g）　　(2)　$H^+ + OH^- \rightarrow H_2O$　　(3)　ア　　(4)　15（cm³）

《解説》

(1)　2％の塩酸200gに含まれている塩化水素の質量は，$200 \times \dfrac{2}{100} = 4$（g）である。よって，水の質量は，$200 - 4 = 196$（g）

(2)　水素イオン（H^+）と水酸化物イオン（OH^-）が結びついて，水（H_2O）になる。

(3)　塩化ナトリウムは，水溶液中では電離し，イオンの状態で溶けていることに注意。塩化水素は水溶液中では水素イオン（H^+）と塩化物イオン（Cl^-）に分かれており，水酸化ナトリウムはナトリウムイオン（Na^+）と水酸化物イオン（OH^-）に分かれている。塩酸に水酸化ナトリウム水溶液を加えると，水素イオンは水酸化物イオンと結びついて水になるので，水素イオンがなくなるまで減少する。また，塩化物イオンはイオンのままなので増減しない。水酸化物イオンは水素イオンがなくなるまで増加しないが，水素イオンがなくなると増加する。ナトリウムイオンはイオンのままなので増加する。

(4)　実験1より塩酸10cm³と水酸化ナトリウム水溶液5cm³が過不足なく反応する。よって，10cm³の水酸化ナトリウム水溶液と過不足なく反応する塩酸は，$10 \times \dfrac{10}{5} = 20$（cm³）である。はじめ，塩酸は5cm³入っているので，加える塩酸は$20 - 5 = 15$（cm³）となる。

〔5〕

《解答》

(1) ア　　(2) エ　　(3) SO_4^{2-}　　(4) イ

《解説》

(1) 亜鉛板の表面では，亜鉛原子が電子を2個放出して，Zn^{2+}（亜鉛イオン）となる。

(2) 電池の−極で放出された電子は導線を通って＋極に移動する。また，電流の向きと電子の移動する向きは逆である。

(3) 電池の反応が進むと，硫酸亜鉛水溶液では亜鉛イオンが増えて＋の電気を帯びていき，硫酸銅水溶液では銅イオンが減って−の電気を帯びていく。よって，亜鉛イオンは硫酸銅水溶液へ引き寄せられ，硫酸銅水溶液中の硫酸イオンは硫酸亜鉛水溶液へ引き寄せられ，セロハン膜を通っていく。

(4) 物質がもっている化学エネルギーは，電流が流れることで電気エネルギーに変換され，さらにモーターを回転させる運動エネルギーに変換された。

〔6〕

《解答》

(1) ウ　　(2) マグネシウム　　(3) 化学エネルギー　　(4) イ　　(5) ウ

《解説》

(1) マグネシウムは亜鉛よりもイオンになりやすいので，陽イオンMg^{2+}が硫酸亜鉛水溶液中にとけ出す。硫酸亜鉛水溶液から電離したZn^{2+}が，マグネシウム片に残った電子をうけとって亜鉛原子となり，マグネシウム片の表面に付着する。

(2) 金属を陽イオンになりやすい順に並べると，Na，Mg，Al，Zn，Fe，Cu，Agの順になる。

(3) 物質がもつ化学エネルギーを電気エネルギーに変換する装置を化学電池という。

(4) 亜鉛は銅よりもイオンになりやすいので，硫酸亜鉛水溶液中にとけ出す。放出された電子は，導線を通って銅板に移動する。銅板側では硫酸銅水溶液から電離した陽イオンCu^{2+}が電子をうけとって銅原子となり銅板に付着する。電子が亜鉛板から銅板に流れるので，電流は銅板から亜鉛板に向かって流れる。

(5) セロハンは2種類の電解質水溶液が混ざらないようにしている。また，硫酸亜鉛水溶液中ではZn^{2+}が増え，硫酸銅水溶液中ではCu^{2+}が減り，陰イオンSO_4^{2-}が残るため2つの水溶液の電気的なバランスがくずれる。セロハンを通して，亜鉛イオンZn^{2+}が硫酸銅水溶液側に，硫酸イオンSO_4^{2-}が硫酸亜鉛水溶液側に移動することで，電気的な安定が保たれ，長時間電流を流すことができる。

〔7〕

《解答》

(1)(正答例)　電解質の水溶液に2種類の金属板を入れる。　　(2) ウ　　(3) ア　　(4) 300（個）

《解説》

(1) 実験の結果から，亜鉛板と銅板，アルミニウム板と銅板のように異なる種類の金属板と，うすい塩酸と食塩水のように電解質の水溶液を用いた場合にモーターが回転し，電池ができることがわかる。

(2)～(4) うすい塩酸の中に亜鉛板と銅板を入れると，亜鉛板が−極，銅板が＋極となり，図のPの向きに電流が流れる。このとき，亜鉛板の表面では，亜鉛原子が電子を2個放出して，Zn^{2+}（亜鉛イオン）となり，銅板では，うすい塩酸中のH^+（水素イオン）が放出された電子を受けとってH（水素原子）となり，2つの水素原子どうしが結びついてH_2（水素分子）となる。よって，亜鉛原子が150個のとき，放出される電子の数は300個であり，これらの電子を受けとってできる水素原子の数は300個である。

植物の世界

〔1〕

《解答》

(1)① ア　② エ　(2)① 150(倍)　② エ

《解説》

(1)① 観察するものが動かせるとき，ルーペを目に近づけて持ち，観察するものを前後に動かしてピントを合わせる。

(2)① 顕微鏡の倍率は，(接眼レンズの倍率)×(対物レンズの倍率)で求めることができる。

　② 対物レンズは高倍率のものほど長さが長くなり，ピントを合わせたときのプレパラートと対物レンズの間の距離は小さくなる。

〔2〕

《解答》

(1)P 雌花　Q 雄花　(2)a イ　b ウ　(3)用語　裸子植物　符号　ア，キ

(4)(正答例)　胚珠が子房に包まれている。

《解説》

(1) 図1のPは雌花で，図2のaをふくむりん片がある。Qは雄花で，図2のbをふくむりん片がある。

(2) 図2のaは胚珠で，図3ではイにあたる。bは花粉ぶくろで，図3ではウ(やく)にあたる。

(3) マツの花には，子房がなく，胚珠がむきだしである。このような花のつくりをもつ植物を裸子植物という。また，マツとイチョウとスギは裸子植物，スギナはシダ植物，ゼニゴケはコケ植物であり，残りは被子植物である。

(4) アブラナなどの被子植物は，胚珠が子房で包まれている。

〔3〕

《解答》

(1)(正答例)　日光に当たる面積が広くなること。　(2) イ　(3) 子房　(4)(用語)　合弁花類　(符号)　ウ

《解説》

(1) 光合成をする植物は，葉を交互に広げ，日光があたる面積を広くしている。

(2) タンポポは双子葉類なので，葉脈は網状脈(網目状の形)をしており，根は太い主根と主根から出る側根に分かれている。

(3) めしべの下の部分には子房がある。

(4) 花びらがくっついている花を合弁花といい，そのなかまを合弁花類という。タンポポ，アサガオ，ツツジ，ヒマワリなどが合弁花類である。

〔4〕

《解答》

(1)I ②　II ④　III ③　IV ①　(2)X 胚珠　Y 被子　(3)X コケ　Y 胞子

《解説》

(1) Aは種子植物，Bはシダ植物，Cはコケ植物，Dは藻類である。Aは花が咲き，B，C，Dは花が咲かないからIは②　AとBは根，茎，葉の区別がはっきりしていて，CとDは区別がないからIIは④　A，B，Cは陸上で生活し，Dは水中で生活するからIIIは③　A〜Dはすべて光合成をするからIVは①

(2) エンドウやアブラナのように，胚珠が子房につつまれている種子植物を被子植物といい，イチョウやマツのように，胚珠がむきだしの種子植物を裸子植物という。

(3) Bのシダ植物やCのコケ植物は，種子をつくらず胞子でふえる。

〔5〕

《解答》

(1)根…エ　茎…ウ　葉…ア　　(2)粒状のもの…胞子のう　小さな粒子…胞子

(3)　仮根　　(4)　維管束

《解説》

(1)　イヌワラビの茎（ウ）は，土の中にあり，地下茎と呼ばれている。イは，葉の柄に当たる部分である。

(2)　イヌワラビの葉の裏には，袋状の胞子のうの集まりがたくさんあり，胞子のうの中には，小さな粒子状の胞子がたくさんつまっている。胞子は発芽して成長し，なかまをふやす。

(3)　スギゴケには，地中の水や肥料分を吸収する根はなく，からだを土や岩に固定させるはたらきをもつ毛のようなつくりがある。これを仮根という。

(4)　水の通り道は道管，養分の通り道は師管と呼ばれている。師管と道管が集まった部分を維管束という。シダ植物（イヌワラビなど）には維管束があるが，コケ植物（スギゴケなど）には維管束がない。

〔6〕

《解答》

(1)P…気孔　Q…蒸散　　(2)　イ　　(3)X…道管　Y…師管　　(4)　単子葉類

《解説》

(1)　三角フラスコの水が減少したのは，植物が水を吸い上げ，気孔から水蒸気にして放出したからである。植物が気孔から水を水蒸気にして放出することを蒸散という。

(2), (3)　植物が根から吸収した水の通る管を道管といい，葉でつくられた養分の通る管を師管という。ホウセンカの道管は図2のa，トウモロコシの道管はeである。また，ホウセンカの師管はc，トウモロコシの師管はdである。

(4)　被子植物は単子葉類と双子葉類に分けられる。単子葉類の維管束（道管と師管を合わせた部分）は，図1のように，茎の中に散らばっている。双子葉類の維管束は，輪の形に並んでいる。

〔7〕

《解答》

(1)　イ　(2)(正答例)　水面からの水の蒸発を防ぐため。

(3)(正答例)　気孔は葉の裏側に多くあるから。　(4)　2.5(倍)

《解説》

(1)　根で吸い上げられた水は，茎の道管を通って葉に運ばれる。茎の道管はイである。

(2)　油には水の蒸発を防ぐ効果がある。水面から水が蒸発すると，ホウセンカによる水の減少量を正しく測定できない。

(3)　水は，葉の気孔から水蒸気になって空気中に出ていく。気孔の数は，葉の裏側の方が表側より多い。

(4)　ホウセンカの葉の表側からの水の蒸散量を x cm³，裏側からの水の蒸散量を y cm³，茎からの水の蒸散量を z cm³とする。a（裏側と茎から出ていく）の水の減少量より，$y+z=11.0$…①　c（表側と裏側，茎から出ていく）の水の減少量より，$x+y+z=15.0$…②　①と②を比べると，$x=15.0-11.0=4.0$（cm³）である。また，b（表側と茎から出ていく）の水の減少量より，$x+z=5.0$…③　②と③を比べると，$y=15.0-5.0=10.0$（cm³）したがって，求める値は，$y÷x=10.0÷4.0=2.5$（倍）

〔8〕

《解答》

(1)（正答例）　葉の緑色を脱色するため。　　(2)1　a　2　c（1, 2は順不同）　3　a　4　b（3, 4は順不同）

(3)①　ア　②　イ　　(4)エ

《解説》

(1)　あたためたエタノールに葉をつけると緑色を脱色できる。

(2)　ヨウ素液はデンプンがあると青紫色に変わるから，光合成はaの部分で行われたことがわかる。光をあてたa
　　の部分と，緑色をしていて光をさえぎったcの部分の比較から，光が必要であることがわかる。また，緑色の部
　　分のaと，光をあてたふの部分のbの比較から，光合成は緑色の部分で行われたことがわかる。

(3)　植物は昼も夜も呼吸をしていて，酸素を取り入れ二酸化炭素を出している。光が十分にあたっているときは，
　　光合成による酸素の放出量と二酸化炭素の吸収量が多いので，全体としては酸素を放出し，二酸化炭素を吸収す
　　るようにみえる。

(4)　図のアは液胞，イは細胞質，ウは核，エは葉緑体，オは細胞壁，カは細胞膜である。光合成は葉緑体で行われる。

〔9〕

《解答》

(1)A　ア　B　ウ　　(2)エ　　(3)イ　　(4)エ

《解説》

(1), (2)　ＢＴＢ溶液は酸性で黄色，アルカリ性で青色，中性で緑色である。実験Ⅰで，息を吹きこんだのは溶液に
　　二酸化炭素をとかすためである。二酸化炭素がとけている溶液は酸性を示すので，青色（アルカリ性）の溶液に二
　　酸化炭素を吹きこむと，緑色（中性）にすることができる。

　　　試験管Ａではオオカナダモは光合成を行って，二酸化炭素を吸収したから溶液の色は青色にもどる。試験管Ｂ
　　ではオオカナダモは呼吸だけをするので，二酸化炭素を放出し，酸性が強くなり黄色になる。

　　　また，試験管Ａのオオカナダモも呼吸をしていて二酸化炭素を放出するが，光合成での吸収量の方が多いので，
　　全体では減少する。

(3)　光合成は，葉緑体で行われ，光を利用して，水と二酸化炭素からデンプンなどの養分をつくるはたらきである。
　　デンプンがあるところが葉緑体で，図2ではイである。アは細胞壁，ウは液胞，エは核である。

(4)　デンプンなどの養分は水にとけやすい糖にかえられて，師管を通って運ばれる。

〔1〕

《解答》

(1) C，F　　(2) 両生（類）　　(3) ア，イ，エ

(4) 符号　B，D，E　特徴（正答例）　殻でおおわれていて，乾燥を防ぐ。

《解説》

(1) AのアカガエルとGのイモリは幼生のときはえらで，成体になると肺で呼吸する。Bのハト，Dのウミガメ，Eのトカゲは一生肺で呼吸する。

(2) AのカエルとGのイモリは両生類，Bのハトは鳥類，Cのフナは魚類，DのウミガメとEのトカゲはハチュウ類である。また，Fのカニは節足動物と呼ばれ，背骨がなく体の外側はかたい外骨格でおおわれている。

(3) フナなどの魚類とトカゲなどのハチュウ類は卵で生まれ（卵生），体はうろこでおおわれている。また，体温がまわりの温度によって変わる変温動物である。

(4) ハチュウ類と鳥類はかたい殻のある卵を陸上にうむ。殻があることで，乾燥を防ぐ。また，中身がつぶれにくくなる。

〔2〕

《解答》

(1) 外骨格　　(2) イ，エ

(3)① X　a，b，c　Y　d　Z　e

　②（正答例）　母親の体内である程度育ってから，（親と同じような形で）うまれる。

《解説》

(1) バッタなどのこん虫類やクモ，ムカデ，エビ，カニなどを節足動物という。からだの外側は外骨格というかたい殻でおおわれている。

(2) 貝やイカ，タコ，カタツムリなどを軟体動物という。

(3)① 肺呼吸をするのはホニュウ類，鳥類，ハチュウ類である。両生類の子は水中で生活し，えらで呼吸する。親になると肺で呼吸し，水中ばかりでなく，陸上でも生活できるようになる。魚類は，一生を水中で過ごし，えらで呼吸する。

　② ホニュウ類の子は母親の子宮内で育ち，親と同じような姿でうまれる。このようなうまれ方を胎生という。胎生に対して，卵でうまれるうまれ方を卵生という。

〔3〕

《解答》

(1) セキツイ動物　　(2) 相同器官　　(3) ウ　　(4) 進化

《解説》

(1) 背骨がある動物のことをセキツイ動物という。

(2) 外形やはたらきは異なっていても，もとは同じでそれが変化したものを相同器官という。

(3) シソチョウはからだのつくりから，鳥類とハチュウ類の中間の生物と考えられている。

(4) 生物が長い時間をかけて，多くの世代を重ねながら変化していくことを進化という。

〔4〕

《解答》

(1)①　イ→ウ→ア　②　ウ　(2)エ　(3)イ　(4)単細胞生物

《解説》

(1)①　顕微鏡を使う手順

　　　1　鏡筒の中にゴミが入らないように，接眼レンズ，対物レンズの順に取り付ける。

　　　2　接眼レンズをのぞきながら反射鏡を調節して視野が最も明るくなるようにする。

　　　3　プレパラートをステージにのせ，横から見ながら調節ねじを回して対物レンズをプレパラートに近づける。

　　　4　接眼レンズをのぞきながら，プレパラートと対物レンズの間を広げてピントを合わせる。

　　　5　しぼりで明るさを調節する。

　　②　高倍率にすると対象物が大きく見え，見える範囲はせまくなる。また，レンズを通る光の量が少なくなるので，視野全体は暗くなる。

(2)　細胞の観察には，染色液として酢酸オルセイン液や酢酸カーミン液がよく用いられる。この染色液には，細胞の核を赤く染めるはたらきがある。

(3)　細胞膜，細胞質（核と細胞膜以外の部分），核は動物の細胞にも植物の細胞にもあるが，細胞壁は植物の細胞にしかない。細胞壁は，植物のからだを支えるのに役立っている。

(4)　1つの細胞からできている生物を単細胞生物といい，たくさんの細胞からできている生物を多細胞生物という。単細胞生物には，ミカヅキモやゾウリムシ，アメーバなどが当てはまる。

〔5〕

《解答》

(1)　加熱　(2)　消化酵素　(3)　エ　(4)　糖

《解説》

(1)　ベネジクト液は糖を検出する試薬である。ベネジクト液を加えただけでは，色が変化しないので，加熱して溶液を温める。

(2)　だ液や胃液などの消化液には，消化酵素がふくまれていて，食物を分解し，体内に吸収されやすい養分にかえるはたらきをする。

(3)　ベネジクト液を糖をふくむ溶液に加えて加熱すると，赤かっ色に変化する。

(4)　ヨウ素液はデンプンを検出する試薬で，デンプンがあると青紫色になる。水を加えた試験管E，Fを比べると，水はデンプンを分解しないことがわかる…①。また，だ液を加えた試験管C，Dを比べるとデンプンが糖にかわっていることがわかる…②。①，②より，デンプンを糖にかえたのはだ液であることがわかる。

〔6〕

《解答》

(1)① 口，胃　② 消化酵素　(2)① 柔毛　② エ

《解説》

(1)① 口からはだ液が，胃からは胃液が分泌される。

　② 栄養分を分解する物質を消化酵素といい，だ液にはデンプンを分解するアミラーゼ，胃液にはタンパク質を分解するペプシンがふくまれている。

(2)① 小腸のひだにある無数の突起は柔毛と呼ばれ，消化された栄養分を吸収している。

　② デンプンはブドウ糖に，タンパク質はアミノ酸に分解されて毛細血管に入る。図2のAはリンパ管を示しており，モノグリセリドと脂肪酸は柔毛から吸収されたあと，再び脂肪に合成されてリンパ管に入る。

〔7〕

《解答》

(1) a，c　(2) 赤血球　(3)X　尿素　Y　じん臓　(4) 酸素

《解説》

(1) 動脈血は酸素を多く含む血液である。肺から心臓に向かう血液と心臓から肺以外の全身に出る血液には酸素が多く含まれている。

(2) 赤血球には，赤い色をしているヘモグロビンが含まれている。

(3) アンモニアは肝臓で無毒な尿素に変えられ，じん臓でこしとられて尿として排出される。

(4) 細胞の中では，養分が酸素と結びついて分解され，エネルギーを取り出している。

〔8〕

《解答》

(1)X　酸素　Y　えら　(2)　エ

(3)(正答例)　酸素が多いところでは，酸素と結びつき，酸素が少ないところでは酸素をはなす。

(4)X　心臓　Y　血しょう　Z　組織液

《解説》

(1) 呼吸は酸素を取り入れ，二酸化炭素を出すはたらきである。メダカ(魚類)はえらで呼吸している。

(2) ア…赤血球はすべて球状である。イ…毛細血管は収縮しない。ウ…赤血球は毛細血管を通りぬけられない。酸素は，血しょうをなかだちとして細胞に運ばれる。エ…赤血球は，血液の流れとともに，一方向に流れる。

(3) ヘモグロビンは，酸素の多い肺などで酸素と結びつき，酸素の少ない筋肉や末端の細胞などで，酸素を離す性質がある。

(4) 血液は，心臓が収縮することによって送り出され，全身の血管を通って再び心臓にもどる。

〔9〕

《解答》

(1) 皮ふ　　(2)①　（G→）E→B→A→C→F（→H）　②　運動神経　　(3)　イ

《解説》

(1) 感覚器官には，皮ふや目，耳，鼻，舌などがある。

(2)①　左手をにぎられたら右手をにぎる反応は，脳が命令を出している。よって，信号は感覚器官（G）から出て，
　　脳を経由して筋肉に伝わる。

　　②　筋肉につながっている神経を運動神経，感覚器官につながっている神経を感覚神経という。

(3) 脳が，右手をにぎるように指示を出すまで時間がかかる。

〔10〕

《解答》

(1)　イ　　(2)①　感覚器官　②P　感覚（神経）　Q　運動（神経）　　(3)　イ

《解説》

(1) 表からものさしが落ちた距離の平均は，（16.9＋15.2＋15.6＋16.1＋15.7）÷5＝15.9（cm）である。図3から
　　15.9cmに対応するものさしをつかむまでの時間は，およそ0.18秒である。

(2)①　目や鼻，舌，皮ふなどは，周囲から刺激を受けとる器官だから，感覚器官という。手や足など，からだを動
　　かす器官を運動器官という。

　　②　感覚器官から脳やせきずいなどの中枢神経に刺激を伝えるのは感覚神経，中枢神経からの命令を運動器官に
　　伝えるのは運動神経である。

(3) 腕や指を伸ばしたり，曲げたりするとき，対になっている筋肉のうち，一方がのびると他方はゆるむ。

生物どうしのつながり

〔1〕

《解答》

(1) 単子葉類　(2) P　ウ　Q　イ　R　ア　(3)（A →）E（→）B（→）D（→）C

(4)（正答例）　細胞が分裂して数が増え，増えた細胞が大きくなることで成長する。

《解説》

(1) タマネギの根はひげ根なので，被子植物の中の単子葉類である。双子葉類の根は，主根と側根に分かれている。

(2) P…根の先端付近では細胞分裂が活発に行われているので，細胞の大きさは小さく，細胞分裂の途中のものが見られる。よって，ウが当てはまる。

　　Q…細胞分裂で2つに分かれたそれぞれの細胞が大きくなっているところであり，アより小さいイである。

　　R…残りのアで，細胞がもとの大きさになっている。

(3) 細胞分裂の様子

　① 細胞の核の中で染色体が複製され，同じものが2本ずつできる。

　② 核の中に染色体が見られるようになる（E）。

　③ 2本の染色体が分かれて，細胞の両端に移動する（B）。

　④ 両端に移動した染色体は，丸く固まり，細胞を2つに分けるような仕切りが見えてくる（D）。

　⑤ ④の仕切りで，細胞が2つに分かれる（C）。

(4) 細胞分裂で増えた細胞が，問題の図のア，イのように大きくなることで，根が成長する。

〔2〕

《解答》

(1) 花粉管　(2)（正答例）　寒天片〔試料〕が乾かないようにするため。

(3)① X　精細胞　Y　胚　②（正答例）　胚珠が子房につつまれている。

《解説》

(1) 花粉から伸びる管を花粉管といい，この中を精細胞が移動する。

(2) 寒天片が乾いてかたく固まってしまうと，花粉管は伸びることができない。

(3)① 図4のAは花粉管で，卵細胞がある胚珠まで伸びる。胚珠まで伸びると，花粉管の中を移動してきた精細胞の核が卵細胞の核と合体する。これを受精といい，受精してできた受精卵は，細胞分裂をくり返して胚になる。

　② 種子植物のうち，胚珠が子房につつまれている植物を被子植物，子房がなく胚珠がむき出しの植物を裸子植物という。

〔3〕

《解答》

(1) X…発生　Y…胚　(2) エ　(3) ウ　(4) 無性生殖

《解説》

(1) 動物も植物も，受精卵からからだがつくられていく過程を発生という。胚については，動物の場合は自分で食物をとり始めるまでの間の時期をいい，植物の場合は根のもと（幼根）や子葉などをそなえたつくりのことをいう。

(2) 生殖細胞（卵，精子）の染色体の数は，からだの細胞の半分である。受精してできた受精卵の染色体の数は，卵と精子からそれぞれ受けつぐので生殖細胞の2倍になる。

(3) 子は，親の雄と雌から染色体をそれぞれ受けつぐので，両方の染色体がある。また，染色体の数は親と子で変わらない。

(4) 受精による生殖（生物が子をつくること）を有性生殖，受精によらない生殖を無性生殖という。

〔4〕

《解答》

(1)符号　イ　名称　胚珠　　(2)　無性生殖〔栄養生殖〕

(3)(正答例)　親と同じ形質が現れる〔遺伝する〕。　　(4)　デンプン

《解説》

(1)　アはおしべ，ウは子房，エはがくである。

(2)　生物が子をつくることを生殖といい，精細胞と卵細胞が受精する（1つになる）ことによって子をつくる生殖を有性生殖という。また，受精を行わずに子をつくる生殖を無性生殖という。

(3)　無性生殖では，子は親の染色体（遺伝子）をそのまま受けつぐので，子の形質は親と同じになる。

(4)　光合成でつくられる物質Aはデンプンである。

〔5〕

《解答》

(1)　ア　　(2)　優性の形質　　(3)　エ　　(4)　ア，ウ，オ

《解説》

(1)　花粉でつくられた精細胞は花粉管の中を通って，胚珠の中でつくられた卵細胞まで運ばれる。精細胞と卵細胞が受精してできた受精卵は，細胞分裂をくり返して，根・茎・葉のもとになるつくりになる。このつくりを胚という。

　　被子植物の生殖細胞は，精細胞と卵細胞と呼ぶ。また，子房は，めしべのもとのふくらんだ部分で，この中に胚珠が入っている。

(2)　実験1で，子に現れる形質（種子が丸いこと）を優性の形質，現れない形質（種子にしわがあること）を劣性の形質という。

(3)　実験2で，孫の代に現れる優性の形質の個体の数と，劣性の形質の個体の数の比は3：1である。よって，個体の総数が6000個のとき，優性の形質の個体の数は，$6000 \times \dfrac{3}{4} = 4500$（個）である。

(4)　丸い種子になる遺伝子の組合せは，ＡＡ，Ａａである。この二つになる場合を調べる。

　　(ア)ＡＡとＡＡをかけ合わせたときには，すべてＡＡになる。(イ)ａａとａａをかけ合わせたときには，すべてａａ（しわのある種子）になる。(ウ)ＡＡとＡａをかけ合わせたときには，ＡＡとＡａになる。(エ)ＡａとＡａをかけ合わせたときには，ＡＡ，Ａａ，ａａとなり，丸い種子としわのある種子が現れる。(オ)ＡＡとａａをかけ合わせたときには，すべてＡａになる。

〔6〕

《解答》

(1)　形質　　(2)　D→A→C→B　　(3)　ウ　　(4)　イ

《解説》

(1)　花の色や動物の体型など，個体のもつ形や性質を形質という。

(2)　雌花の柱頭に花粉がつくと（受粉すると），花粉管がのび，その中を精細胞が送られる。精細胞が胚珠の中の卵細胞と合体すると（受精すると），卵細胞（受精卵）が細胞分裂をくり返し胚になる。

(3)　何代にもわたってしわのある種子をつくるエンドウと，何代にもわたって丸い種子をつくるエンドウをかけ合わせると，丸い種子しかできない。これを優性の法則という。

(4)　孫では，丸い種子としわのある種子は3：1の割合で現れるから，しわのある種子は，$800 \times \dfrac{1}{4} = 200$より，約200個である。

〔1〕

《解答》

(1)　主要動　　(2)　震度　　(3)　右の図　　(4)　イ

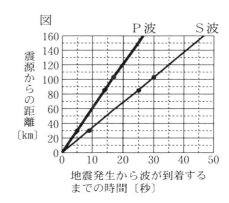

図

（グラフ：縦軸「震源からの距離〔km〕」0～160、横軸「地震発生から波が到着するまでの時間〔秒〕」0～50、P波・S波）

《解説》

(1)　最初にくる波（P波）によるゆれを初期微動，次にくる波（S波）による
　　ゆれを主要動という。

(2)　6強や5弱などは，地震によるゆれの大きさを表している。ゆれの大き
　　さの程度を表す尺度は震度である。

(3)　P波がA地点にとどくのにかかる時間は，28秒－23秒＝5秒，B地点に
　　とどくのにかかる時間は，37秒－23秒＝14秒，C地点にとどくのにかか
　　る時間は，40秒－23秒＝17秒　よって，3点（5，30），（14，85），
　　（17，103）を通る直線をひく。

(4)　A地点での初期微動継続時間は，32秒－28秒＝4秒　初期微動継続時間は，震源
　　からの距離に比例する。A地点は震源から30kmはなれているので，150÷30＝5　4×5＝20（秒）

〔2〕

《解答》

(1)　ウ　　(2)　B→A→D→C　　(3)　6.4（km/秒）　　(4)　断層

《解説》

(1)　地震とともに地震計がゆれても，おもりと針はほとんど動かない。

(2)　震源から遠いほど初期微動継続時間（小さいゆれが続く時間）が長くなることから考える。

(3)　表と図2のグラフから，地点Xは初期微動継続時間が10秒であることから，震源からの距離が80km。同じように
　　考えると，地点Yは震源からの距離が240kmであることがわかる。表からP波の到着時間は25秒差があるので，
　　（240－80）÷25＝6.4（km/秒）となる。

(4)　地層に押す力や引く力がはたらくと，地層が割れてずれることがある。このずれを断層という。

〔3〕

《解答》

(1)　主要動　　(2)　(10時)35(分)11(秒)　　(3)　20(秒)　　(4)　イ，ウ，エ

《解説》

(1)　P波によって起こる小さなゆれを初期微動，S波によって起こる大きなゆれを主要動という。

(2)　P波が伝わる速さは，（49－14）（km）÷（18－13）（s）＝7〔km/s〕である。よって，震源から地点AにP波が
　　伝わる時間は，14〔km〕÷7〔km/s〕＝2〔s〕なので，地震が発生した時刻は，10時35分13秒の2秒前である。

(3)　震源からの距離が21kmの地点にP波が伝わるまでの時間は，21〔km〕÷7〔km/s〕＝3〔s〕なので，緊急地震速
　　報を受信したのは地震発生から，3＋5＝8〔s〕後である。一方，S波の伝わる速さは，（49－14）÷（25－15）＝3.5
　　〔km/s〕なので，震源から98kmの地点にS波が伝わるまでの時間は，98〔km〕÷3.5〔km/s〕＝28〔s〕である。よって，
　　求める時間は，28－8＝20〔秒〕である。

(4)　(3)より，各地点で緊急地震速報を受信したのは，地震発生から8秒後である。よって，S波が進む距離は，
　　3.5〔km/s〕×8〔s〕＝28〔km〕なので，これよりも遠い地点を選ぶ。

〔4〕

《解答》

(1) イ　　(2) エ　　(3) X　斑晶　　Y　石基

(4)(正答例)　火山灰や火山れきなどの火山噴出物が堆積し，固まってできる。

《解説》

(1)　アとエは円すい形，イは盛り上がった形，ウは傾斜がゆるやかな形の火山である。よって，Aは雲仙普賢岳，Bは桜島と浅間山，Cはマウナロアに該当する。

(2)　盛り上がったドーム状の火山では火山噴出物の色は白っぽく，マグマのねばりけは強い。一方で，傾斜がゆるやかな形の火山では火山噴出物の色は黒っぽく，マグマのねばりけは弱い。

(3)　図2の火成岩は斑状組織で，マグマが地表や地表近くで急に冷え固まるため，結晶が大きく成長できない。Xは斑晶であり，Yは石基である。

(4)　凝灰岩は，火山灰や火山れきなどの火山噴出物が堆積し，固まってできる。

〔5〕

《解答》

(1)符号　ウ　用語　マグニチュード

(2)符号　B　理由（正答例）　・（記録の）ゆれ（幅）が大きいから。　・初期微動継続時間が短いから。

(3)①　エ　②　イ

《解説》

(1)　震度0もあることに注意。震度0は，人体には感じないゆれである。また，ゆれの大きさは震度，地震の規模の大きさはマグニチュード（記号M）で表す。

(2)　震源に近いほどゆれ（記録のゆれ幅）が大きく，初期微動継続時間（小さなゆれの続く時間）が短い。

(3)①　ねばりけの強いマグマが噴火するときは，激しく噴火し，斜面をあまり流れないので，傾斜の急な山になる。

②　海洋プレートは東から西へ移動しており，日本海溝付近で，大陸プレートの下に沈みこんでいる。そのため，大陸プレートは引きずり込まれていく。大陸プレートがそのひずみにたえられなくなると，周囲の岩石に破壊が起こり，大陸プレートがもとにもどろうとする。このときのプレートの動きが地震となって伝わる。

〔6〕

《解答》

(1)　A　　(2)X　はん状　Y　はん晶　　(3)　エ　　(4)　イ

《解説》

(1)　堆積岩は，まるみをおびた砂やれきや泥が堆積したものである。

(2)　Bのように大きな鉱物の結晶がまばらにふくまれているつくりをはん状組織という。また，Cのように大きい鉱物の結晶をしきつめた形のつくりを等粒状組織という。

(3)　等粒状組織（C）は，マグマが地下深くで，ゆっくり冷えて固まるから，鉱物が大きな結晶になる。また，はん状組織（B）は，マグマが地表や地表付近で急に冷やされて固まるため，鉱物が大きな結晶になれない。

(4)　チョウ石は白色，セキエイは透明の鉱物で無色鉱物と呼ばれている。他の鉱物は有色鉱物と呼ばれている。

〔7〕

《解答》

(1) 鉱物　　(2) イ　　(3) エ　　(4)① ア　② ア

《解説》

(1) 火山灰中にふくまれている規則正しい形をした粒は，マグマが冷えて固まるときに小さな結晶となったもので，鉱物という。

(2) 無色で不規則に割れるのはセキエイである。チョウ石は白色(灰色)で，決まった方向に割れ，カクセン石は黒色で柱状に割れる。また，カンラン石はうす緑か黄かっ色で，不規則に割れる。

(3) 火山灰がかたまってできた岩石は凝灰岩である。砂岩は砂が，石灰岩は石灰質の多い生物の死がいが，チャートは二酸化ケイ素の多い生物の死がいがかたまってできた岩石である。

(4) マグマのねばりけが強いと激しい噴火がおき，溶岩の色は白っぽくなる。逆に，ねばりけが弱いとおだやかな噴火がおき，溶岩の色は黒っぽくなる。

〔8〕

《解答》

(1) 粒の大きさ　　(2) エ　　(3)① ウ　　② イ

《解説》

(1) れき，砂，泥は粒の大きさによって分類され，粒の大きい順に，れき→砂→泥である。

(2)X…A層は泥が堆積したもので，泥は粒が小さいので沖の方まで流されて堆積する。D層はれきが堆積したもので，れきの粒は大きいので海岸近くに堆積する。

Y…C層の凝灰岩は火山灰が堆積してできたものだから，D層が堆積した後に火山活動があったことがわかる。

(3)① 広い範囲に生息した生物の化石を比べると，広い範囲で地層を比較できるため便利である。また，栄えた期間が短いと年代を特定しやすい。

② アンモナイトは中生代に栄えた生物で，フズリナは古生代に栄えた生物である。年代は，古生代→中生代→新生代と新しくなる。また，石灰岩はかたい殻をもつ生物の死がいが堆積してできたものである。

〔9〕

《解答》

(1) 堆積岩　　(2) 東　　(3) エ　　(4)用語 風化　符号 ア

《解説》

(1) 土砂や生物の死がい，火山灰などが固まってできた岩石を堆積岩という。

(2) A，B，Cの各地点で，凝灰岩の地層の標高を調べると，A地点では地表(標高50m)から20m下に凝灰岩の地層があるから標高は，50－20＝30(m)である。同じように，B地点では，70－40＝30(m)，C地点では，70－30＝40(m)である。これらのことから，A地点とB地点の凝灰岩の地層は，C地点より低いところにあることがわかる。よって，地層はA，B地点が低くなっているので，東の方が低くなるように傾いている。

(3) X地点での凝灰岩の地層の標高は，A，B地点と同じで30mだから，地表から，80－30＝50(m)のところに見られる。

(4) 地層が地表に現れると，気温の変化や雨水などのはたらきによって，岩石がくずれ小石などの粒になっていく。これを風化という。また，図3のように大きな鉱物の結晶が集まったつくりは等粒状組織であり，この組織をもつ岩石は深成岩である。イ，ウは火山岩，エは堆積岩である。

〔10〕

《解答》

(1)　R（→）Q（→）P　　(2)　れき岩　　(3)①　15（m）　②　右の図

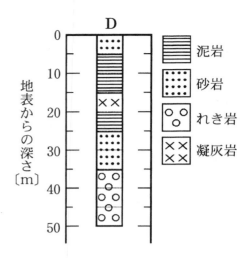

《解説》

(1)　地層の逆転がなく，水平になっているから，凝灰岩の層は同じ地層と考えられるので，この層を基準に調べる。Pの層は凝灰岩の層の上にあるので最も新しい。QとRの層を比べると，Rの層が下にあるので，Rの層が最も古い。よって，古い順に並べると，R→Q→P

(2)　A地点の地表の標高（海面からの高さ）は180mなので，地表から深さ60mの地点の標高は180－60＝120（m）である。地表の標高がA地点より低いC地点で，標高120mの地点の岩石を調べる。C地点の地表の標高は160mだから，120mの地点は地表から深さ40mのところにある。この地点の岩石はれき岩である。

(3)①　A地点をもとに，凝灰岩の層の上の面の標高を求めると，180－25＝155（m）である。D地点の地表の標高は170mだから，D地点で凝灰岩の層の上の面は，地表から深さ170－155＝15（m）のところに現れる。

②　①で調べた凝灰岩の層をもとに，その上下にある層の岩石を調べるとよい。

天気とその変化

〔1〕

《解答》

(1) エ　　(2) 水蒸気　　(3) イ

(4)(正答例)　（フラスコ内の湿度が）低く，空気の温度が露点に達しなかったから。

《解説》

(1)　空気中の水蒸気は小さなちりなどを核（凝結核）として水滴になる。線香の煙の中にある小さな粒子は凝結核のはたらきをする。

(2)　空気は水蒸気を含んでいて，空気の温度が低くなる（露点に達する）と，その水蒸気の一部が水滴に変わる。

(3)　ピストンを引くとフラスコ内の圧力が下がり，空気が膨張する。空気が膨張すると，温度が下がり，水蒸気が水滴に変わる。

(4)　実験の Ⅰ では，あたたかい水で，フラスコ内の水蒸気量を増やし，湿度を高くしていたので，水蒸気が水滴になった。Ⅲ では，水蒸気量が少ない（湿度が低い）ままで実験を行ったので，水滴ができなかった。

〔2〕

《解答》

(1)　露点　　(2) 66（％）　　(3)① エ　② ウ

《解説》

(1)　空気中の水蒸気が水滴に変わるときの温度を露点という。露点は，空気中の水蒸気量によって異なる。

(2)　湿度（％）＝ $\dfrac{1m^3 の空気にふくまれている水蒸気量（g）}{その温度（気温）での飽和水蒸気量（g/m^3）}$ である。実験 Ⅳ より，露点が16℃だから，実験室内の $1m^3$ の空気がふくんでいる水蒸気量は，表の飽和水蒸気量より13.6 g である。また，気温は23℃であり，このときの飽和水蒸気量は20.6 g／m^3である。よって，湿度は，$\dfrac{13.6}{20.6}×100＝66.0\cdots$より，66％となる。

(3)①　露点は，空気（$1m^3$）がふくんでいる水蒸気量が少ないほど低くなる。

②　6月2日の露点が18℃だから，$1m^3$の空気がふくんでいる水蒸気量は15.4 g である。また，この日の気温を a℃，a℃のときの飽和水蒸気量を x g／m^3とすると，湿度が70％だから，$\dfrac{15.4}{x}×100＝70$となる。

$70x＝1540$，$x＝22$　x（飽和水蒸気量）の値が22 g／m^3に最も近い気温は24℃である。

〔3〕

《解答》

(1) 東南東　　(2)① エ　　② 88(%)　　③(水蒸気量) 9.4(g)　　(符号) ウ

《解説》

(1) 風は右の図の矢印の向きにふいている。東南東から西北西に向かって
　　ふいているので，このときの風向は東南東という。

(2)① 空気の温度(気温)を測るときは，太陽の光の影響や，地面からの照
　　り返しの影響を受けないように，直射日光の当たらない，風通しのよ
　　い，地上からおよそ1.5mの高さのところで測定するように決められて
　　いる。

　② 10時の乾球の示度は12℃で，乾球と湿球の示度の差は，12−11＝1
　　(℃)なので，表2の湿度表より88%

　③ 露点は，空気1m³が含む水蒸気量が飽和水蒸気量に達したときの気
　　温である。このとき，湿度は100%になる。表1より，露点が10℃のと
　　きの飽和水蒸気量は9.4g/m³だから，空気1m³が含んでいる水蒸気量
　　も9.4g

　　また，14時のときの気温は16℃で，気温が16℃のときの飽和水蒸気
　　量は13.6g/m³だから，14時のときの湿度は，$\frac{9.4}{13.6} \times 100 = 69.1 \cdots$(%)

　　表2より，気温(乾球の示度)が16℃で，湿度が69%のときの乾球と
　　湿球の示度の差は3.0℃　したがって，湿球の示度は，16−3.0＝13(℃)

乾球の示度 (℃)	乾球と湿球の示度の差(℃)			
	1.0	2.0	3.0	4.0
17	90	80	70	61
16	89	79	69	59
15	89	78	68	58
14	89	78	67	56
13	88	77	66	55
12	88	76	64	53
11	87	75	63	52

〔4〕

《解答》

(1)天気　晴れ　　風向　南　　風力　3　　(2) エ

(3)① 符号　イ　　理由(正答例)　気温が下がり，風向が南寄りから北寄りになったから。

　② A

《解説》

(1) 右の図の天気図記号から判断する。

(2) 湿度が94%で，飽和水蒸気量が9.4gだから，$9.4 \times \frac{94}{100} = 8.836$　よって，エの8.8g

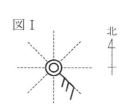

天気 晴れ

風力3　南の風

(3)① 寒冷前線の南側には暖気が，北側には寒気があるので，通過すると気温が下がる。また，低気圧のまわり
　　では，中心に向かって反時計回りに風が吹き込んでいるから，風向は南寄りから北寄りに変わる。

　② 図2の天気図は15時のものである。15時には観測地点を寒冷前線が通過しているから，地点Aとなる。

〔5〕

《解答》

(1) 右の図Ⅰ　　(2) P…21(℃)　　Q…17(℃)　　(3) 12(g)　　(4) ア　　(5) エ

《解説》

(1) 解答の天気図記号は，右の図Ⅱのようなことを表している。

(2) 表1より，湿度が65%のとき，乾球(温度計P)の示度は21℃である。また，乾球と
　　湿球(温度計Q)の示度の差が4℃だから，温度計Qの示度は，21−4＝17(℃)である。

(3) 気温が21℃のときの飽和水蒸気量が18.3(g/m³)で，湿度が65%だから，空気1m³
　　に含まれている水蒸気量は，$18.3 \times \frac{65}{100} = 11.895$より，12g

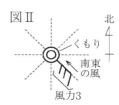

図Ⅰ

北

図Ⅱ

北

くもり

南東の風

風力3

(4) 寒冷前線と温暖前線の間には暖気があり，その周りは寒気である。また，寒冷前線は寒気が暖気を押し上げて進み，温暖前線は暖気が寒気の上にはい上がるようにして進む。

(5) 中緯度帯(日本付近)の上空を一年中ふいている風は偏西風である。偏西風は西から東へ向かう強い風で，地球を一周している。偏西風によって，低気圧や移動性の高気圧は西から東へ移動するので，天気も西から変わることが多い。

〔6〕
《解答》

(1) 温暖前線　(2) イ　(3)①（正答例）短い時間で強い雨。　② エ

《解説》

(1) 半円の形の印がついている前線は温暖前線，三角の形の印がついている前線は寒冷前線である。温暖前線は，寒冷前線より東側にある。

(2) アは梅雨の時期，ウは冬の天気，エは夏の天気の特徴である。

(3)① Qは寒冷前線で，前線付近では寒気が暖気を押し上げ，垂直状に積乱雲が発生しやすい。積乱雲は強い雨を降らせるが，その時間は短い。

② 寒冷前線が通過すると，気温が下がり，風向は南寄りから北寄りに変わる。

〔7〕
《解答》

(1) 等圧線　(2) ウ　(3) ア　(4) 季節風

《解説》

(1) 気圧の同じ地点をなめらかに結んだ線を等圧線といい，等圧線は4hPaごとに引き，20hPaごとに太い線で表す。

(2) 冬の大陸は気温が低く，気団は冷たくて乾燥している。

(3) 地面は，海に比べてあたたまりやすく，冷めやすい。海の温度変化は地面より少ない。冬は，大陸上より海洋上の方が温度が高くなる。温度が高いと上昇気流が発生して，まわりより気圧が下がる。

(4) 季節ごとに決まってふく風のことを季節風という。

〔8〕
《解答》

(1) A　(2) ウ　(3) ア　(4)X シベリア　Y 移動性

《解説》

(1) 高気圧の中心付近では天気がよく，低気圧や前線付近では天気が悪い。

(2) 低気圧はまわりより気圧が低いから，まわりの空気が吹き込み，中心付近では上昇気流が発生する。

(3) 高気圧はまわりより気圧が高いから，空気が吹き出している(少し時計回りになる)。よって，24日には太平洋上の高気圧から風が吹くので，南の風であり，26日には九州の西側の高気圧から風が吹くので南西の風である。また，前線が通過すると，前線に向かって風が吹くので，25日は北西の風と考えられる。

(4) 冬はシベリアにシベリア気団，春は中国大陸に揚子江気団，梅雨の時期はオホーツク海上にオホーツク海気団，夏は太平洋上に小笠原気団が発生し，日本の天気に影響を与える。

```
 地球と宇宙
```

〔1〕

《解答》

(1)　恒星　　(2)（正答例）　まわりより温度が低いから。

(3)　エ　　(4)（正答例）　太陽が自転しているから。

《解説》

(1)　自ら光を出してかがやいている天体を恒星，恒星のまわりを回っている天体を惑星，惑星のまわりを回っている天体を衛星という。

(2)　黒点はまわりより温度が低いので，黒く見える。

(3)　問題の下線部は，地球が自転しているために起こる現象である。アは，水星が地球よりも内側の軌道を公転しているために起こる現象である。イは，地球が太陽のまわりを公転するために起こる現象である。ウは，地軸が傾いているために起こる現象である。

(4)　太陽は自転しているので，黒点が動いて見える。

〔2〕

《解答》

(1)　C　　(2)（正答例）　（フェルトペンの先のかげが，）点Oと一致するようにする。　　(3)　エ　　(4)　ウ

(5)（午後）7（時）15（分）

《解説》

(1)　太陽は南の空を通るから，Aが南，Cが北，Bが東，Dが西になる。

(2)　観測者は点Oにいることになる。点Oと「・」印，太陽が1直線上に並ぶようにする。

(3)　太陽の1日の動き（日周運動）は，地球が自転しているために起こる見かけの動きである。

(4)　観察した日が夏至の日だから，3か月後は秋分の日の頃である。秋分の日には，太陽は真東（B）から出て，南の空を通り，真西（D）に沈む。

(5)　「・」印は，1時間ごとにつけたから，図2より太陽は透明半球上を1時間で2.0cmすすむことがわかる。5.0cm進むのにかかる時間は，5.0÷2.0＝2.5より，2.5時間＝2時間30分　最後の「・」印をつけた時刻は，午後4時45分だから，太陽はこの2時間30分後の午後7時15分に沈む。

〔3〕

《解答》

(1)　B　　　(2)　(午前)6(時)50(分)　　　(3)①　30(度)　②(正答例)　太陽の光が届かないため。

《解説》

(1)　観測者がBにいるとして，Bから見たときの太陽の位置を透明半球上に記録する。よって，太陽とサインペンの先端，Bが一直線になるようにする。

(2)　PからQまで，2時間で6.0cm進む。LからPまで進むのにかかる時間を，単位を「分」として求めると，$2 \times 60 \times \dfrac{9.5}{6.0} = 190$(分)　190分＝3時間10分だから，日の出の時刻は午前10時の3時間10分前で，午前6時50分。

(3)①　右の図のように，太陽の光と平行な補助線をひいて考える。$\angle a = \angle b = 23° + 37° = 60°$ だから，南中高度は，$90° - 60° = 30°$

　　②　北極は，右の図の点Aより右側にあるので，冬至の日には太陽の光は1日中届かない。

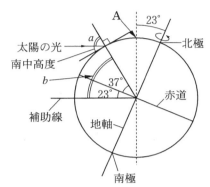

〔4〕

《解答》

(1)　(午後)10(時)　　　(2)　E　　　(3)(正答例)　地球が公転しているから。　　　(4)　恒星

《解説》

(1)　太陽や星は，1日24時間で360°回転するから，1時間では360°÷24＝15°回転する。DからEの間の角度は30°だから，進むのにかかる時間は，30°÷15°＝2(時間)　よって，午後8時の2時間後で午後10時。

(2)　星が見える時刻は毎日少しずつ早くなり，1年(12か月)でもとにもどる。よって，1か月では，24÷12＝2(時間)早くなる。3月15日の午後8時にオリオン座がDの位置に見えるのは，午後8時の2時間前で午後6時である。午後8時までの2時間で，30°回転するから，見える位置はE

(3)　地球が公転すると，太陽，星座，地球の位置関係が変わり，星座の見える位置が変わる。

(4)　太陽のように，みずからかがやいている星を恒星という。また，地球や火星などの太陽のまわりを回っている天体を惑星，惑星のまわりを回っている天体を衛星という。

〔5〕

《解答》

(1)　ア　　　(2)　イ　　　(3)　ウ　　　(4)　ウ

《解説》

(1)　火星は，地球の外側を公転しているから，アが誤りである。

(2)　星座は24時間で360°回転して，もとの位置にもどってくる。1時間では360°÷24＝15°回転するから，3時間では，15°×3＝45°回転する。南の空から45°回転すると南西の空に移動する。

(3)　地球がCの位置にあるとき，さそり座は真夜中に南の空に見える。また，Dの位置にあるときは日の入り後に南の空に見える。午後8時に南の空に見えるのは，CとDの間にあるときである。

(4)　しし座は，さそり座から地球の公転の向きへ向かって270°の位置にある。よって，観測した日から地球が太陽のまわりを270°回転したとき，しし座は午後8時に南の空に見える。地球は12か月で太陽のまわりを360°回転するから，1か月では，360°÷12＝30°回転する。270°回転するには，270°÷30°＝9(か月)かかる。

〔6〕

《解答》

(1)①符号…ア　理由…（正答例）　星座が見える方向と太陽の方向が重なってしまい，太陽の光に隠れてしまうため。
　　② ウ

(2)① A　②符号…C　理由…（正答例）　月が地球の影に入るため。

《解説》

(1)① 冬至の日（地軸が太陽の反対側に傾いていて，昼の長さが短い）の地球の位置は，図ではふたご座の横のところである。この位置からいて座を見ると，太陽の光にじゃまされて見ることができない。

　　② 星座が南中する時刻は，1か月で2時間早くなり，1年（12か月）で24時間早くなる。すなわち，もとの時刻にもどる。

(2)① 日没の位置と日の出の位置は，右の図のようになる。日没の位置で，太陽は西に，月Aは南に，月Cは東に見える。

　　② 月食は，月が地球の影に入るために起こる。月，地球，太陽がこの順に，横一列に並ぶときである。

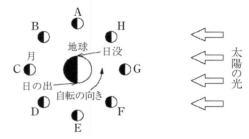

〔7〕

《解答》

(1)X 惑星　Y 衛星　(2)① ア　② ウ　(3) エ

《解説》

(1) 恒星のまわりを公転している天体を惑星といい，その惑星のまわりを公転している天体を衛星という。

(2)① 西の空に，金星が沈んでから月が沈むから，地球から見て金星は月より太陽に近い方にある。西の空で，金星と月がそのような位置関係になるのは，金星がA，月がaの位置にあるときである。また，月がbの位置のあるときは，南の空に見える。

　　② 右の図のように，太陽側の半分がかがやいて見える。

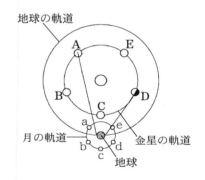

(3) 木星は，地球の外側を公転しているから，木星から地球を見たようすは，地球から金星を見たようすと同じである。地球から金星を観察すると，大きさが変わったり，満ち欠けして見える。

〔8〕

《解答》

(1) イ　(2) エ　(3) エ　(4) ウ

《解説》

(1) 月が光って見えるのは太陽の光を反射しているからである。月食は月が地球の影に入り，太陽の光がさえぎられるために起きる。よって，月食が起きるときの月は，地球から見て太陽と反対側の位置にある。

(2) 皆既日食が起きるとき，地球の影の形は，月の左側から縦に輪切りするようにできていき，最後に月全体をおおう。

(3) 日食が起きるときの月の位置は，図2のウである。この日から1週間後の月の位置は，図2のアになり，地球からアの月は南の方向に見え，時刻は夕方になる。また，地球から見たとき，月は右半分が光って見える。

(4) 天球上の太陽と月の通り道は一致していない（月の公転面は地球の公転面に対して少し傾いている）ので，日食や月食の現象が観測されるのはまれである。